L'INCULTURE POUR TOUS

Des hauts & Débats
Communication / cultures / médias / TIC / société
dirigée par Pascal LARDELLIER,
Professeur à l'Université de Bourgogne

Cette collection accueillera des essais consacrés à des sujets de société et à des thèmes d'actualité faisant débat. Les ouvrages publiés par la collection « Des Hauts et Débats » seront écrits d'une plume engagée mais toujours argumentée. Ils placeront leur propos dans des perspectives sociologiques, historiques et politiques avec un écho citoyen fort.

Il s'agira de pourvoir la communauté académique et la société civile en éléments de réflexion exigeants sur des sujets posant question, faisant débat et parfois polémique ; pour poser un regard critique, rigoureux et armé sur un monde en métamorphose.

Les institutions, les médias, les TIC, la culture, l'économie ou les grands systèmes idéologiques seront passés au crible des titres de « Des Hauts et Débats ».

Les auteurs seront prioritairement des chercheurs confirmés possédant une expérience éditoriale. Il va sans dire que les débats lancés dans les livres de la collection devraient être relayés par les médias et la sphère publique.

La collection se caractérisera par une identité graphique forte, et la couverture de chaque ouvrage sera illustrée d'une photo représentative du thème du livre.

Pour toute information : pascal.lardellier@u-bourgogne.fr

Titres déjà parus, ou à paraître en 2010 :

Michel Moatti et Sarah Finger, *L'Effet-Médias. Pour une sociologie critique de l'information.*

Claude Javeau, *Pour l'élitisme,* suivi de *Vive la Sociale. Deux éloges pour temps de crise.*

Arnaud Sabatier, *Critique de la rationalité administrative. Pour une pensée de l'accueil.*

Daniel Moatti, *Le Débat confisqué. L'Ecole, entre pédagogues et républicains.*

Serge Chaumier

L'INCULTURE POUR TOUS

La nouvelle utopie des politiques culturelles

L'Harmattan

Du même auteur

La Déliaison amoureuse. De l'idéal de fusion au désir d'indépendance, Collection « Chemins de traverse », sous la direction de David Le Breton, Éditions Armand Colin, avril 1999 (2001). Réédition en format de poche Petite Bibliothèque Payot, 2004. Traduit en portugais.

La Fission amoureuse. Le nouvel art d'aimer, Fayard, 2004. Traduit en espagnol et en polonais.

Des musées en quête d'identité. Ecomusée-Technomusée. Collection « Nouvelles Etudes anthropologiques », sous la direction de Patrick Baudry, L'Harmattan, 2003.

Arts de la rue : La Faute à Rousseau, Collection « Nouvelles Etudes anthropologiques », sous la direction de Patrick Baudry, L'Harmattan, 2007.

Actualités du Patrimoine. Dispositifs et réglementations en matière de patrimoine en France. En collaboration avec Laetitia Di Gioia, Préface de Philippe Poirrier, Editions Universitaires de Dijon, 2008.

Exposer des idées. Du musée au centre d'interprétation, sous la direction de, avec Daniel Jacobi, Ed. Complicités, 2009.

© L'Harmattan, 2010
5-7, rue de l'Ecole-Polytechnique, 75005 Paris

http://www.librairieharmattan.com
diffusion.harmattan@wanadoo.fr
harmattan1@wanadoo.fr

ISBN : 978-2-296-11248-3
EAN : 9782296112483

« Jamais, quand c'est la vie qui s'en va, on n'a autant parlé de civilisation et de culture »

Antonin Artaud.

« Tout ce qui dégrade la culture raccourcit les chemins qui mènent à la servitude »

Albert Camus.

À ma mère qui m'a donné l'amour de la poésie,
À ce libraire qui me prêtait des livres quand j'étais enfant,
Aux bibliothécaires de ma ville natale qui m'accueillaient avec attention.
À Agnès, à nos partages et à nos enthousiasmes expographiques.
En mémoire de Jean Duvignaud et aux illuminations qu'il faisait naître.

Merci également à Pascal Lardellier et à Catherine Morizot pour leur relecture attentive et patiente.

CULTURE A TOUS LES ETAGES

> « La distinction entre l'art et ce qui est divertissement, décoration, propagande ou publicité, bref, la question de ce qui est proprement 'création', de n'avoir pas été pensée, revient comme le refoulé du ministère de la Culture »[1] Michel Schneider.

La critique a déjà été faite. Bien des auteurs, déjà, ont exploré les évolutions passées. Ils ont suffisamment rappelé combien la notion de culture, mais également les politiques mises en place par le ministère depuis sa création avaient évolué. Il ne paraît guère utile d'y revenir, cette littérature nombreuse et richement documentée suffit bien assez à renseigner le lecteur curieux. Toutefois, de nouveaux enjeux se font jour. Face aux mutations, mais surtout aux crises qui en résultent, il apparaît indispensable de revenir aux fondamentaux. De redire, brièvement certes, mais de rappeler malgré tout, les ambitions premières pour prendre la mesure des écarts.

On évoque, de ci de là, la crise de la culture, ou parfois encore celle du ministère du même nom. En réalité les crises sont nombreuses, elles se superposent partiellement, se complètent, se contredisent. Crise de l'emploi avec l'intermittence, crise économique qui voit des acteurs culturels s'essouffler à survivre dans une logique diabolique alors que d'autres prospèrent du même système, crise politique de la représentation et de la demande publique, crise du public, crise des esthétiques, crise de la légitimité des acteurs historiques et de leur mode d'action, crise morale alors que les valeurs s'évaporent, crise symbolique quand la puissance de l'Etat divorce de ses moyens d'action, crise d'une culture sans mémoire et sans filiation... Toutes ces crises forment, rassemblées, une impression maussade de fin de règne, et surtout s'appuient sur une crise profonde : celle du sens.

Ce qui anime les pères fondateurs, – même si les pères sont toujours les fils de quelques maîtres –, c'est une flamme qui expire pour se transmuer en de nouvelles matières. Les scansions que connaît le mot culture relatent trois siècles de perturbations, de recherches passionnelles et, pourquoi le nier, d'utopies. Celles-ci répondent à différents noms, et ce sont des visions souvent divergentes, des missions et des desseins qui viennent contredire ou

---

[1] Michel Schneider, *La Comédie de la culture*, Seuil, 1993, p. 46.

contester celles qui sont admises. Ainsi se forme la pensée. En précisant, affinant, s'opposant au credo en vogue, de nouvelles formes s'élaborent. Il n'y aurait rien là d'anormal et de curieux, si les glissements progressifs, les mini-révolutions n'actualisaient progressivement un détachement, puis un oubli.

Le cheminement produit, depuis les sources de la contestation jusqu'à ses conséquences, a eu pour effet de faire perdre de vue ce qui était en jeu. En s'élevant contre les formes consacrées, la radicalité a produit par phases intermédiaires des états qui sont devenus à leur tour les balises de la légitimité. Ces transformations successives ont brouillé les repères, bouleversé les valeurs pourtant inscrites aux profondeurs de l'action, jusqu'à les faire disparaître totalement. Les héritiers n'auraient-ils plus d'héritage ? S'ils disposent vaguement de ceux de leurs pères, c'est pour leur malheur un cadeau empoisonné. L'utopie des pères était de liquider les bagages, aussi ceux-ci sont devenus trop légers à porter. Puisque en cette matière, les générations se succèdent de plus en plus vite, comprendre les découvertes du grand-père relève de l'archéologie néolithique à laquelle bien peu s'aventurent.

Pour le dire autrement, que sait un jeune étudiant désireux de travailler dans les métiers de la culture des volontés de Malraux ? Si ce ministère paraît encore bien jeune – cinquante ans se sont écoulés depuis sa création –, de reniements en oublis, que reste-t-il de l'utopie malrucienne et que demeure-t-il des premiers élans ? Que reste-t-il des motifs d'agir, des espérances et surtout du sens donné à la volonté culturelle ? Nous avons tendance à répondre : « Rien ! », tant les raisons de l'action ont changé. Ce n'est d'ailleurs pas problématique en soi. Le monde bouge et il n'est nulle raison que la culture demeure immobile. Ce qui est regrettable, c'est l'oubli d'une mémoire qui permette de comprendre le présent. Et la culture, n'est-ce pas d'abord cela, l'acquisition et la compréhension de l'héritage, pour bâtir d'autres futurs ?

Les paradigmes ont à ce point changé qu'il semble judicieux de rappeler les vœux d'antan pour prendre la mesure de notre situation. Certaines évidences des pères fondateurs sont devenues inaudibles, inimaginables, presque délirantes. Et si ceux qui ont animé les premiers âges du ministère se pensaient comme les dignes héritiers d'une conception française remontant au $18^{\text{ème}}$ siècle, plus exactement d'un message humaniste revisité par les Lumières, très vite plusieurs pages se sont tournées. Ceux qui inventent à présent la culture de demain auraient intérêt à s'interroger sur le chemin suivi, celui qui nous conduit toujours plus avant, toujours plus éloigné de l'utopie initiale. Chaque jour semble dépasser d'un cran supplémentaire la perte de sens, du moins consacrer l'abandon des horizons espérés. L'objectif même de démocratisation, longtemps credo de l'action, sincère ou simulée, est en passe d'être détrôné². La culture devrait connaître d'autres fins. Pourtant la dialectique n'a finalement guère changé. Simplement, ce qui était hier rejeté est devenu consacré. Ce qui faisait horreur devient presque idéal. Ce qui faisait rire, ou simplement hausser les épaules, est à présent considéré avec révérence.

Comment cela s'est-il produit ? Il faut pour le comprendre accepter de retracer les étapes, de dénouer les enchevêtrements, de s'affronter aux complexités. Sans prétendre faire l'histoire du secteur, histoire déjà bien faite par d'autres, celle-ci doit cependant nous aider à comprendre des évolutions devenues sources de confusion. Si la culture est à tous les étages, ce n'est pas qu'elle se trouve partout, dans le sens où pauvres et riches communieraient enfin aux valeurs partagées dans une démocratisation généralisée. Ce n'est pas que le bas peuple enfin instruit, comme l'espéraient les philosophes généreux du 18ème siècle, ait découvert l'accès à la grande littérature et aux œuvres de l'esprit. Ce n'est pas que tous s'émeuvent des plus délicates symphonies et de la subtile approche du peintre. Ce n'est pas non plus que tous aient enfin à cœur d'habiter un logement harmonieux où la ligne architecturale répond à l'affirmation du bon goût. Non pas. Bien au contraire, les enquêtes sociologiques ne cessent d'attester que la culture demeure l'apanage des classes favorisées, plus exactement de celles au fort niveau de diplôme. Mais les enquêtes disent également l'inverse. La culture est ce qui est le mieux partagé, et tous en disposent. Comment résoudre cet apparent paradoxe ? Comment la culture peut-elle être à tous les étages et en même temps les inégalités demeurer réelles et persistantes ?

Comment peut-on comprendre que l'on déplore à la fois les inégalités persistantes à chaque publication d'une nouvelle enquête sur les pratiques culturelles des Français³, et que l'on se réjouisse avec raison que les institutions culturelles soient présentes sur tout le territoire jusque dans les zones rurales, que l'on s'esbaudisse avec les sociologues d'un rapport à la culture décontracté et partagé, où le cadre sup aime à pratiquer le karaoké, et la ménagère podcaster les dernières ritournelles à la mode ? Comment saisir à la fois que l'on s'alarme de l'effondrement de la lecture, – des jeunes lecteurs comme de ceux que l'on appelait les «gros lecteurs» et dont le critère de référence ne cesse de diminuer – et que l'on se complaise à proclamer dans le même temps que le niveau monte, que les masses sont de plus en plus instruites ? Preuve en est, un instituteur qui avait un niveau bac d'antan devra bientôt avoir un bac plus cinq pour prétendre exercer. Si la population est plus instruite, c'est bien qu'elle doit être plus cultivée ? Il

---

² Comme en avertit Jean Caune qui semble s'être fait une raison pour demeurer délibérément optimiste. Voir *La Démocratisation culturelle, une médiation à bout de souffle*, PUG, 2006, p.15.
³ Pour la dernière en date : Olivier Donnat, *Les Pratiques culturelles des Français à l'ère numérique*, La Documentation française, 2009.

semble naturel que la culture s'épanche, qu'elle soit mieux partagée, et que l'élan profite aux institutions. Or, nous l'avons dit, le malaise persiste, s'accroît même de jour en jour. Comment expliquer cet apparent paradoxe ?

Tout simplement parce que la culture a changé. La culture n'est plus le tout de la culture. Les sociologues, accompagnés des artistes pour d'autres raisons, ont si bien embrouillé les données du problème, si habilement déconstruit les normes et les critères qu'il n'est plus audible de prétendre apporter la culture à autrui, sauf à passer pour un infâme colonialiste, et assurément le terme de démocratisation lui-même deviendra bientôt un gros mot. Déjà, on ne l'utilise que du bout des lèvres et pour meubler par la langue de bois des discours creux, souvent vides de sens[4]. La culture doit être partagée, c'est le maître-mot, mais il ne faut surtout pas chercher à définir ce qu'elle peut recouvrir. Il faut habilement faire confiance à la perspicacité de chacun pour, dans une habile duplicité, noyer le poisson sacré dans une infâme bouillabaisse. Les plus engagés militants de l'action culturelle communient en chœur pour inviter à la joyeuse effusion de la diversité culturelle[5]. Alternative généreuse à la culture de papa d'avant-hier, qualifiée de bourgeoise, et à l'exigeante austérité de l'appropriation des grandes œuvres mises à la portée de tous, utopie à laquelle croyait fermement Jean Vilar. Désormais la culture est partout, chacun en dispose, il faut donc organiser les mises en communication, les passages et les relais, permettre la porosité des formes et des relations décontractées et décomplexées. Même si ce rapport immédiatement joyeux se fait en sacrifiant la nécessaire abnégation et le lent et fastidieux travail d'un rapport à la culture qui suppose effort et concentration. Comme si la grâce ne survenait pas au terme d'une démarche patiente et parfois douloureuse.

Au nom de la spontanéité et du droit de chacun à communier, la culture doit être pour tous, immédiatement et en tout lieu. C'est fort bien, mais de là à en faire un produit de consommation, un loisir et une activité équivalente à une autre, une « pratique », il n'y a qu'un pas, vite franchi. Et personne ne déplore ensuite la contradiction qui conduit les mêmes thuriféraires à s'alarmer par ailleurs d'une perte, et d'une mainmise des industries culturelles et de l'économisme sur l'action culturelle[6], comme si ceci n'avait pas conduit à cela. L'hypocrisie étant la chose la mieux partagée au monde, il ne faut surtout pas remettre en question les postulats qui depuis la contre-culture ont conduit à sacrifier les fondamentaux. Ce n'est pas seulement le peuple qui en fera les frais, pouvant s'abâtardir en toute bonne conscience

---

[4] On visionnera la parodie de Franck Lepage, *Inculture(s) ou le nouvel esprit du capitalisme* sur http://tvbruits.org/spip.php?article981

[5] On lira par exemple, Jean Hurstel, *Une nouvelle utopie culturelle en marche ? Essai sur une autre vision de l'action culturelle en Europe*, Ed. de l'Attribut, 2009. Ou encore Jean-Claude Wallach, *La Culture pour qui ? Essai sur les limites de la démocratisation culturelle*, Ed. de l'Attribut, 2006.

[6] Par exemple, Claude Patriat, *Pas de Grenelle pour Valois*, Ed. Carnets nord, 2009.

dans les productions les plus débilitantes reconnues désormais comme œuvres de l'esprit, ce sont également les classes moyennes qui ne sont plus encouragées à s'approprier ce que les classes favorisées elles-mêmes désertent de plus en plus. Si bien que le tout est laissé en jachère[7].

En déconstruisant le terme, nous passons d'un univers à un autre. C'est à une relecture des déconstructions successives et à une recherche des raisons qui y conduisent que nous invitons dans cet ouvrage. Car pour prendre pleine conscience de ce à quoi l'on renonce, il faut se retourner et ausculter les métamorphoses. Pour une acception, le mot est devenu synonyme de culture savante, de culture cultivée, de culture dominante. Si bien qu'il s'est trouvé de la place pour découvrir l'existence d'autres cultures, celle « des autres ». La vague de ressentiment et de légitimation de pratiques et de mœurs considérées soudain comme culturelles a fait enfler le concept de culture au point de le diluer dans la vie tout entière. Puisque tout est devenu culturel, le miracle s'est produit, les inégalités sont en passe de disparaître. Et la culture avec. En prenant de nouvelles significations, la culture s'est muée, mais la mue est rejet d'une ancienne peau. C'est de ces pertes dont il faut parler, dans toutes leurs conséquences. Car si de nouveaux territoires émergent avec la boulimie culturelle, les effets pervers sont nombreux. Et l'on voit alors fleurir les constatations amères et les appels au secours[8]. La confusion devient totale quand l'ensemble des acteurs, soudain frappé d'amnésie, alimente l'escalade et la fuite en avant. Il faut explorer cette rupture que diagnostiquait déjà Habermas affirmant que nous sommes passés d'un projet humaniste, où « c'est le peuple qu'on élève à la culture », à un projet contemporain où c'est « la culture elle-même que l'on rabaisse au niveau de celle de la masse »[9].

Les générations qui n'avaient pas fait d'étude, qui en étaient conscientes, étaient le plus souvent culpabilisées de se savoir ignorantes. Pour cela, elles étaient souvent prédisposées à un désir de culture. Le peu qui leur avait été donné les mettait en appétit des offres culturelles. Et Vilar remplit son théâtre. Ils n'étaient pas tous ouvriers, certes. C'était parmi eux les plus instruits, d'accord, mais ils avaient connu le désir. Car sans désir la culture n'est rien. Or, c'est bien la question pendante à toute action culturelle : comment faire naître le désir, comment le faire fructifier, comment l'ensemencer ? La façon d'y répondre et de le nourrir est ensuite assez simple. Mais la situation a changé. Aujourd'hui, ce sont les bac plus 5 qui sont incultes, la différence est qu'ils sont persuadés de ne pas l'être. Ils ont des diplômes. Et l'inconscience de son inculture pour chacun d'eux a

---

[7] On lira sur ce point l'essai de Renaud Camus, *La Grande déculturation*, Fayard, 2008.
[8] Antoine de Baecque, *Crises dans la culture française. Anatomie d'un échec*, Bayard, 2008. Marc Bélit, *Le Malaise de la culture. Essai sur la crise du 'modèle culturel' français*, Séguier, 2006.
[9] Jürgen Habermas, *L'Espace public*, Payot, 1992, p.173.

remplacé la (mauvaise) conscience de son manque de culture. Et ceci avec la complicité des anciennes générations, soit que celles-ci fussent complexées de ne pas avoir fait des études supérieures, alors révérencieuses envers leurs enfants et petits-enfants qui sont « allés à l'université », grâce à la massification qui leur a « ouvert les portes du savoir » ; soit qu'elles fussent complices d'une remise en cause de « la culture savante », agitatrice de la contre-culture dans leur jeunesse de révoltes. Ces derniers, nombreux sur les chaires de l'université, se désespèrent à présent, en silence, d'étudiants de plus en plus ignares. Ils ne le disent pas trop haut, ils seraient qualifiés immédiatement de « nouveaux réactionnaires ». Ils se taisent et arrivant à l'âge de la retraite se voient remplacés par des générations qui, formées après 68, n'ont même plus conscience de ce que cela signifiait que de disposer d'une culture générale, « d'avoir des lettres », « d'avoir fait ses humanités ». Autant d'expressions qui permettaient de distinguer l'homme cultivé, l'honnête homme... mais qui nécessitent de recourir à des critères de hiérarchisation qui n'ont plus droit de cité.

Au nom de la fougue démocratique et du droit de chacun à la culture, une génération s'est battue pour détrôner les formes consacrées et dans une généreuse inspiration libertaire a prétendu inventer une nouvelle culture. Les mots d'ordre de la contre-culture, réhabilitant entre autre le festif, le ludique, l'interactif, l'immédiateté du présent et la jouissance de l'instant, la paresse, l'apprentissage sans effort et le polymorphisme des sens, la créativité spontanée et l'émergence de l'artiste en chacun de nous, se sont appuyés sur une littérature pleine d'enthousiasme et au demeurant fort sympathique quand on la lit à l'aune de la décroissance et d'une société réconciliée avec elle-même. C'était sans compter sur les capacités du capitalisme à se réinventer, à se nourrir de ses contradicteurs et à intégrer les concepts les plus éloignés, fussent-ils énoncés par Marcuse. Le marché a récupéré l'ensemble et les valeurs de la contestation alimentent aujourd'hui les produits de l'industrie culturelle.

La société du loisir a envahi les espaces, y compris celui de l'antique culture que l'on prétendait bousculer. Celle-ci souffre d'une place de plus en plus réduite, incapable de s'exprimer, désormais absente des espaces médiatiques, de moins en moins présente dans les lieux institutionnels, voire dévalorisée jusque dans les espaces consacrés de la culture légitime, tels le musée ou la bibliothèque. Ce qui exigeait le silence et la concentration, le repos paisible et l'apparence de l'ennui pour permettre d'accéder à l'essence des choses, le goût de l'effort né d'un désir de dépassement de soi, tout ceci est relégué par la frénésie de renouvellement, de vitesse, d'événementiel, de successions de coups et de clinquant. La France d'un Président qui se marie à Disneyland et qui se moque de *La Princesse de Clèves* est symbolique d'une dérive générale. Milan Kundera a dit combien la lenteur, le silence, le repos et l'ennui avaient de liens avec la culture. A l'ancien voyage en Italie ou en Allemagne de l'honnête homme succède le tour opérator des masses de touristes qui font l'Europe en cinq jours. Tout peut être mis en marché et en produits à consommer à partir du moment où tout est ravalé à fonctionner comme de l'occupation de temps libre dans une société de loisirs. Les générations des années 60, qui ont bousculé les anciens modèles et qui ont participé à la liquidation, ont provoqué l'exact inverse de ce qu'ils recherchaient : un capitalisme qui a investi les zones les plus intimes et les plus secrètes, les tréfonds de l'âme humaine, tout comme d'ailleurs la sexualité, et qui ne laisse plus guère d'horizon que le marché. Celui-ci peut se servir des anciens mots pour leur accorder de nouvelles significations, stratégie des plus habiles pour effacer jusqu'à la conscience d'une autre existence, passée ou possible.

Comme les anciens motifs de l'action culturelle se sont évanouis avec la dissolution des repères, il faut en trouver d'autres. Ils ne manquent pas.

L'EUCHARISTIE LAÏQUE

« Lorsque le culte des dieux ou de Dieu disparaît, celui de l'humanité le remplace. » Henri Gouhier[10].
« Religion en moins, les maisons de la culture sont les modernes cathédrales. » Malraux, 1966.

Le jeune ministère Malraux n'est ample ni d'attributions, encore réduites, ni de prérogatives, même si celles qu'il se donne paraissent alors considérables au regard du passé. Il bénéficie encore moins de crédits. C'est l'ambition qui est au rendez-vous, l'idéal de rendre accessible au plus grand nombre de Français les grandes œuvres de l'humanité. Parce qu'il s'agit justement des grandes œuvres, le champ, bien que large, demeure ciblé. Si Malraux entend affirmer sa légitimité en donnant au ministère des points d'appui et un ancrage, au-delà des conjonctures du moment, ce n'est pas en élargissant à l'infini son domaine d'intervention. Certes, il n'en a à l'époque guère les moyens, mais c'est surtout que cela ne correspond pas à sa conception de la culture. Le ministère doit aider à préserver et faire connaître ce qu'il y a de meilleur, du passé ou de la création contemporaine, dans le dessein d'y faire accéder le plus largement les Français désireux d'y atteindre. Malraux s'inscrit dans une lignée. S'il revendique la patrie des grands hommes, c'est celle des Lumières. Celle qui depuis le 18ème siècle entend mettre à portée de chacun le fruit du génie humain. Aussi sa vocation est double : permettre aux arts de s'épanouir, permettre aux citoyens d'y accéder. Il vise à élargir autant que possible le cercle de ceux qui s'en émerveillent. Pour cela, il s'inscrit dans une tradition démocratique qui espère la possible communion de tous avec les arts. La culture en est l'instrument. Comme Diderot, il entend permettre à chacun de faire siens les apports de l'excellence et de ses bienfaits, dans le domaine des arts comme dans celui des sciences ou de la philosophie. Il n'a pas l'illusion de croire en une diffusion massive et générale, il la craint même par moments, soupçonnant le danger totalitaire qu'elle représente. Il veut seulement en permettre le libre accès à ceux qui en ont le désir.

---

[10] Henri Gouhier, *L'Essence du théâtre*, Plon, 1943, p.188.

> « La vraie culture aujourd'hui, pour les ouvriers et les paysans, la seule à laquelle beaucoup d'entre eux aient pu atteindre, c'est de comprendre précisément la beauté et la nécessité de la culture. »[11] Jean Jaurès

Si les méthodes ne ressemblent pas à celles qui sont mises en œuvre par les militants de l'éducation populaire, ou encore aux voies explorées par le front populaire, Malraux n'est pas éloigné de ceux-là par l'esprit. Tous sont animés d'une foi qui depuis la Révolution éveille la Nation, celle que chantait Victor Hugo, et que Malraux célèbre avec emphase. La culture représente ce qu'il y a de meilleur en l'Homme, et à ce titre, elle doit être partagée. S'il se démarque des plus radicaux qui estiment que l'on doit aller plus loin pour en permettre l'accès à tous, comme l'y invitent ses critiques de gauche, il estime que s'adresser à ceux qui veulent s'emparer de la culture n'est déjà pas si mal. « Il ne s'agit pas de contraindre à l'art les masses qui lui sont indifférentes, il s'agit d'ouvrir le domaine de la culture à tous ceux qui veulent l'atteindre. Autrement dit, le droit à la culture, c'est purement et simplement la volonté d'y accéder », écrit Malraux[12]. Ainsi se démarque-t-il des tentations d'une certaine gauche prête à jeter le bébé avec l'eau du bain dès lors qu'elle constate les limites de ce que l'on n'appelle pas encore la « démocratisation culturelle ». Il s'agit d'abord de sensibiliser et d'œuvrer pour amener le plus grand nombre vers la culture, mais sans excès de naïveté, ni de penchant totalitaire.

L'époque bénéficie des fondamentaux de l'école républicaine, sur laquelle le ministère peut construire. En donnant à tous un respect envers les œuvres de culture, en les faisant admirer et en alimentant le désir de découverte, le ministère peut espérer un public attentif. Même ceux qui ne sont pas allés à l'école, surtout ceux-là peut être, sont dans une attitude révérencieuse envers la culture. Ainsi une juste répartition s'impose, qu'esquissa déjà David d'Angers sous la Révolution : l'école peut instruire, alors que la culture permet de consolider ce goût pour les œuvres de l'esprit. Si l'école transmet les techniques et la connaissance des grands peintres, le musée donne à voir leurs œuvres, et ainsi à admirer leurs prouesses. « Si c'est à l'école que l'enfant et l'ouvrier reçoivent l'enseignement, c'est surtout au musée qu'ils trouvent l'exemple »[13]. Parce que l'élève a appris la difficulté de l'art, le citoyen peut se délecter de ceux qui ont exulté, qui ont poussé au plus loin la maîtrise et l'excellence. Durant un siècle et demi cette

---

[11] Jean Jaurès, « Education post-scolaire », 1906, édité dans *De l'Education*, Anthologie, Ed. Syllepses, 2005, p.141.
[12] André Malraux, Postface aux *Conquérants*, Grasset 1949.
[13] Delphine Samsœn, « Petite histoire de la gratuité dans les musées nationaux », dans François Rouet, *Les Tarifs de la culture*, La Documentation française, 2002.

répartition fonctionne, mais surtout une formidable utopie de partage des savoirs se développe. En rendant le savoir désirable, est placée au cœur du citoyen l'envie d'y accéder, de se l'approprier. Dès lors, l'accès à ses fruits est une question de justice sociale. La conception démocratique devient le paradigme dominant, qui veut que la culture n'ait de sens que partagé[14], et chasse une antique conception aristocratique qui trouve aberrant de prétendre la proposer aux autres catégories sociales[15].

La définition de la culture s'est transformée à maintes reprises, et sans être trop caricatural, on peut admettre que celle sur laquelle s'est construite la première conception ministérielle est issue d'une tradition française héritée de la philosophie des Lumières. Il n'est sans doute pas inutile de la rappeler tant nous en sommes à présent éloignés. La culture, c'est la capacité qu'a l'Homme à se dépasser pour atteindre à une entière et pleine réalisation de lui-même, une transcendance en quelque sorte. Par la culture, l'individu s'arrache à sa condition première et cherche à se hisser à des sphères jusque-là hors d'atteinte. Pour cela, la culture est affranchissement et illumination.

Les Lumières pour horizon

> « Instruire une nation, c'est la civiliser ; y éteindre les connaissances, c'est la ramener à l'état primitif de barbarie. »
> Denis Diderot.

Le registre n'est pas limité aux arts, ce sont tous les savoirs qui sont concernés. Par la science ou l'esthétique, qui peuvent être alors intimement liées, il s'agit à la fois de s'éduquer pour s'extraire des croyances et de l'obscurantisme, et de gagner en force intérieure pour ce qui relève d'une nouvelle spiritualité. Parce que le peuple doit sortir de l'ignorance et de l'abêtissement où il était confiné jusque-là par les idéologies religieuses et politiques, les Lumières invitent à s'emparer du meilleur de la science, de l'art ou de la morale. Le bien, le vrai, le juste et le beau ne sont pas encore des valeurs relatives, et pour cela elles se doivent d'être démocratisées, exportées, partagées. Il n'y a pas d'autre origine à l'effort d'instruction massif que l'on constate depuis deux siècles, et dont le *Rapport sur l'organisation générale de l'instruction publique* que Condorcet présente à l'Assemblée en 1792 est le parangon. Comme le souhaite Alain, il s'agit de faire descendre l'intelligence des sommets pour irriguer l'ensemble[16]. Parce que la société en sera bonifiée, que le citoyen y vivra plus heureux et en

---

[14] Jean Caune, *La Culture en action. De Vilar à Lang : le sens perdu*, PUG, 1992, p.44.
[15] On voit dans la position de Marc Fumaroli une résultante de cette conception : *L'Etat culturel. Essai sur une religion moderne*, De Fallois, Le Livre de poche, 1992.
[16] Alain, *Eléments d'une doctrine radicale*, Gallimard, 1925, cité par Jean Caune, *La Culture en action. De Vilar à Lang : le sens perdu*, PUG, 1992, p.34.

meilleure harmonie avec son semblable, il appartient à l'homme de justice de favoriser l'intelligence, à savoir le progrès des Lumières, l'avancée vers la Civilisation. Le perfectionnement général qui en résultera donnera lieu à une nouvelle culture à laquelle le peuple participe pleinement en vouant un culte à la raison. La culture n'est pas facteur de division ou de distinction, mais au contraire de rassemblement dans une même utopie partagée. Elle n'est pas locale ou liée à un groupe, elle est ce qu'il y a de meilleur en l'Homme, de meilleur au monde. Pour cela, c'est l'art mondial qui est concerné et qui appartient à tous, notre « indivisible héritage », selon le mot de Malraux. Certes, il est bien des voix qui s'élèvent pour contester cette façon de voir. L'Allemagne, on le sait, inspirée de très loin par Herder, suivra au 19ème d'autres cheminements, pour le pire. En France, Sade, par exemple, est également porteur d'une approche discordante, terriblement actuelle, qui constitue l'avant-goût de ce que sera la critique du relativisme culturel. Mais comme d'autres bretteurs, il demeurera minoritaire dans le formidable élan qui divinise les savoirs. L'hubris démocratique, et ce que les historiens nommeront la passion française pour l'égalité, trouve son exaltation dans la culture partagée[17]. La culture est ce qui rassemble le meilleur des sciences et des arts. Il est par conséquent logique d'en favoriser l'accès, par l'école et par ses prolongements, l'éducation populaire notamment.

    Cette conception sera reprise dans toute l'Europe et l'Angleterre trouvera dans Matthew Arnold un ardent défenseur de l'éducation à la française qu'il décrit en 1859 dans *The Popular Education of France*. Il ne fait pas de doute pour l'auteur que l'avenir réside dans l'élévation du niveau général en favorisant par l'école l'accès au meilleur de la culture. La haute littérature doit façonner « l'esprit de société » en élevant le sens moral des classes moyennes et laborieuses qui auraient tôt fait sinon d'assimiler la grandeur à la richesse si elles sont livrées à elles-mêmes. Arnold estime déjà qu'il convient d'aller à l'encontre du risque d'américanisation qui priverait la société d'une intelligence générale. Inviter et développer les choses de l'esprit ne peut se faire qu'en valorisant les choses les plus hautes, et cultiver, c'est d'abord « helléniser », mais au profit de tous. « Les hommes de culture sont les vrais apôtres de l'égalité. Les grands hommes de culture sont ceux qui ont la passion pour la diffusion, pour faire prévaloir, pour propager d'un bout à l'autre de la société le meilleur savoir, les meilleures idées de notre temps ; qui ont travaillé pour ôter à ce savoir tout ce qui était âpre, frustre, difficile, abstrait, professionnel, exclusif ; pour l'humaniser, pour le rendre efficace en dehors de la clique des gens cultivés et savants, tout en restant le meilleur savoir et la meilleure pensée du temps, et une source véritable, dès lors, d'adoucissement et de lumière »[18]. Cet accès

---

[17] Voir Theodore Zeldin, *Histoire des passions françaises*, 1848-1945, Seuil, 1978.
[18] Matthew Arnold cité par Armand Mattelart et Eric Neveu, *Introduction aux Cultural Studies*, La Découverte, 2003, p.13.

généreux va à l'encontre de l'idée de repli sur soi, de l'esprit de clocher. Au contraire, la culture est cosmopolite par nature, puisqu'elle prend partout le meilleur de chaque chose, et elle est par conséquent synonyme d'ouverture et d'échanges. Elle est profondément internationaliste puisqu'elle transcende toute division géographique ou sociale. Pour cela, la culture est instrument d'émancipation de toutes les pesanteurs. C'est cette conception qui prédomine et cette foi qui animera principalement les animateurs culturels, quels qu'ils soient, jusque dans les années 60.

« Il est plus important de savoir distinguer le persil de la ciguë que de savoir si Dieu existe », se plaît à dire Diderot pour contester les tergiversations des exégètes des textes sacrés, surtout quand ceux-ci servent à maintenir l'ignorance, et donc l'obéissance, parmi le peuple. Le but des croyances est de permettre de vivre sans angoisses et sans scrupules, mais de vivre petitement, et parfois dans le mensonge. Vivre selon la science, la morale, la philosophie et les arts, c'est l'objectif de tout homme de culture, qui entend vivre selon sa conscience, participant pleinement de l'existence, en ne se trompant pas lui-même. Le savoir est donc élevé au rang d'un idéal à atteindre, toujours perfectible, jamais accessible, que l'honnête homme cherche sans cesse. Ce que l'on nomme alors la Civilisation exprime le meilleur de cet héritage que nous ont laissé les ancêtres et que se plaît à développer et améliorer le savant, le philosophe ou l'artiste. Il est de la responsabilité de chacun d'y participer, en y œuvrant lui même, à tout le moins en souscrivant et en s'appropriant ses fruits. Dans sa conception humaniste et noble, la culture, c'est d'abord l'idée de la formation et de l'élévation de l'esprit, de l'ouverture au monde[19].

L'idéalisation du savoir sera partagée par l'ensemble de la Nation, durant deux siècles. Le désir d'apprendre, de s'instruire, mais aussi d'accéder aux grandes œuvres de l'humanité n'est pas le seul fait des élites. L'utopie humaniste, l'eschatologie révolutionnaire, l'école républicaine ont su faire partager au plus grand nombre cet horizon. Même ceux qui n'ont pas le temps d'en sonder les registres n'ignorent pas son existence, et se plaignent d'en être maintenus écartés. Beaucoup d'autodidactes suivent alors des chemins impénétrables, pour nous devenus obscurs, qui les conduisent à s'approprier les formes de la culture, que l'on qualifiera plus tard de savante. Reggiani rapporte que sa mère, ouvrière dans une usine d'Italie, chantait à loisir des grands airs d'opéra. Il y puisa sa vocation. Mon grand-père, cordonnier, faisait d'ailleurs de même, et si je ne suis pas devenu chanteur pour autant, j'y ai puisé quelques motifs de doute envers les conclusions hâtives de certains sociologues pour ce qui est des destinées individuelles.

Nombreuses sont les personnalités ou les figures demeurant anonymes qui, au 19ème et jusque dans les années 50, issues des classes populaires, développent des savoirs considérés comme savants. Tel intellectuel qui

---

[19] Voir Jean-Louis Harouel, *Culture et contre-cultures*, Puf, 1994, p. 21 et suiv.

revendique ses origines paysannes, tel « menuisier qui lit », et qui le revendique fièrement, comme aime à le rappeler Danièle Sallenave[20]. Bien évidemment, il ne s'agit pas de nier les inégalités face à la culture, mais de constater que même s'ils sont des exceptions, ceux qui, d'origine populaire, se sont fait un nom attestent d'une masse sans visage qui participe à sa mesure de l'aventure. Les exemples abondent qui démontrent une soif de culture, une véritable montée en puissance de ce désir durant deux siècles[21]. Il n'est qu'à considérer l'immense succès de la littérature populaire, mais aussi des grands auteurs alors publiés en feuilletons dans la presse, des entrées au théâtre ou au Louvre, qui ne sont pas réservées à la seule élite, comme il est de bon ton de le vouloir croire aujourd'hui. Que penser des deux millions de personnes réunies pour l'enterrement de Victor Hugo, du million pour Zola ? Comment expliquer qu'une Révolution naisse en Belgique d'un soulèvement populaire lors d'une représentation à l'Opéra ? Que penser de ces militants, issus des milieux ouvriers et paysans, qui vont développer bientôt l'éducation populaire, les universités pour tous et l'action culturelle avant la lettre, un peu partout de par le pays ? Comment expliquer la réussite de leur entreprise se concrétisant par des réseaux de bibliothèques, de théâtres, de ciné-clubs et de fanfares amateurs, qui constituent le premier maillage d'une décentralisation culturelle reprise en main ensuite par les pouvoirs publics, si ce n'est l'expression d'une formidable envie d'accéder aux savoirs réservés jusque-là à une élite, si ce n'est la volonté de ne pas être des exclus de la culture ? Il ne s'agit pas de trouver là une manière de passer son temps, mais de bénéficier des illuminations espérées.

Le savoir comme idéal

> « Autant instruire les spectateurs que les divertir. » Racine : préface de *Phèdre*.

La démocratisation culturelle peut alors s'appuyer sur ce pilier hérité de la Troisième République qu'est l'école. L'une et l'autre ne sont pas encore considérées comme dépassées, et sont des desseins que tous, quels que soient les obédiences politiques et les moyens d'y parvenir, partagent. Il ne s'agit pas de considérer le savoir apporté par les œuvres ou par les sciences comme une nécessité ou une simple instruction. Celles-ci conduisent d'abord à se forger soi-même, à devenir meilleur. Plus encore, l'utopie d'une communauté des hommes liés entre eux par le partage de l'intelligence et de

---

[20] Danièle Sallenave, *Le Don des morts. Sur la littérature*, Gallimard, 1991, p.45.
[21] Voir les exemples diversifiés qu'en propose Christophe Prochasson, « De la Culture des foules à la culture de masse », in *Histoire de France*, sous la dir. De André Burguières et Jacques Revel, Tome 4 : *Les Formes de la culture*, Seuil, 1993, p.424 et suiv.

l'amour du beau constitue la matrice des espérances. La société ne peut que se bonifier parce qu'elle est sur le chemin de l'acculturation, de l'enrichissement d'elle-même. Dans cette veine, Danielle Sallenave estime que la culture ne s'oppose pas à la nature, mais à la barbarie[22]. Par elle, le monde se civilise. Les masses, hier encore, ignares sont conduites à découvrir les Lumières de la raison. Cette communauté de partage du savoir vise à former un collectif éclairé. Ce qui était réservé à une minorité de clercs sera demain partagé. L'éducation populaire entend le faire advenir.

En moins de dix ans, la fin du 19ème siècle voit naître près de 230 universités populaires qui comptent bientôt plus de 50 000 auditeurs. Accompagnant la Troisième République, les militants se retrouvent dans des réseaux aux ancrages idéologiques différents, d'obédience politique ou religieuse, puis bientôt dans les réseaux de la Résistance, mais tous prêchent une élévation du niveau d'instruction générale par une culture mise à la portée de chacun. Les Fédérations et les clubs Léo Lagrange poursuivent dans les maisons de jeunes et par les actions de terrain, la volonté d'acculturation héritée du Front Populaire. Mouvement soutenu par Jean Guéhenno au sortir de la guerre et qui connaîtra des années fastes jusqu'à la création du ministère de la culture. Les incompréhensions, que beaucoup ont déjà décrites, viendront mettre à mal un travail prometteur. Mais, les deux paradigmes, celui des deux ministères, de la jeunesse ou de la culture, dans leurs radicales différences, en pariant sur l'accompagnement ou sur la révélation, partagent malgré ce que l'on en a dit, un même idéal vers lequel il faut tendre.

C'est cette utopie qui se verra discréditée à partir des années 1960. « En bref, la culture pour tous les adultes, c'est apprendre à voir, à lire, à écouter, à réfléchir d'après des données autres que celles de la profession de chacun. Jusqu'au dernier jour, c'est apprendre à apprendre », déclare Jean Vilar[23]. Aussi celui-ci, dans une discussion avec Jack Ralite, pointe avec perspicacité qu'il ne suffit pas d'élever les crédits pour résoudre l'accès à la culture et régler ainsi le problème de la démocratisation. Pourquoi viser le 1% du budget de l'Etat, ce cheval de bataille de la gauche à l'époque, s'interroge-t-il ? Il faut surtout éveiller la curiosité ; donner le goût d'apprendre à apprendre, et ce n'est pas l'élévation des crédits qui constitue un but, tout juste un moyen. Le sens et la nature de l'action n'y résident pas. Celui qui a souffert de disette budgétaire ne se fait pas le chantre de l'élévation sans raison du budget, même s'il en consent l'utilité[24]. Comme pour Malraux, que

---

[22] Danièle Sallenave, *Le Don des morts. Sur la littérature*, Gallimard, 1991, p.143.
[23] Entretien de Jean Vilar reproduit dans Francis Jeanson, *L'Action culturelle dans la cité*, Seuil, 1973, p. 233.
[24] Même si Vilar se fera *in fine* un porte-parole de la revendication, il n'en est pas le plus convaincu comme le démontre la discussion de Jean Vilar et de Jack Ralite, p. 231, in Francis Jeanson, *L'Action culturelle dans la cité*, Seuil, 1973. Voir aussi dans Jean Vilar, *Le Théâtre, service public*, Gallimard, 1986, p.540. Il est intéressant de constater que 30 ans plus tard, des

cette question d'intendance ne passionnait pas, la visée culturelle réside moins dans les finances que dans une philosophie partagée.

Un désir d'élévation de soi

> « Et où est la nourriture intellectuelle de toute cette foule ? Où est ce pain moral et quotidien des masses ? Nulle part. Un catéchisme ou des chansons, voilà leur régime. Quelques crimes sinistres, racontés en vers atroces, représentés en traits hideux et affichés avec un clou sur les murs de la chaumière ou de la mansarde, voilà leur bibliothèque, leur art, leur musée à eux ! Et pour les plus éclairés, quelques journaux exclusivement politiques qui se glissent de temps en temps dans l'atelier ou dans le cabaret du village, et qui leur portent le contrecoup de nos débats parlementaires, quelques noms d'hommes à haïr et quelques popularités à dépecer comme on jette aux chiens des lambeaux à déchirer, voilà leur éducation civique ! Quel peuple voulez-vous qu'il sorte de là ? »[25] Lamartine.

La Culture est donc rendue désirable. Ce n'est pas par quelque envie de distraction, mais parce qu'elle représente l'essence même de l'existence, son sens le plus aigu. La Culture est une façon de sortir de sa condition, d'accéder à d'autres sphères. Si pour les classes populaires et pour ses militants, il s'agit de permettre une élévation sociale, et que la culture s'avère un outil d'extraction de sa classe, il ne s'agit pas que de cela. Loin de la réduire de manière fonctionnaliste à un principe d'ascension sociale, il s'agit surtout de la vivre pour elle-même. Plus qu'un outil, c'est un but. Dans une même dévotion, l'ouvrier et l'honnête homme issus des classes bourgeoises partagent le même rapport : la culture est un dépassement de soi. Par elle, il s'agit de parvenir à transcender et la réalité quotidienne et la simple suffisance de son existence. Son but est d'élever l'esprit, de lui donner des ailes en parvenant à entrevoir d'autres essences que celles jusque-là aperçues. Bref, la culture est un luxe, mais un luxe nécessaire à ceux qui veulent parvenir à être davantage Hommes. Si elle coûte cher, il coûte plus cher encore de n'en pas avoir.

Loin des sophismes métaphysiques, elle n'est pas une sorte de chimères ex cathedra qui se révélerait au pénitent qui y aurait consacré des heures de prières, apparaissant comme une vision idyllique aussitôt évanouie. Elle est celle qui s'obtient après de longues heures de difficiles apprentissages, mais

---

acteurs viennent à poser la question de la pertinence de ce combat de jadis, se demandant : « l'argent fait-il (peut-il faire) le bonheur de la culture ? ». Introduction à *Culture Publique*, T.3, L'Art de gouverner la culture, Sens&Tonka-Mouvement, 2005, p. 13.

[25] Lamartine, Lettre au député Chapuis-Montlaville, été 1843, cité par Georges Duveau, *La Pensée ouvrière sur l'éducation*, Gallimard, 1946, p.58.

qui illumine l'existence par une meilleure compréhension de soi-même. Jean-Louis Harouel remarque que « celui qui est culturellement riche le reste tant qu'on ne l'a pas tué ou totalement abruti. Celui qui est culturellement pauvre le reste tant qu'il n'a pas travaillé à se cultiver »[26]. Aussi réclame-t-elle des efforts, mais elle apporte à celui qui l'espère des récompenses tangibles, même si elle demeure toujours inaccessible dans son principe. On n'en a jamais fini de l'atteindre, puisqu'elle est par nature infinie et à jamais recommencée. Mais c'est justement dans la joie sans fin de son inachèvement que l'on trouve le ressort d'en suivre la trace. C'est parce qu'elle réclame des efforts sur soi-même, sur sa tendance à se laisser vaquer aux occupations quotidiennes, qu'elle accomplit aussi cette fierté de mieux s'appartenir.

La culture que nous lèguent les humanistes, c'est un dépassement de soi et de ses pères, mais dans une pleine reconnaissance de leurs héritages. Par elle, il s'agit de participer pleinement d'une plus grande conscience de soi en s'appuyant sur ce qu'ils nous permettent d'entrevoir. Pour Gabriel Marcel, « la Culture n'est rien, ou n'est que sa propre caricature si elle n'est pas une *participation* effective à une vie supérieure qu'on ne peut évoquer concrètement sans se référer aux grandes personnalités créatrices dans lesquelles cette vie s'est incarnée »[27]. Ainsi il s'agit de s'appuyer sur eux pour parvenir à les égaler, et peut-être les dépasser. Pour cela, il convient d'abord de les étudier, ce qui constitue la mission de l'école de la Troisième République, visant à élever et démocratiser le savoir. Cet apport ne consiste pas à devenir plus savant, au sens où l'on parle de 'chien savant', rempli de connaissances, mais vides de sens car trop spécialisées. Bien au contraire, la culture véritable vise à créer un *pouvoir spirituel*, au sens d'Auguste Comte[28], qui ait pour vertu de relier et de donner des outils d'appréhension de l'existence.

Bref, c'est cette conception humaniste de la culture qu'idéalise Malraux, dans la droite lignée de ses ascendants depuis deux siècles. S'il lui imprime quelques inflexions, il conserve l'essentiel : la culture est ce qui rend l'Homme meilleur à lui-même. C'est ce qui lui permet de s'épanouir. On a souvent dit que Malraux conférait à la culture une mission quasi transcendante, qu'il en faisait une métaphysique à même de répondre aux angoisses de l'Homme moderne. Pour Malraux, héritier des thèses de l'idéalisme, la religion ne répond plus aux questions essentielles, Dieu est mort et rien ne peut parvenir à combler le vide, si ce n'est l'art. La science qui a porté les espoirs de bonheur terrestre conduit, déjà à son époque, aux crises contemporaines, et notamment dans son expression cruelle à

---

[26] Jean-Louis Harouel, *Culture et contre-cultures*, Puf, 1994, p. 27.
[27] Déclarations, printemps 1972.
[28] Jean Caune, *La Culture en action. De Vilar à Lang : le sens perdu*, PUG, 1992, p.35.

Hiroshima, bref, au non-sens[29]. Malraux ne va pas jusqu'à reprendre la pensée très moderne d'Elisée Reclus qui estime que le progrès s'accompagne toujours de *regrès*, c'est-à-dire d'effets pervers ou secondaires moins glorieux. Cette conception environnementaliste qui contredit le formidable élan positiviste de foi dans les sciences produit par le 19ème siècle, ne fait que s'accroître avec les crises multiples, et notamment écologiques, que la science provoque par ses découvertes et la technique par ses inventions. Malraux ne va pas, à son époque, jusqu'à ces conclusions, mais il sent confusément que la solution ne peut venir de là. Le savoir divise, là où l'émotion, l'imaginaire rassemblent. Aussi le savoir ne peut être un équivalent de la religion ; la culture peut l'être[30]. C'est dans l'art que doivent se trouver les réponses au sens de l'existence. Réponses dont l'Homme ne saurait se passer, sauf à déchoir dans la bestialité ou la reproduction mécanique de lui-même.

Accéder à la conscience de soi ou la quête du sens de l'existence

> « La création artistique n'est pas l'ornement de la société, elle en est la conscience. Elle n'est pas oubli mais éveil. Elle n'est pas plaisir mais douleur, douleur devant l'inconnu, la question posée, le mystère. » Maurice Fleuret[31].

La culture, pour Malraux, est une somme de questions posées à l'univers. C'est une interrogation, une contemplation, une communion, un épanouissement, une évasion. L'art, c'est ce qui permet d'approcher des dimensions essentielles, et de chercher ou d'explorer des éléments de

---

[29] Cet argument sera du reste utilisé contre la culture des Lumières elle-même qui n'a su empêcher les horreurs du 20ème siècle. L'humanisme sera mis à mal avec la constatation que les hommes cultivés ont parfois collaboré à des projets conduisant aux camps de concentration ou au Goulag. Ce sera une salve importante qui nourrira le désenchantement envers la foi en l'éducation populaire et la démocratisation culturelle. Voir Georges Steiner, *Dans le Château de Barbe-Bleue*, Le Seuil, 1973, Folio, p.90. Olivier Py s'irrite de cet argument : « Tout a eu droit de vivre après Auschwitz, l'industrie, le profit, le nationalisme, l'idéologie raciale, le nettoyage ethnique, mais pas le drame lyrique. La terre entière a lavé sa tache, l'Histoire elle-même s'est parfumée à nouveau en abattant un mur, mais pas le lyrisme. Le drame lyrique reste coupable ! » Monsieur Girard dans *Illusions comiques*, de Olivier Py, Actes Sud-Papiers, 2006, p.62.
[30] Les métaphores religieuses sont nombreuses, celle de la maison de la culture comme moderne cathédrale a été utilisée dès 1938 pour caractériser le Palais de la Découverte, temple de la science. Voir Pascal Ory, « Une cathédrale pour les temps nouveaux ? Le Palais de la Découverte (1934-1940) », in *Masses et culture de masse dans les années 30*, sous la dir. De Régine Robin, Les Ed. Ouvrières, 1991, p.188.
[31] Maurice Fleuret, Allocution prononcée lors du colloque de la Sorbonne du 13 février 1983, publié dans *Culture Publique*, T. 1 : L'Imagination au pouvoir, Sens&Tonka-Mouvement, 2004.

réponse : « Qui suis-je ? » ; « , Connais-toi toi-même », « Qu'est-ce que l'Homme ? ». Le rapport à la mort en exprime l'essence. La culture générale, dans laquelle la culture artistique tient une place considérable, vise à donner accès à ces questions existentielles et à ne pas se contenter des réponses convenues. « L'homme qui a reçu une culture générale est capable de ne pas s'en tenir aux réponses faciles qu'il préférerait peut-être adopter, et cela non par esprit de contradiction, mais parce qu'il a connaissance d'autres réponses qui sont dignes de considération »[32]. C'est donc l'exact inverse de toute complaisance. Pour le dire autrement, c'est loin d'être seulement 'un supplément d'âme', 'une cerise sur le gâteau' (selon l'expression qu'utilisera Jacques Delors), mais c'est ce qui forge l'âme elle-même. Parce qu'il ne se résout pas aux déterminismes naturels ou sociaux, l'homme de culture peut ainsi s'épanouir. « Tout le destin de l'art, tout le destin de ce que les hommes ont mis sous le mot de culture, tient en une seule idée : transformer le destin en conscience : fatalités biologiques, économiques, sociales, psychologiques, fatalités de toutes sortes, les concevoir d'abord pour les posséder ensuite. Non pas changer un inventaire en un autre inventaire, mais étendre jusqu'aux limites des connaissances humaines la matière dans laquelle l'homme puise pour devenir davantage un homme, la possibilité infinie à ces questions vitales »[33], écrit Malraux dès 1936.

Si la naissance, la vieillesse et la mort nous condamnent à un destin imparable, l'imaginaire c'est « l'anti-destin » de chacun (et le destin de la civilisation), la possibilité de s'affranchir. L'art doit donc, pour Malraux, être tout, sauf modeste. Comme le remarque Paul Nizan dès 1935, l'ambition de la grandeur caractérise Malraux, qui s'inscrit à cette époque dans la filiation de Marx qui lui inspire quelques maximes : « il faut donner aux hommes la conscience d'eux-mêmes, même s'ils ne le veulent pas ». Malraux ministre conservera l'idée que c'est par la culture que cette conscience doit advenir. L'art doit aider l'Homme à prendre conscience de la grandeur qu'il porte en lui. La culture, c'est d'une certaine façon l'appropriation par chacun et la transformation pour tous de l'apport des arts. Elle produit une révélation individuelle et collective. La culture prend le rôle de nouvelle religion qui unit dans un même élan ceux qui ont les Lumières pour horizon. Cette nouvelle spiritualité ne donne pas du sens à son action, elle est le sens même de toute action.

Malraux n'est pas sans savoir que cette exigence élevée peut difficilement être rendue populaire. Il invoque ce qui parle à tous. S'appartenir davantage, c'est d'abord s'affronter aux questions essentielles de l'existence. Celles qui nous concerne, ouvrier, patron ou intellectuel. Les

---

[32] Allan Bloom, *L'Ame désarmée. Essai sur le déclin de la culture générale*, Julliard, 1987, p.19.
[33] André Malraux, Commune, Septembre 1936, in *La politique, la culture, Discours, articles, entretiens* (1925-1975), présenté par Janine Mossuz-Lavau, Gallimard, 1996.

questions de l'amour et de la mort, que chacun rencontre inévitablement. Il se plaît à rappeler l'expérience de l'amour naissant chez un jeune homme de 16 ans qui ressent émotionnellement ce que signifient les vers de Victor Hugo, qu'il a appris à l'école. Occasion pour lui, d'une nouvelle compréhension. Si les vers d'Hugo peuvent toucher les plus humbles, c'est qu'ils expriment l'expérience universelle de l'Homme, l'amour ou la mort. « Seul l'art, touchant le cœur peut rassembler », et forger un sentiment de communauté de destins. Malraux s'inscrit ainsi dans une filiation qui depuis Schiller pense l'art comme union entre les hommes. « À n'importe quel moment capital de la vie, que ce soit la naissance, l'amour ou la mort, toutes les grandes Eglises ont créé de grandes liturgies. Il y a quelque chose en marge des Eglises : c'est le mystérieux sacrement que confère le génie. Les paroles du génie appartiennent à tous et notre fonction est de les faire connaître à tous pour que tous puissent les posséder », déclare Malraux devant le Sénat, en 1959. Le ministre n'a pas seulement l'accent et le lyrisme hugoliens, il en partage la conception. En cela, la culture ne divise pas, contrairement aux dires sociologiques. Pour Malraux, c'est un vecteur de rassemblement. Elle est le ferment, le socle, le port, c'est-à-dire d'où l'on vient et où l'on va, l'horizon d'attente, pour reprendre une expression d'aujourd'hui. En cela, elle est un instrument de salut, mais de salut collectif[34].

Entre émancipation individuelle et désaliénation collective

> « Qu'il revienne à l'éducation d'assurer le progrès moral et politique, tel était bien le dogme laïc : l'instruction publique, par l'entremise des lycées, bibliothèques municipales et cours du soir, se substituait aux illuminations intérieures, aux élans vers la perfection morale, jusque-là sanctionnés par une poignée d'élus, par la religion. C'est ainsi que la formule des Jacobins, selon laquelle l'école est le temple et le forum moral d'un peuple libre, marque la sécularisation d'un pacte utopique, d'essence théologique, entre la réalité et les ressources de l'homme. » Georges Steiner[35].

Ce qui est étonnant, c'est de constater combien cette conception est finalement partagée par l'ensemble des acteurs héritiers d'une culture classique, et cela de tous les côtés de l'échiquier politique. Pour Vilar, pour

---

[34] Jean Caune, *La Culture en action. De Vilar à Lang : le sens perdu*, PUG, 1992, p. 146.
[35] Georges Steiner, *Dans le château de Barbe-Bleue. Notes pour une redéfinition de la culture*, Seuil, 1973, Folio, p.87.

qui l'universalisme de la culture ne fait pas de doute[36], il s'agit de rendre à l'art dramatique sa véritable dimension d'expression idéale de la vie d'un peuple, et non de simple divertissement d'un soir[37]. Si l'on évoque l'épanouissement et l'affirmation de la conscience individuelle d'un côté, les acteurs de gauche espèrent, eux, un outil de libération des asservissements, d'affranchissement des aliénations. S'ils parlent davantage d'œuvrer à une prise de conscience collective, le même messianisme prédomine. Il s'agit de permettre aux hommes de « se défendre », de leur donner « ce qui peut les sauver », dit même Malraux[38]. Tous pensent la culture comme puissance de transformation. Paradoxalement, c'est par excès que cet idéal commun va être mis à mal. La générosité de 68 entend étendre à tous et tout de suite les apports de la culture. Même si l'élan est pétri de contradictions, et finalement de divergences, comme nous le verrons, c'est la volonté d'aller plus loin et plus vite qui porte atteinte à la démarche. Le ministère est critiqué, au nom d'une logique qui est celle de l'éducation populaire depuis plus d'un siècle.

Francis Jeanson insiste sur le caractère désaliénant et donc politique de la culture, puisqu'elle donne aux hommes une conscience d'eux-mêmes. Elle leur permet de se lier dans une communauté de destins. « À cet égard, sans doute devons-nous considérer la diffusion de la culture existante comme un simple moyen qu'il s'agit de mettre au service d'une véritable action culturelle, conçue comme une entreprise de mise en rapport des hommes avec eux-mêmes »[39]. Il ne s'agit aucunement d'une vision politicienne partisane, mais de la capacité à se projeter dans l'avenir par l'affranchissement des appartenances. Il ne s'agit pas de cautionner un certain type de projet politique, mais d'éveiller les consciences, remarque Jean Caune qui rappelle en quoi ce projet va être perçu comme dangereusement concurrent par les partis de gauche[40]. « L'action culturelle ne vise pas à transformer le système social, mais à mettre les hommes en mesure de se situer de plus en plus consciemment par rapport à lui et de participer de plus en plus réellement aux grandes options qui engagent le présent et l'avenir de la collectivité »[41]. Pour Jeanson, la culture a toujours une visée civilisatrice. L'action culturelle est « une entreprise de démystification et de désaliénation des consciences, c'est-à-dire en somme, qu'elle tend à leur fournir les moyens de *se politiser* ou si l'on préfère de se *civiliser* : de devenir de plus en plus capables d'assumer leurs responsabilités

---

[36] Voir Emmanuelle Loyer, *Le Théâtre citoyen de Jean Vilar. Une utopie d'après guerre*, Puf, 1997, notamment p. 110.
[37] Jean Caune, *La Culture en action. De Vilar à Lang : le sens perdu*, PUG, 1992, p.100.
[38] « Assemblée nationale, 9 novembre 1963 », dans *André Malraux, Ministre*, La Documentation française, p.287.
[39] Francis Jeanson, *L'Action culturelle dans la cité*, Seuil, 1973, p. 134.
[40] Jean Caune, *La Culture en action. De Vilar à Lang : le sens perdu*, PUG, 1992, p.177.
[41] Francis Jeanson, *L'Action culturelle dans la cité*, Seuil, 1973, p. 134.

dans la cité des hommes. À ce titre, toute action culturelle authentique travaille en faveur d'une transformation de la non-démocratie, ou de la démocratie formelle, en une démocratie de plus en plus réelle »[42]. Vision très hugolienne des choses, la croyance dans la valeur universelle de la culture ne fait pas de doute. Et c'est parce que la culture vise à transformer pleinement l'homme qu'elle est une culture vivante. C'est en ce sens qu'il faut comprendre l'attaque envers la culture inerte, comme non agissante dans la transformation du rapport de l'homme à lui-même.

Contrairement aux vœux de Malraux, il ne s'agit pas de s'adresser aux individus isolés, mais de comprendre les collectifs. « Il s'agit d'inciter cette population à prendre conscience d'elle-même, dans sa globalité comme dans chacune de ses dimensions particulières, et donc de lui fournir, de proche en proche, les moyens d'articuler (de 'totaliser', au sens dialectique) cette multiplicité de dimensions »[43]. Favoriser le dialogue et mettre en relation des appartenances (artistique, sociale) pour faire émerger des consciences nouvelles, voilà le but. Mais Jeanson devant les méfiances que suscite ce discours, – car évidemment à terme un pareil dessein peut sembler contraire aux intérêts de la société capitaliste –, insiste sur le caractère non partisan et profondément social d'une telle proposition. « Le propos de l'action culturelle n'est pas de construire un certain type de société, mais bien de susciter les consciences et de les aider à prendre en charge (les unes vis à vis des autres, chacune vis à vis d'elle-même) *cette tension – qui les définit – entre leur radicale 'solitude' et leur inéluctable 'solidarité'* »[44].

C'est dans ce sens qu'il faut comprendre le concept de non-public utilisé aux rencontres de Villeurbanne en 1968. Le non-public ne désigne pas ceux qui ne viennent pas dans les institutions culturelles, signification attribuée généralement aujourd'hui. Jeanson tente de dissiper les malentendus qui apparaissent déjà à ce sujet. Le non-public, c'est la grande majorité de la population : tous ceux, hommes ou femmes, auxquels la société ne fournit guère ou refuse les moyens de se choisir librement. L'action culturelle est politisation dans le sens où elle vise à briser ces aliénations. « Sous ces différentes formes, le non-public constitue un véritable *défi* pour quiconque se veut partisan d'une culture vivante et agissante, d'une culture qui permette aux hommes de progresser ensemble, jour après jour, vers une plus réelle humanité. Et la réponse à ce défi ne saurait être qu'un *pari* : celui de promouvoir une attitude culturelle qui récuse cette coupure sociale – et le danger de mort qu'elle comporte pour toute conscience humaine – sans toutefois prétendre en ignorer les origines d'ordre politico-économique »[45]. Conscience individuelle et collective révélée que permet la culture et dont

---

[42] Francis Jeanson, *L'Action culturelle dans la cité*, Seuil, 1973, p. 139
[43] Francis Jeanson, *L'Action culturelle dans la cité*, Seuil, 1973, p. 49.
[44] Francis Jeanson, *L'Action culturelle dans la cité*, Seuil, 1973, p. 49.
[45] Francis Jeanson, *L'Action culturelle dans la cité*, Seuil, 1973, p. 138.

les non-publics sont privés. Le concept va ensuite s'appauvrir jusqu'à définir seulement synonyme de non-utilisateurs des institutions culturelles[46]. En réalité, être simplement « consommateur de culture », c'est être aussi non-public chez Jeanson. Ainsi, le public bourgeois « des théâtres de bonbonnières » qui va faire la sieste après un bon repas dans un confortable siège de théâtre, est également « non-public ». C'est contre cela que s'élèvent les pères de la décentralisation théâtrale. Ne pas se rendre au spectacle ou être un simple consommateur de produits culturels sont deux modalités du non-public. Il faut que le spectateur devienne acteur de sa propre culture, non parce qu'il donne la réplique au comédien, cette version puérile de la participation, mais parce qu'il s'approprie des propositions qu'il transforme. L'utopie des années 60 va être de radicaliser une démarche en prétendant y amener le peuple pour viser à une transformation collective.

En cela, l'ambition est différente chez Jeanson et chez Malraux, qui estime que rendre accessible la culture à ceux qui la désirent est déjà beaucoup. S'ils ne la destinent pas de la même façon à tous, ils partagent malgré tout une même conception sur sa teneur. Jean Vilar verra, lui, dans la rencontre avec le non-public une nécessité pour les artistes de se ressourcer aux réalités sociales. Il préconise des rencontres, non pour faire « une bonne action sociale », mais dans l'intérêt même de ceux qui créent. L'idée d'émancipation et de rapport critique au monde est centrale tant pour la « population public » que pour les artistes, ce qui permet un réel échange, puisque les deux parties y ont intérêt. Ces pistes, quand elles sont encore mentionnées aujourd'hui dans les programmes culturels comme leitmotiv des actions entreprises, semblent être devenues des incantations et des phrases vides de sens. L'émancipation fonctionne au mieux pour les créateurs, mais plus guère pour le public.

Disposer de « l'héritage de la noblesse du monde »

> « Nous ne sommes pas encore cultivés quand nous avons élaboré en nous telle connaissance ou tel savoir-faire particulier ; nous le sommes seulement lorsque tout cela sert le développement – lié sans doute à tout savoir mais sans coïncider avec lui – de notre psychisme dans sa centralité. »[47] Georges Simmel.
> « Ce n'est qu'en voyant de belles choses que le goût se forme ; l'éducation exige la répétition. Pour agir efficacement sur un public, il faut l'avoir constamment en main. Des fêtes exceptionnelles peuvent avoir plus d'éclat mais leur influence

---

[46] Tel que tend à le réduire la vulgate sociologique, voir Laurent Fleury, *Sociologie de la culture et des pratiques culturelles*, Armand Colin, 2008.
[47] Georges Simmel, *La Tragédie de la culture*, (1911), Payot, 1988, p.181.

est nulle. Un public de hasard, attiré par tel spectacle, rebuté par tel autre (…) ne progresse pas. Au contraire, on ne l'attire qu'en flattant ses pires instincts. »[48] Eugène Morel.

Ce qui fait œuvre, c'est la qualité supérieure et transcendante qui éclaire l'existence, qui donne sens à la vie de chacun. Loin d'une position fétichiste ou conservatrice, l'héritage culturel n'est pas gardé pour lui-même (comme chez un Barrès qui entend promouvoir le respect envers ce qui nous a précédés), mais parce qu'il nous aide à vivre[49]. La culture vise à conserver et à permettre à chacun de disposer de « l'héritage de la noblesse du monde »[50]. Parce qu'elle est appropriée, faite sienne, par un sujet, la culture prend corps. Elle est vivante parce qu'elle engendre et implique une métamorphose. Nous rendant meilleurs, l'art nous fait comprendre des choses sur nous-mêmes, nous permet de nous dépasser, d'atteindre à un horizon jusque-là inatteignable. C'est en devenant force agissante, moteur de relation de soi à soi et de relations entre les êtres, que l'art devient culture. Même si les œuvres peuvent résonner différemment en chacun de nous, il en est de plus ou moins importantes. Une sorte de hiérarchisation peut se concevoir, entre les œuvres majeures et les œuvres mineures. Bref, entre celles qui produisent des transformations radicales et celles qui ne font que nous effleurer. Il ne saurait être question de ravaler toutes les productions à de mêmes valeurs. Certaines sont plus importantes au destin de l'humanité. Le politiquement correct qui conduit à la non-hiérarchisation des productions artistiques et à l'équivalence généralisée demeure alors inimaginable.

Horizon qui nécessite des efforts, qui suppose une lutte contre soi-même, de susciter une volonté de retenue envers la facilité qui nous conduit à renoncer et à nous contenter de plaisirs faciles. Parce que la culture promet de nous dévoiler à nous-mêmes, elle est sacralisée comme une transcendance vers laquelle il faut tendre. Pour cette raison, la démocratisation est un processus, inachevé par essence. André Malraux met en garde contre ce qu'il nomme « les usines de rêves », celles des marchands du divertissement, qui entendent détourner l'homme de sa quête de lui-même et qui promettent des plaisirs certes plus faciles, mais insipides à ceux qui cherchent un sens à leur existence. « Ce que nous appelons la culture, c'est cette force mystérieuse de choses beaucoup plus anciennes et beaucoup plus profondes que nous et qui sont notre plus haut secours dans le monde moderne, contre la puissance des

---

[48] Eugène Morel, « Projet de théâtres populaires », *Revue d'Art Dramatique*, décembre 1900, p.1117. Cité par Jacques Rancière, « Le Théâtre du peuple », in *Les Scènes du peuple*, Ed. Horlieu, 2003, p.189.
[49] André Malraux, *Commune*, n°37, septembre 1936.
[50] André Malraux, *Discours pour l'inauguration de la maison de la culture d'Amiens*, 19 mars 1966.

usines de rêves »[51]. L'opposition entre la culture et le divertissement constitue alors une des clés de voûte du jeune ministère[52]. Malraux se méfie du laisser aller, de cet abandon de soi que proposent les dispensateurs de loisirs pour occuper le temps vide, celui demeuré vacant une fois effectué le temps de travail et de soins domestiques. Il redoute que les dieux d'autrefois soient morts, mais que les diables demeurent bien vivants, dans la figure des dispensateurs de sang, de sexe et de rires faciles[53].

Le ministre partage avec Hannah Arendt cette distinction qui réserve à la culture un autre temps, celui de l'oisiveté, réservé à la volonté de se construire, de fortifier son âme pourrait-on dire, si cette expression ne semblait aujourd'hui désuète. « La société de masse, au contraire, ne veut pas la culture, mais les loisirs (*entertainement*) et les articles offerts par l'industrie des loisirs sont bel et bien consommés par la société comme tous les autres objets de consommation. Les produits nécessaires aux loisirs servent le processus vital de la société, même s'ils ne sont peut-être pas aussi nécessaires à sa vie que le pain et la viande. Ils servent, comme on dit, à passer le temps, et le temps vide qui est ainsi passé n'est pas, à proprement parler, le temps de l'oisiveté – c'est-à-dire le temps où nous sommes libres *de* tout souci et activité nécessaires de par le processus vital, et, par là, libres *pour* le monde et sa culture ; c'est bien plutôt le temps de reste, encore biologiquement déterminé par la nature, qui reste après que le travail et le sommeil ont reçu leur dû »[54]. Tout est dit. La confusion dans laquelle nous baignons à présent y est déjà pointée.

« La culture n'est pas ce qui permet d'occuper le temps vide ». Cette conviction d'Arendt est partagée par tous les auteurs classiques, conception largement oubliée depuis. Malraux estime que pour la distraction, il y a les entractes, façon de dire que la Culture signifie autre chose qu'une simple occupation susceptible d'en remplacer une autre. Malraux le dit haut et fort, il le répète dans maints discours, et se trouve applaudi par l'ensemble de l'Assemblée Nationale[55]. Même si une œuvre peut faire rire et être divertissante, il ne s'agit pas de cela, elle ne saurait s'y résumer. La culture n'est pas le lieu du divertissement, elle est le lieu de la révélation à soi-même. Rappelons cette célèbre et grandiose conclusion de Malraux dans son discours d'inauguration de la maison de la culture d'Amiens, qui n'est pas sans faire écho à Hannah Arendt : « Le temps vide, c'est le monde moderne.

---

[51] André Malraux, *La politique, la culture, Discours, articles, entretiens* (1925-1975), présenté par Janine Mossuz-Lavau, Gallimard, 1996.
[52] Voir Philippe Urfalino, « Quelles missions pour le Ministère de la culture ? », *Esprit*, n°1, janvier 1997.
[53] Assemblée Nationale, 14 octobre1965, dans *André Malraux, Ministre*, La Documentation française, p.295
[54] Hannah Arendt, *La Crise de la culture*, Gallimard, Folio, 1972, p.263.
[55] Assemblée Nationale, 9 juin 1963, dans *André Malraux, Ministre*, La Documentation française, p.286.

Mais ce qu'on a appelé le loisir, c'est-à-dire un temps qui doit être rempli par ce qui amuse, est exactement ce qu'il faut pour ne rien comprendre aux problèmes qui se posent à nous. Bien entendu, il convient que les gens s'amusent, et bien entendu que l'on joue ici même ce qui peut amuser tout le monde, nous en serons tous ravis. Mais le problème que notre civilisation nous pose n'est pas du tout celui de l'amusement, c'est que jusqu'alors, la signification de la vie était donnée par les grandes religions, et plus tard, par l'espoir que la science remplacerait les grandes religions, alors qu'aujourd'hui il n'y a plus de significations de l'homme et il n'y a plus de signification du monde, et si le mot culture a un sens, il est ce qui répond au visage qu'a dans la glace un être humain quand il y regarde ce qui sera son visage de mort. La culture, c'est ce qui répond à l'homme quand il se demande ce qu'il fait sur terre. Et pour le reste, mieux vaut n'en parler qu'à d'autres moments : il y a aussi les entractes »[56]. La société du loisir et de la consommation pourrait-on poursuivre, c'est la « culture » des entractes qui recouvre tout. Le divertissement pour tous et en tout lieu. Et effectivement, il est alors difficile de déterminer les espaces.

Malraux entend dissiper le malentendu instauré depuis le Front Populaire et que l'éducation populaire a nourri. « Pendant des années, on a cru que le problème de la culture était un problème d'administration des loisirs. Il est temps de comprendre que ce sont deux choses distinctes, l'une étant seulement le moyen de l'autre. Une auto est toujours une auto, mais quand elle nous mène quelque part, ce n'est pas la même chose que quand elle nous jette dans un précipice. Il n'y a pas de culture sans loisirs, mais ces loisirs ne sont que les moyens de la culture »[57]. Si les amalgames entre les registres ont été entretenus confusément, Malraux vise à les dissiper. S'il faut faire référence aux trois fonctions que Joffre Dumazedier attribue aux loisirs : *délassement, divertissement, développement*, c'est à cette dernière catégorie à laquelle pense Malraux quand il invoque le mot culture[58]. Le pire et le premier des démons pour Malraux « est de concevoir les loisirs sans culture, c'est-à-dire sans imaginaire »[59]. C'est l'injection de l'imaginaire dans les loisirs qui en fait autre chose qu'une occupation de temps libre.

---

[56] André Malraux, Discours prononcé à l'occasion de l'inauguration de la Maison de la culture d'Amiens, le 19 mars 1966. Publié dans *André Malraux, La politique, la culture*, textes présentés par Janine Mossuz-Lavau, Gallimard, Folio, 1996.
[57] Malraux, cité par Philippe Urfalino, *L'Invention de la politique culturelle*, Hachette, 2004, p. 45.
[58] Joffre Dumazedier, *Vers une civilisation du loisir ?*, Seuil, 1962.
[59] Jean Caune, *La Culture en action. De Vilar à Lang : le sens perdu*, PUG, 1992, p.144.

Une répartition assumée

> « Les mots-clés de la culture ne sont pas éducation, connaissance, divertissement, mais contemplation, silence, joie. Les trois premiers correspondent à des activités, les trois derniers désignent des états de l'âme. On peut certes aller à ceux-ci par celles-là, passant ainsi d'une occupation fragmentaire à un acte unifiant de l'esprit, d'une énergie concentrée sur un objet au puissant épanouissement de tout l'être. Puissant et souvent secret. Cet épanouissement suprême est l'idéal vers lequel pointe la culture, entendue comme le mode de vie potentiellement le plus humain. »[60] Pierre Emmanuel.

Si accéder à la culture nécessite un effort, elle est aussi pourvoyeuse de récompenses. L'illumination ne parvient jamais seule, mais au terme d'un cheminement qui en permet l'accès. L'ambition de Malraux sera de permettre la diffusion des œuvres sur le territoire, entendant faire disparaître ce mot hideux de province, c'est-à-dire de désert culturel. S'il est vrai que les premiers actes du ministre résident dans cet accompagnement, initié d'ailleurs par d'autres, Jeanne Laurent avec les Centres Dramatiques Nationaux pour la décentralisation théâtrale à l'immédiat après guerre, mais aussi par les multiples propositions existantes issues de l'éducation populaire, c'est le développement d'une offre de proximité qui doit permettre à chacun d'avoir accès aux exaltations culturelles. Les Maisons de la Culture, bien sûr, symbole de cette action, la volonté sans suite de créer des petits Louvre en régions, le plan décennal pour la musique de Marcel Landowski organisant l'accessibilité à la formation musicale, sont autant d'emblèmes de cette action de diffusion du ministère. La démocratisation réside en un accès physique : il valorise la diffusion. La réflexion, conduite depuis Romain Rolland, sur l'architecture des salles de spectacle pour favoriser l'accès et le brassage de différentes classes sociales sera un credo de Malraux (comme de Vilar). Il s'agit moins d'une formation de la demande, comme le stipule l'éducation populaire, mais d'une augmentation de l'offre culturelle de qualité. Aménagement de l'accessibilité, prix d'entrée, horaires d'ouverture, fonctionnalité des équipements sont autant d'entrées pour les actions[61].

L'œuvre d'art parce qu'elle parle à ce qu'il y a de plus profond en l'Homme, à ce qui le fait Homme – et que par conséquent, il partage –, peut s'imposer directement et susciter l'adhésion sans propédeutique[62]. Ce serait conclure trop vite que de prétendre à une conception magique de l'œuvre

---

[60] Pierre Emmanuel, *Pour une politique de la culture*, Seuil, 1971, p.79.
[61] Philippe Urfalino, *L'Invention de la politique culturelle*, Hachette, 2004, p. 239.
[62] Jean Caune, *La Culture en action. De Vilar à Lang : le sens perdu*, PUG, 1992, p.119.

d'art chez Malraux et affirmer qu'il ne se soucie guère des médiations qui conduisent à s'approprier les œuvres. Les reproches envers l'action ministérielle de rester en deçà de l'accompagnement nécessaire de ceux qui n'ont pas hérité des codes pour s'approprier les œuvres sont fondés, mais injustes[63]. Ce n'est nullement que Malraux se détourne du problème, mais qu'il entend sérier les fonctions des uns et des autres. Pour lui, il revient à l'école de fournir les clés de lecture. C'est elle qui a pour mission de dispenser les enseignements nécessaires à la compréhension, d'accompagner les efforts indispensables qu'il convient de faire, notamment par l'apprentissage, pour atteindre à l'illumination. Car il ne s'agit pas de prétendre que celle-ci survient comme par enchantement, s'abattant sur un sujet ignare comme le ferait la foudre au hasard sur un arbre. Certes le paradigme romantique du « syndrome de Stendhal » hante les rêves de conversion subite qui tendrait à faire se rejoindre l'art et la transe, dans une conception religieuse et ambiguë, faite pour ravir toute une génération, de Roger Caillois à Georges Bataille. Toutefois, Malraux n'est pas si naïf, il sait bien que l'accès à la culture passe par l'apprentissage des vecteurs qui en permettent l'accomplissement.

Contrairement à ce qui est souvent affirmé, Malraux ne se désintéresse pas des conditions d'apprentissage, dont il sait bien la nécessité, mais il les laisse à d'autres. Il entend seulement distinguer les champs d'action, sans doute par souci de ne pas confondre les registres. On peut le lui reprocher, mais il s'inscrit, ce faisant, dans la plus ancienne tradition française : celle qui depuis la Révolution a séparé le rôle de l'école qui est d'instruire, et celui du musée qui est de donner à voir les œuvres dans leur exemplarité. Alain remarque dans *Propos sur l'éducation*, que « la culture, c'est bien autre chose que l'instruction ». Les deux sont complémentaires, elles ne sont pas confondues. Les rôles sont distribués : l'école instruit et le musée révèle. La fabrique des grands Hommes passe par ces lieux de transmission de savoirs et de puissance révélée.

Si Malraux, dans les premiers âges du ministère, se méfie de trop de médiations dans les institutions, ce n'est pas seulement par pures conjonctures institutionnelles, mais c'est qu'il tient à préserver la complémentarité des attributions. Il s'agit moins d'apprendre, ce qui lui semble trivial et banal, sans doute évident, que d'aimer. « L'Université doit enseigner ce qu'elle sait ; les Maisons de la culture doivent faire aimer ce

---

[63] Ce dont se moque Jean-Claude Passeron en parlant de « voiturage », réduisant la volonté de démocratisation de Malraux à une conception simplette de distribution géographique. L'idée qu'il suffit de mettre les publics en face des œuvres pour qu'il y ait conversion, est une idée attribuée un peu rapidement à Malraux, passant sous silence le contexte d'énonciation de cette approche, Malraux s'inscrivant alors dans la lignée d'une école républicaine à laquelle il croit et à laquelle revient le travail de sensibilisation préalable. « Quel regard sur le populaire ? », *Esprit*, mars avril 2003, p. 157.

qu'elles aiment »[64], dit-il. « Il appartient à l'Université de faire connaître Racine, mais il appartient seulement à ceux qui jouent ses pièces de les faire aimer. Notre travail, c'est de faire aimer les génies de l'humanité, et notamment ceux de la France, ce n'est pas de les faire connaître. La connaissance est à l'Université ; l'amour, peut-être, est à nous », déclare-t-il devant le Sénat comme programme de son ministère. C'est l'émotion, l'affect, l'amour qui sont les objectifs. Il est dans la lignée de Copeau, mais aussi en proximité d'esprit de Vilar, pour qui le théâtre n'enseigne pas en délivrant des leçons, ou en cherchant à persuader, comme le croiront les formes militantes, mais en déclenchant le désir. « Pour Vilar, le théâtre encourage le désir d'apprendre, plus sûrement et avec plus de séduction que ne le feraient les méthodes pédagogiques », remarque Jean Caune[65].

Malraux fait la distinction importante entre homme de connaissance, susceptible d'avoir accumulé les savoirs, formé par l'université, et homme cultivé, capable de les apprécier et de les convoquer pour penser l'existence. Il s'agit moins d'accumuler les connaissances que, comme le voulait Voltaire, d'apprendre à penser correctement grâce à elles. « Civilisé s'oppose à grossier : cultivé s'oppose d'abord à ignorant. Et pourtant, l'homme de connaissance a semblé souvent une caricature de l'homme cultivé. Sans doute celui-ci est-il un homme de livres, d'œuvres d'art – un homme lié à des témoignages particuliers du passé. Mais peu importerait qu'il fût l'homme qui connaît ces témoignages, s'il n'était d'abord l'homme qui les *aime*. La vraie culture commence lorsque les œuvres ne sont plus des documents : lorsque Shakespeare est *présent*. De quelle présence ? De celle de Michel-Ange et de Piero della Francesca, de Vélasquez et du Greco, de Cézanne et des sculpteurs de Chartres, des maîtres égyptiens et sumériens, de Monteverdi et de Beethoven ; de notre discothèque, de notre bibliothèque et de notre Musée Imaginaire. La connaissance, c'est l'étude de Rembrandt, de Shakespeare ou de Monterverdi ; la culture c'est notre émotion devant *La Ronde de la nuit*, la représentation de *Macbeth* ou l'exécution d'*Orfeo*. La culture de chacun de nous, c'est la mystérieuse présence, dans sa vie, de ce qui devrait appartenir à la mort »[66]. Pour Gaétan Picon, qui précise cette pensée, la connaissance est un héritage, la mémoire d'une culture passée, alors que la culture vivante est une culture agissante.

---

[64] *André Malraux, La politique, la culture*, textes présentés par Janine Mossuz-Lavau, Gallimard, Folio, 1996.
[65] Jean Caune, *La Culture en action. De Vilar à Lang : le sens perdu*, PUG, 1992, p.97.
[66] André Malraux, Allocution prononcée à New-York, le 15 mai 1962. Publié dans *André Malraux, La politique, la culture*, textes présentés par Janine Mossuz-Lavau, Gallimard, Folio, 1996. On trouve exprimée une idée proche chez Georges Steiner qui estime que les œuvres sont riches des interprétations qu'elles génèrent entre elles et qu'elles produisent en nous. *Réelles présences, Les arts du sens*, Gallimard, 1991, p. 32.

Engendrer le désir

> « Il est de l'essence de la culture d'être partagée entre tous. Aucune culture n'est créée par le peuple, toute culture est créée pour lui. La fin de la civilisation c'est l'homme, et l'homme est chacun de nous. (.../...) N'attendons pas que le public demande autre chose que les films de M Fernandel, la grivoiserie du music-hall français, la fastueuse médiocrité de notre Opéra-Comique : c'est à nous de l'habiter à mieux. » [67]
> Gaëtan Picon (1943)

Il ne s'agit pas de croire qu'il suffise de conduire des enfants ignares dans un musée pour que l'illumination se fasse, que la révélation s'opère. Ce sont des enfants instruits qu'il convient d'amener, c'est-à-dire ceux à qui l'on a donné non seulement des clés de compréhension, mais aussi et surtout le goût d'apprendre et le désir de se cultiver. C'est ce dernier point qui pose à présent problème. À partir du moment où le savoir n'est plus objet de fantasme, où le désir de culture n'est plus ce qui anime la population, alors l'école a du mal à former, et le musée du mal à captiver. Des acteurs peuvent se désespérer devant des salles remplies d'élèves aux écouteurs de MP3 plantés dans les oreilles. Puisque les conditions pour que l'illumination advienne ne sont plus réunies, il importe de trouver de nouvelles fonctions. Nous y reviendrons. Mais du temps de Malraux, la disjonction entre l'école et le savoir, entre le savoir et le désir, ne s'est pas encore manifestée explicitement et dès lors, le ministre inscrit son action dans la continuité de celle des Lumières. Elle vise à permettre à ceux qui le désirent d'accéder aux œuvres. Dès lors que la massification de l'enseignement s'actualise – c'est l'époque, rappelons-le, du développement des collèges et du brevet pour tous, bientôt du lycée, du baccalauréat puis de l'université –, il y a tout lieu de penser que le public sera de plus en plus nombreux et avide de culture[68]. Malraux ne peut que parier, très logiquement, sur le développement du désir de culture, sur la multiplication du public et sur l'accroissement sans fin des illuminés. Du reste, dans les années 50 et 60, la multiplication des réseaux

---

[67] Gaëtan Picon, *La Vérité et les mythes, entretiens et essais, 1940-1975*, Mercure de France, 1979. Cité par Marc Fumaroli, *L'Etat culturel. Essai sur une religion moderne*, De Fallois, Le Livre de poche, 1992, p.167.
[68] Rappelons que cette « illusion » est alors également partagée par Bourdieu. « Si l'on imagine que l'on élève de trois années (soit d'un niveau) le niveau culturel des Français qui sont à l'heure actuelle au niveau du CEP et qu'on les hausse ainsi au niveau du BEPC, tandis que l'on porterait les détenteurs du BEPC au niveau du baccalauréat, on voit par un calcul élémentaire que, à très long terme, c'est-à-dire en l'espace de trois générations, le taux de fréquentation global des Français s'accroîtrait de 150%. Le modèle qui est proposé ici valant, à des nuances près, pour toutes les formes de pratique culturelle ». Cette thèse était évidemment défendable avant que l'on ne procède à la dévalorisation des contenus scolaires… Pierre Bourdieu, *L'Amour de l'art*, Ed de Minuit, 1969, p. 155.

d'éducation populaire – même si Malraux ne les voit pas d'un très bon œil, y percevant un risque de concurrence de son action et de subversion éventuelle –, lui donne raison. Le peuple semble avide de culture.

Jean Caune constate que la décentralisation théâtrale a fonctionné avec un réel élargissement du public, parce que les couches sociales, notamment moyennes, déjà sensibilisées par l'école, se montraient avides d'un répertoire classique consacré par l'institution scolaire. Ce qui va contrarier ce développement, c'est l'inadéquation entre la politique du ministère, appuyée sur un modèle d'école de type 3ème République, et la transformation de celle-ci dans les années 60, et surtout 70. Le système scolaire pour massifier renonce à transmettre l'envie, à exalter le désir. Auparavant, même si les enfants ne poursuivaient pas les études, ils avaient suffisamment fréquenté l'école pour y avoir appris le respect envers le savoir, éprouvé le regret d'y renoncer, acquis l'envie de le retrouver un jour. Ce qui pouvait fonctionner jusque-là avec un public préparé par l'école sera désormais condamné à l'échec. Il ne faut pas rendre l'école responsable de tous les maux, c'est évidemment aussi le système télévisuel qui va compléter à la même période cette relégation progressive de la soif de culture.

Le fameux *choc esthétique*, prôné par Malraux comme méthode de conversion des croyants a beaucoup été commenté. Contrairement à l'éducation populaire qui concevait de sensibiliser par des actions d'accompagnement dans le temps, éventuellement en proposant des œuvres plus familières avant de faire des propositions artistiques plus difficiles, – ce que Philippe Urfalino résume par le modèle de la contamination qu'il oppose au choc électif malrusien –, le ministère s'appuie sur une conversion immédiate par contact. « Malraux a repris la conception kantienne de l'art comme « communication universelle sans concept » pour en faire un substitut de la religion dans une société dominée par la rationalité scientifique. Le choc esthétique, sans médiation, sans pédagogie, est censé communiquer à tous, quelle que soit la condition sociale, l'universalité des expériences de l'humanité »[69], écrit Urfalino. Lecture un peu injuste qui ne prend pas suffisamment en compte le contexte social. Malraux croit encore en une école qui joue son rôle en amont alors que celle-ci est dès cette époque en pleine mutation. Le peuple est censé préférer le meilleur, du moins le ministre veut croire en cet idéal, car c'est une façon de le faire advenir[70]. Même si Malraux n'est pas dupe, il sait la puissance des usines de

---

[69] Philippe Urfalino, *L'Invention de la politique culturelle*, Hachette, 2004, p 362.
[70] Évidemment, quand ce n'est pas le cas, ceci conduit à une impasse, car il n'est pas possible de mentionner un manque de sensibilisation préalable. Un inspecteur constatant le peu d'affluence dans une salle de spectacle conclut qu'« il arrive qu'une révélation apportée à un seul être vaille bien autant que des divertissements recherchés de milliers d'hommes », rapporte Philippe Urfalino. Certes, mais sauf à se réfugier dans l'élitisme, ce que ne veut pas Malraux, la situation est contradictoire. *L'Invention de la politique culturelle*, Hachette, 2004, p.134.

rêves, comme on l'a vu. Si « Malraux a repris à son compte l'idéal de l'éducation populaire, l'accès de tous les Français à 'la plus haute culture' »[71], il entend différer par les méthodes. Son refus des médiations est surtout théorisé comme principe de distinction d'avec l'éducation. Parce que le ministère est d'abord fragile, que beaucoup l'estiment éphémère et 'taillé sur mesure', il a besoin de se démarquer du ministère de l'Education Nationale et de l'éducation populaire.

Gaétan Picon, cheville ouvrière des premiers âges du ministère, dans son ouvrage *La Culture et l'Etat*, rend compte de ce principe d'autonomisation des champs d'action : « Dans la société contemporaine, trois domaines apparaissent nettement, trois domaines auxquels on est tenté d'identifier cette notion de culture : celui de l'enseignement scolaire et universitaire ; celui du divertissement, dans lequel nous voyons l'Etat soutenir certains spectacles ou diriger ce que l'on appelle les loisirs ; celui de la création artistique qui relève de l'individu, mais dans lequel l'Etat ne peut manquer d'intervenir à quelque degré, soit qu'il se contente (comme dans les régimes libéraux) d'honorer la création libre, soit (comme dans les systèmes totalitaires) qu'il tente d'en contrôler et d'en diriger le jeu. Si, comme je le crois, la création d'un ministère de la Culture est y pleinement justifiée, c'est qu'il existe un domaine essentiel qui n'est ni enseignement, ni divertissement, ni création artistique »[72]. Ainsi le ministère prend ses marques vis à vis des autres acteurs, sans être accusé de vouloir régenter la création. Il s'agit pour lui de la rendre accessible, bref de développer ce que l'on nomme l'action culturelle.

Les réseaux de diffusion de l'éducation populaire

> « J'entrevois dans chaque village une maison d'école transformée, agrandie, où il y aura plusieurs grandes salles, pour des jeux, pour le travail et la lecture aussi. Appelez-la du nom qu'il vous plaira, club du village, maison de culture, foyer de la nation. Elle serait un foyer, le foyer de l'esprit moderne. (…/…) J'entrevois dans l'avenir, sinon au chef-lieu de chaque arrondissement, du moins au chef-lieu de chaque département, une maison qui serait le lieu de cet échange, où viendraient tous les artistes, tous les savants, tous les universitaires du pays, où reviendraient les instituteurs les jeudis, les samedis, reprendre contact avec la science vivante, l'art vivant, d'où

---

[71] Philippe Urfalino, *L'Invention de la politique culturelle*, Hachette, 2004, p 362
[72] Cité par Philippe Urfalino, *L'Invention de la politique culturelle*, Hachette, 2004, p.42

essaimeraient des troupes dramatiques, des sociétés chorales. »[73] Jean Guéhenno

La culture en partage pour tous, quelles que soient les conditions sociales et les appartenances : cet horizon est la raison de l'engagement de nombre d'acteurs, notamment de gauche. L'éducation populaire développe l'accès à la culture dans les petites villes comme dans les territoires ruraux et crée un maillage du territoire, avec des relais dans les comités d'entreprises, les écoles, les lieux d'exclusion sociale. Ceci bien avant les initiatives du ministère ou des collectivités territoriales, qui seront ainsi stimulées[74]. Par les bibliothèques pour tous, les ciné-clubs, les clubs de théâtre amateur, les fanfares et les voyages culturels, les populations sont prises à partie, mais surtout invitées à s'approprier ces formes. Ce qui compte alors, c'est l'acculturation – en proposant des contenus culturels à ceux qui en sont éloignés et privés –, mais aussi la conscience, ou le supplément d'âme, que cela génère. L'éducation populaire, c'est *instruire*, mais c'est surtout *élever*, *faire sortir*, *conduire hors de*. Pour cela, c'est un outil d'émancipation. Il s'agit de faire le pari de relier la culture à la vie quotidienne.

Dès 1866, La Ligue de l'enseignement est fondée par Jean Macé, disciple de Fourier, pour contrer l'influence de l'Eglise en développant l'instruction publique afin que « le pays se couvre d'un réseau d'associations républicaines et ouvre la voie à la civilisation ». Car il ne fait alors pas de doute dans la lignée de la Révolution française, et des cercles, clubs et sociétés savantes qui l'ont accompagnée, que la culture est le bras armé de l'intelligence contre l'obscurantisme. L'éducation populaire va être un relais pour ceux qui ont arrêté trop tôt l'instruction[75]. L'Œuvre des Cercles Ouvriers d'Albert de Mun (1872) du côté catholique, les patrons éclairés, socialisants et souvent protestants, les bourses du travail, les bibliothèques ou les musées du travail de Fernand Pelloutier, les universités populaires définies par Georges Deherme en 1895, et où sévit bientôt un Ferdinand Buisson, l'édition et la presse sont autant de supports et de réseaux à cette action[76]. Si les objectifs d'instruction se mêlent aux objectifs militaires, confessionnels, idéologiques ou politiques, visant à renforcer par exemple l'apprentissage de la démocratie, les réseaux sont multiples, antagonistes, concurrents, contradictoires, si bien qu'il n'y a pas une forme, mais tout un ensemble de forces qui développent ce que l'on résume vite par éducation

---

[73] Jean Guéhenno, Discours prononcé le 8 mars 1945 au Palais de Chaillot, cité par Maurice Crubellier, *Histoire culturelle de la France*, Armand Colin, 1974, p. 325.
[74] Voir Claude Patriat, *La Culture, un besoin d'Etat*, Hachette, 1998, p. 105 et suiv.
[75] Lire Françoise Tétard, «De l'affaire Dreyfus à la guerre d'Algérie, un siècle d'éducation populaire », *Esprit*, Quelle culture défendre ?, n°3-4, mars avril 2002, p.39.
[76] Sur la diversité et la richesse de ces mouvements, voir Benigno Cacérès, *Histoire de l'éducation populaire*, Peuple et Culture, le Seuil, 1964

populaire[77]. Ce formidable élan conduit à multiplier les investissements. En 1900, on dénombre près de 45000 associations de toute sorte, et une loi s'avère par conséquent nécessaire pour proposer un cadre juridique. Le mouvement orphéonique sera également un excellent exemple de cette alchimie délicate entre culture populaire et désir d'acculturation, d'articulation entre professionnels et amateurs[78]. En 1867, les orphéons français regroupent 250 000 membres.

Car la vitalité est extraordinaire et c'est une illusion de penser que la culture est venue conquérir des territoires vierges. Jacques Rancière rappelle combien la musique est présente, mais aussi le théâtre. Dans la première moitié du 19ème siècle le théâtre connaît une mixité sociale, certes avec des répartitions selon l'emplacement, au parterre, debout, ou lové au paradis. Surtout des files d'attente impressionnantes sont mentionnées qui assurent la publicité de l'établissement et qui mêlent ceux que le salariat n'a pas encore enrégimentés dans des horaires trop stricts et que les efforts de moralisation bourgeoise n'ont pas encore déformés. « À cette époque, il n'y a pas ce que nous appelons le théâtre populaire, c'est-à-dire le théâtre fait pour les gens qui n'y vont pas. Parce que précisément, ils y vont »[79]. Les pratiques sont partagées. Le machinisme n'a pas réduit la chanson à être seulement entendue et une véritable culture populaire existe. La démocratisation culturelle va s'imposer par deux raisons, parce que les classes laborieuses vont déserter les lieux de spectacles, et parce qu'une volonté d'acculturation à des niveaux supérieurs se manifeste. Car si le peuple allait au théâtre, il était aussi soumis à une industrie où la qualité n'était pas toujours au rendez-vous. C'est le souci d'élever à ce qui est alors considéré comme la véritable culture qui anime les acteurs de l'éducation populaire. « On reconnaîtra la grande préoccupation dans laquelle vivront désormais les entreprises de culture populaire : là où le peuple ne chante plus et ne va plus au théâtre, il faut que l'Etat intervienne de plus en plus pour assurer la qualité aux spectacles populaires et pour assurer aux spectacles de qualité des spectateurs populaires », remarque Jacques Rancière[80]. Les politiques culturelles ne prennent sens qu'à partir de là.

Certes, comme le remarque pertinemment Jean Caune, l'éducation populaire, comme l'action culturelle en général, va se construire selon deux tendances, deux métaphysiques, héritées toutes deux du siècle des Lumières. L'une qui vise à éduquer le peuple pour l'inviter à penser par lui-même et sur laquelle se développera également l'ambition de l'instruction publique ; l'autre, liée à un humanisme rousseauiste qui recherche l'épanouissement de

---

[77] Voir Geneviève Poujol, *L'Education populaire : histoires et pouvoirs*, Ed. Ouvrières, 1981, p.37.
[78] Philippe Gumplowicz, *Les Travaux d'Orphée. Cent cinquante ans de vie musicale en France. Harmonies, chorales, fanfares*, Aubier, 1987.
[79] Jacques Rancière, *Les Scènes du peuple*, Ed. Horlieu, 2003, p.210.
[80] Jacques Rancière, *Les Scènes du peuple*, Ed. Horlieu, 2003, p.246.

l'individu. Plus relationnelle que rationnelle, plus portée à valoriser l'expressivité et la subjectivité que la connaissance et l'objectivité, plus centrée sur l'affectivité que sur l'intellectualité, cette influence est moins visible d'abord, mais néanmoins présente. « Cette dualité qui met face à face deux métaphysiques : celle de la transparence, du dévoilement, de l'expressivité d'une part, celle de la coupure, de la construction, de la rationalité d'autre part, nous paraît à l'œuvre dans toute réflexion sur le signe, l'art et la culture »[81]. L'auteur en repère des expressions à différentes époques, et particulièrement aux plus récentes, puisque depuis trente ans la première tend à s'imposer avec les mouvements de libération de la parole et du corps. L'éducation populaire vise à concilier ces deux impératifs et semblera parfois hésiter entre créativité et acculturation. Toutefois même dans sa forme plus dionysiaque qu'apollinienne, pour reprendre les figures nietzschéennes que cite Jean Caune, l'éducation populaire ne valorise alors l'expressivité que comme invention de soi et non comme expression d'une identité rabattue sur des traditions. Ceci a son importance au regard des évolutions ultérieures. Ce qui relie et donne une cohérence générale à ces deux branches, c'est un même désir d'émancipation par l'art et la culture. Ainsi il apparaît naturel de favoriser l'apprentissage des arts, notamment au travers des pratiques amateurs, et de favoriser la diffusion.

Le sens du théâtre populaire

> « Il ne faudrait pas que le théâtre, même orienté par une mystique, prît exemple sur ces déploiements spectaculaires qui débordent sa capacité. Il faudrait se garder de confondre ce qui est du domaine de la parade, du défilé, de la fête, avec ce qui est l'essence du drame. »[82] Jacques Copeau

Il ne faut pas se tromper sur le sens attribué au concept de théâtre populaire. Certes, il ne s'agit pas de proposer un théâtre prophylactique, où un lourd message didactique serait déversé à des masses ignares, qu'il conviendrait d'éduquer. Bien au contraire, les pères du théâtre populaire s'inscrivent tous dans un souci de délassement, mais ce n'est pas là la finalité, il s'agit seulement d'un moyen pour sensibiliser. Jusqu'à Jean Vilar, les figures du théâtre vont s'inspirer des missions dessinées par Romain Rolland dans *Le Théâtre du peuple* en 1903. Car à l'origine la notion de théâtre du peuple s'oppose justement à celle de théâtre populaire. Ce dernier qualifiant plutôt les propositions faciles ou démagogiques, alors que celle de

---

[81] Jean Caune, *La Culture en action. De Vilar à Lang : le sens perdu*, PUG, 1992, p.47.
[82] Jacques Copeau, *Le Théâtre Populaire*, PUF, 1941. Cité dans Chantal Meyer-Plantureux, *Théâtre populaire, enjeux politiques. De Jaurès à Malraux*, Ed. Complexe, 2006, p.245.

peuple défendue par Rolland implique une exigence. Georges Bourdon, analyste attentif du développement des initiatives de Théâtre du Peuple, distingue : « Avant de discuter, il faut définir. Théâtre du Peuple et Théâtre Populaire sont deux choses qui n'ont de commun que l'apparence verbale. Il n'est question de fournir au peuple ni des divertissements à bon marché, ni des spectacles violents ou grossiers, où l'ingénuité de son émotion trouve de trop faciles prétextes à s'ébranler. Cette besogne est déjà faite »[83]. En effet, de nombreux théâtres privés ont déjà cette activité commerciale que le peuple fréquente largement. Pour les défenseurs du théâtre du Peuple, il s'agit justement de se distinguer en offrant la qualité pour tous. Il ne s'agit pas de « rabaisser l'art » au niveau du public populaire, mais « d'élever le peuple » au niveau de l'art, rapporte Vincent Dubois[84].

Si Bourdon estime qu'il doit « faire accéder à la compréhension du Beau », le Théâtre du Peuple, c'est avant tout une institution d'éducation morale, au sens où les conduites et les actions humaines par le biais du traitement artistique exercent une influence sur l'esprit du spectateur. « La fonction d'éducation du théâtre ne viendrait pas tant du contenu qu'il serait censé transmettre que de la résonance qu'il provoque et de l'impulsion qu'il suscite », analyse Jean Caune[85]. Le 'délassement' que le théâtre permet, et sur lequel insiste avec intérêt Romain Rolland à une époque où la vertu éducative est plus facilement invoquée, est un moyen pour mobiliser les forces spirituelles et pour éveiller l'intelligence, il ne se justifie pas en soi[86]. Source d'énergie, il permet de soutenir et d'exalter l'âme, et ce faisant d'être une lumière pour l'intelligence. « C'est dans l'exercice de la pensée que l'homme au théâtre peut prendre du plaisir »[87]. Le théâtre est une institution d'éducation morale dans la mesure où il permet de mieux comprendre les hommes, et d'abord soi-même. En provoquant la réflexion du spectateur, le théâtre fait œuvre d'éducation au sens large, moins par les contenus transmis que par « la résonance qu'il provoque et l'impulsion qu'il suscite ». Il n'est pas besoin de leçons de morales pesantes et insistantes, la force du théâtre suffit à générer la bonté, dès lors qu'il est intelligent. On retrouve cette idée

---

[83] Georges Bourdon, « Le Théâtre du peuple », *Revue Bleue*, n°4, 25 novembre 1902, p.112. Cité par Vincent Dubois, *La Politique culturelle. Genèse d'une catégorie d'intervention publique*, Belin, 1999, p.54.
[84] Vincent Dubois, *La Politique culturelle. Genèse d'une catégorie d'intervention publique*, Belin, 1999, p.54 et suiv.
[85] Jean Caune, *La Culture en action. De Vilar à Lang : le sens perdu*, PUG, 1992, p.80.
[86] Romain Rolland, *Le Théâtre du Peuple*, Les Cahiers de la quinzaine, 1903, notamment page 103 et suiv. Si Vilar ne partage pas avec Rolland sa conception du peuple (au final assez méprisante, puisqu'il lui faudrait un théâtre spécifique), Vilar s'inscrit en revanche dans l'idée d'un théâtre de délassement, mais qui soit aussi « une lumière pour l'intelligence ». Joie, force et intelligence, sont les maîtres mots de Romain Rolland.
[87] Jean Caune, *La Culture en action. De Vilar à Lang : le sens perdu*, PUG, 1992, p.71.

jusque chez Vilar[88]. Celui-ci assignera à la mission de service public de provoquer et d'aiguiser l'esprit critique, d'être un lieu privilégié de la réflexion et si possible de la connaissance, de convaincre en séduisant[89].

C'est pour et par la population que se développent les premières expériences de décentralisation théâtrale, avec Firmin Gémier, Maurice Pottecher ou Jacques Copeau. Toute une génération de metteurs en scène et de comédiens va chercher dans le ressourcement auprès de publics non habitués des salles parisiennes, la fraîcheur de la réception et le formidable désir de partage. Mais pour tous ceux qui œuvrent auprès de nouveaux publics, il s'agit de participer à la diffusion de la culture pour un élargissement, une élévation des masses, en accompagnant le travail d'éducation de la Troisième République. De permettre que cette culture, hier réservée à une élite, soit demain mise à portée de tous. Pour cela, il s'agit d'offrir le meilleur. « Les pionniers de la décentralisation théâtrale avaient la conviction qu'il fallait offrir à un public populaire les œuvres de la plus haute culture », constate Urfalino[90]. À l'époque la culture classique n'est pas méprisée. Au contraire, elle apparaît comme une chance et un horizon. Cette ambition durera presque un siècle.

Les courants de l'éducation populaire vont s'en faire les porte-parole et même parfois permettre de la redécouvrir ou de lui donner de nouvelles significations. Henri Demay, metteur en scène du théâtre corporatif de la SNCF, déclare : « J'aime le classique. J'ai beaucoup travaillé à l'Arsenal et je m'efforce de trouver des œuvres qu'on ne joue jamais à Paris. Car à mon sens, l'art populaire ne doit pas être tiré vers le bas, mais être, au contraire, un art qui élève peu à peu au niveau de l'élite »[91]. C'est une démarche de longue haleine, sans fin, pour que l'homme de demain devienne l'honnête homme. Les théâtres dans les entreprises, à la SNCF, mais aussi à la Poste, chez Renault ou dans les organisations de jeunesse, fonctionnent comme de véritables médiations, en invitant à participer, mais aussi à constater que ceux qui nous ressemblent peuvent frayer avec une culture qui est alors rendue par cela accessible. Les projets artistiques peuvent alors égaler les plus grands, et la scissure n'est pas faite entre ce qui serait professionnel et ce qui serait amateur, mais entre le bon et le mauvais. Ce qui importe, c'est d'élever l'âme, pas de fournir des produits racoleurs qui fassent de l'audience. L'élargissement des publics de la culture ne se fait pas par extension du contenu de la culture, mais par une démarche exigeante et laborieuse de conversion.

---

[88] Si Vilar se soucie de donner du plaisir et de divertir, notamment par les mises en scène, il se soumettait à une grande exigence et ne sacrifiait jamais au plaisir immédiat et facile. De plus, il recherchait le divertissement dans « un répertoire de haute culture », souligne Jean Caune, *La Culture en action. De Vilar à Lang : le sens perdu*, PUG, 1992, p. 86.
[89] Jean Caune, *La Culture en action. De Vilar à Lang : le sens perdu*, PUG, 1992, p.98.
[90] Philippe Urfalino, *L'Invention de la politique culturelle*, Hachette, 2004, p. 240.
[91] Cité par André Degaine, *Histoire du théâtre dessinée*, Nizet, 1992.

Le souci n'est pas de remplir les salles, mais de savoir pourquoi on les remplit. S'il importe de faire venir au théâtre, c'est pour faire partager ce que l'on considère alors comme une richesse. Parce que l'on aura une chance de vivre mieux si l'on a saisi une dimension essentielle de l'existence. Les professionnels de la culture sont des serviteurs des auteurs et de ceux qui ont quelque chose à nous communiquer. Léon Chancerel va jusqu'à dire que l'homme de théâtre « n'est pas un fonctionnaire, mais un apôtre »[92]. « C'est le comédien qui révèle l'œuvre et qui nous révèle à nous-mêmes », précise Jean Dasté[93]. Dasté qui témoigne par son action de cette volonté de théâtre populaire en acte. Ses tournées en province s'accompagnent de visites dans les écoles, les usines, de conférences organisées par des relais locaux, des associations des amis du théâtre[94]. Le travail avec les publics est réel, la décentralisation théâtrale étant enchâssée pleinement dans l'éducation populaire.

À la fin de la seconde guerre, des résistants créeront la République des jeunes, future Fédération Française des Maisons des Jeunes et de la Culture (FFMJC), enfants du Front Populaire et des actions de Léo Lagrange au ministère des sports, mais aussi d'un éphémère ministère des loisirs[95]. L'enthousiasme semble à son comble, et se développe un formidable réseau d'accès à la culture au travers des associations, des foyers, des clubs et des comités d'entreprise. Une vitalité extraordinaire que souligne Robert Abirached[96]. Léon Chancerel impulse les CRAD, Centre régionaux d'art dramatique dès 45, dans la filiation de l'expérience des Copiaux, de la Compagnie des comédiens-routiers qu'il a créée, puis de Jeune France, qui va irriguer tout le territoire d'animateurs fervents convaincus de poursuivre

---

[92] Cité dans Chantal Meyer-Plantureux, *Théâtre populaire, enjeux politiques. De Jaurès à Malraux*, Ed. Complexe, 2006, p.250.

[93] « Par des artistes et de luxueuses brochures, on annonce à l'avance le contenu du spectacle. Le théâtre est devenu une marchandise. Il a perdu son mystère. Mais il veut vivre et retrouver sa vérité, son sens, son pouvoir dans la société, et même son secret. Comme tous les arts, il doit trouver à chaque époque des formes nouvelles, un style. Les comédiens doivent en être les premiers artisans. Il faut pour cela de jeunes équipes ferventes, totalement désintéressées, vivant à l'abri du monstre publicitaire et du monstre argent. Si elles existent, il faut les déceler, et les aider afin qu'elles aient les moyens et la possibilité de travailler à redécouvrir librement le pouvoir du comédien. Pour représenter les œuvres, qu'elles soient à l'abri de la lecture particulière d'un metteur en scène. C'est le comédien qui révèle l'œuvre et qui nous révèle à nous-mêmes. Que serait devenu *En attendant Godot*, ce chef-d'œuvre du théâtre moderne, si le texte vécu par les comédiens n'était pas demeuré l'essentiel ? » Jean Dasté, *Acteurs*, avril 1989.

[94] Jean Dasté, « Le théâtre pour le peuple », *La Table ronde*, n°184, mai 1963, p. 99. Cité par Urfalino.

[95] C'est aussi la synthèse des mouvements d'abord liés à Vichy, puis en partie à la Résistance, telle *Jeune France*, animée par ceux qui graviteront autour d'Emmanuel Mounier, comme le rappelle Marc Fumaroli, *L'Etat culturel*, Ed de Fallois, p. 130.

[96] Robert Abirached, Préface à *Jeanne Laurent, Une fondatrice du service public pour la culture, 1946-1952*, de Marion Denizot, Comité d'Histoire du ministère de la culture, 2005, p.10.

une mission sociale[97]. Ce sont aussi les JOC, Jeunesse Ouvrière Chrétienne, qui comptabilisent déjà plus de 100 000 membres dès 1937, poursuivant pour un autre public l'œuvre d'études et de formations entreprise dès 1919 par la Confédération Française des Travailleurs Chrétiens (CFTC) et plus anciennement par l'ACJF, l'Association Catholique de la Jeunesse Française en 1886[98]. Il faut prendre la mesure de l'ampleur et de la diversité du travail réalisé par tous ces mouvements. Jacques Charpentreau recense alors plus de 150 entités qui sont souvent des fédérations[99] : Ligue de l'Enseignement, Centre de Culture Ouvrière, Jeunesses Musicales, Tourisme et Travail, Travail et Culture, Jeune Science, Fédérations de Ciné-clubs, Culture et Grands Ensembles, Education et Vie Rurale, Institut de Formation des Cadres Paysans, Fédération des Centres Musicaux Ruraux… Il faut « rendre la culture au peuple et le peuple à la culture », déclare le manifeste de *Peuple et Culture* en 1945.

Pourtant, certains se désespèrent parce que les choses avancent trop doucement à leur goût. Ainsi Josiane Duranteau en 1960, dans *Combat*[100], alors que *Peuple et Culture*, *Travail et Culture* ou le *Centre de culture ouvrière* sont en plein développement. Comme Péguy un quart de siècle plus tôt le constate : « Je ne parlerai qu'avec un très grand respect de ce mouvement des universités populaires, un espoir infini, une illusion infinie aussi et par suite une déception, peut être une lassitude infinie »[101]. A la suite de l'affaire Dreyfus, l'auteur est en effet désabusé par les mouvements d'éducation populaire qui entendaient porter les valeurs universalistes de l'homme et du progrès au peuple. Toute l'histoire de l'ambition démocratique d'un plus grand partage de la culture n'est-elle pas déjà contenue dans cette citation, avant même la première guerre mondiale : légitimité du projet, espoir politique d'éclairer les masses, difficulté de la mise en œuvre au regard des ambitions et découragement final devant la lenteur des résultats ? Si la mission est difficile et exigeante, nombreux sont ceux qui ont encore la foi pour penser l'action sur le long terme.

Les nouveaux médias de masse sont au départ des ressources pour diffuser la culture, dans ce qu'elle a de plus désirable. Ainsi, le livre, mais aussi le cinéma, la radio, et même la télévision vont être utilisés pour permettre aux classes laborieuses d'accéder à ce qui jusque-là demeure dans l'espace du rêve ou de l'exceptionnel. L'éducation populaire empreinte de la volonté de démocratiser les contenus de la culture savante a recours aux

---

[97] Voir Jean Caune, *La Culture en action. De Vilar à Lang : le sens perdu*, PUG, 1992, p.61.
[98] Sur l'histoire des mouvements catholiques, voir Geneviève Poujol, *L'Education populaire : histoires et pouvoirs*, Ed. Ouvrières, 1981, particulièrement chapitre 3.
[99] Jacques Charpentreau et René Kaes, *La Culture populaire en France*, Editions ouvrières, 1962.
[100] Cité par Urfalino, *L'Invention de la politique culturelle*, Hachette, 2004, p. 35.
[101] Charles Peguy, *La Thèse*, Vol 20 des Œuvres complètes, Gallimard, 1955, page 31.

médias les plus modernes. La radio est alors un moyen d'éducation[102], comme le seront le cinéma et la télévision. Il faut noter le rôle du cinéma comme instrument pédagogique. Il existe même un musée pédagogique de Paris qui dispose de collections de films à vocation pédagogique, disponibles pour toutes les associations et ligues d'éducation populaire[103]. Et Jeanson déclare encore en 68 que la télévision bien utilisée peut être un formidable moyen de démocratisation de la culture. Sans doute, intellectuels et artistes ont alors fait preuve d'une certaine naïveté dans la confiance excessive qu'ils ont accordée aux potentialités des médias de masse.

La reproduction des œuvres, outil de démocratisation et d'appropriation

> « Nous avons dit au peuple : écoute les paroles des philosophes, des poètes, des penseurs, écoute la parole de Beauté et de Liberté. Ces génies qui ont pressenti l'harmonie finale des sociétés humaines gémissent sur ton sort à présent, ils découvrent à tes pauvres yeux éteints la lumière immortelle qui doit luire pour l'homme libre, prends conscience, peuple, de ta force, sois un peuple libre ! »[104] Louis Lumet

Si Malraux partage avec Hannah Arendt cette conception un brin mystique de la culture comme accès possible à la transcendance et comme vecteur de réalisation de soi, il ne souscrit pas aux doutes de l'école de Francfort sur les conséquences des modes de reproduction technique des œuvres. Un débat oppose ceux qui voient dans l'industrie culturelle une chance d'accès plus large à la culture[105], et ceux qui redoutent les effets délétères sur les contenus. En passant par la moulinette des industries culturelles, le risque est grand d'une transformation de la production, mais aussi de la réception. C'est Walter Benjamin qui le premier attirera l'attention sur ce risque. La technique n'est pas neutre, elle a des effets. Toute une tradition critique s'attachera à ce développement particulièrement marquant du 20ème siècle. « Un simple changement dans les techniques de reproduction a produit une incroyable transformation dans le contenu des œuvres elles-mêmes. (…/…) Une dichotomie répétitive organise toute

---

[102] Christian Delporte, « Au miroir des médias », p317, in Jean-Pierre Rioux et Jean-François Sirinelli, sous la direction de, *La Culture de Masse, en France de la Belle Epoque à aujourd'hui*, Fayard, 2002.
[103] Christian-Marc Bosséno, « Les Répertoires du grand écran », in Jean-Pierre Rioux et Jean-François Sirinelli, sous la direction de, *La Culture de Masse, en France de la Belle Epoque à aujourd'hui*, Fayard, 2002.
[104] Louis Lumet, « Le Théâtre civique », RAD, octobre 1898. Cité par Vincent Dubois, *La Politique culturelle. Genèse d'une catégorie d'intervention publique*, Belin, 1999, p.60.
[105] Augustin Girard défendra cette thèse, « Industries culturelles », *Futuribles*, septembre 1978, pp.567-605.

l'argumentation : d'un côté la singularité, la contemplation, la concentration – et l'aura ; de l'autre, les masses, la distraction, l'immersion – et la perte de l'aura… », selon Walter Benjamin[106]. D'autres contesteront cette vision, et notamment le concept de l'aura, qu'ils réduisent à une vision romantique de l'art. Antoine Hennion et Bruno Latour, par exemple, prétextant que la technique a toujours existé (ce que ne conteste d'ailleurs pas Benjamin), et la confondant avec les industries culturelles (ce qui est le point d'impact véritable de l'auteur) constatent que le disque crée une authenticité en donnant une version stable de morceaux. Ainsi la reproduction créerait l'œuvre davantage qu'elle ne la mettrait en péril. « Auparavant, la musique était écrite pour être jouée, les compositeurs copiaient, transcrivaient, corrigeaient, adaptaient sur un tissu continu de thèmes et d'harmonies », écrivent-ils[107]. Or, c'est justement cela la perte de l'aura, pour Benjamin ! Rappelons le mot de Georges Duhamel sur la musique enregistrée : « Oui ! Oui ! Oui ! Des fautes vivantes plutôt que toute cette perfection morte »[108].

L'argument le plus valable est surtout que la mécanisation crée une déculturation, une désappropriation en captant la production à son seul profit. La reproduction technique transforme les acteurs en consommateurs. Jacques Rancière rappelle combien au début du 19ème siècle les répertoires de chansons sont étendus, combien le peuple fréquente les concerts et les théâtres[109]. Chacun a la légitimité de faire siens les contenus et d'en donner une version singulière, de la réinterpréter pour qu'elle vive. Salariat et moralisation vont porter atteinte aux pratiques populaires, mais c'est surtout la technique qui en proposant de faire « à la place» démobilise les passions et les capacités de l'individu à s'approprier les contenus. L'enregistrement, plus tard la télévision, va installer dans la passivité, bientôt enfermer chacun à domicile. Si l'œuvre perd son aura par la technique, c'est surtout dans la mesure où elle devient un bien à consommer, un produit fini, parfait, et non un bien à conquérir, à transformer et à achever, à produire par son appropriation. Si l'accessibilité à l'œuvre est donc facilitée par les moyens de reproduction, sa nature change dans la mesure où elle devient close sur elle-même, donnée d'un coup et définitivement.

La reproduction technique permet au contraire[110], pour Malraux, l'accessibilité à chacun des œuvres de l'humanité. Elle permet même à

---

[106] Walter Benjamin, « L'œuvre d'art à l'ère de sa reproductibilité », in *L'Homme, le langage et la culture*, Denoël-Gonthier, 1971 (1936).
[107] Antoine Hennion et Bruno Latour, « L'art, l'aura et la technique selon Benjamin, ou comment devenir célèbre en faisant autant d'erreurs à la fois », *Cahiers de médiologie*, n°1, 1996, p. 239,
[108] Georges Duhamel, *Scènes de la vie future*, Fayard, 1934. p. 32.
[109] Jacques Rancière, *Les Scènes du peuple*, Ed. Horlieu, 2003, p.243.
[110] Plus positif, Adorno pense que même si l'œuvre est désacralisée, par perte de son aura, l'art survit quand même comme forme, et Habermas résout la contradiction en montrant que la facilitation économique ne va pas dans le même sens que la facilitation psychologique. Le

chacun de se constituer, non seulement de manière imaginaire, mais physiquement ou dirait-on aujourd'hui virtuellement, *un musée imaginaire* par le biais de l'image[111]. L'art résulte de notre regard, qui par son interprétation lui attribue un statut. En se composant une photothèque personnelle, l'individu peut disposer de toutes les œuvres qui l'auront ému, les étudier et les contempler à loisir. Le disque permet l'écoute des morceaux de musique, comme la cassette VHS ou le DVD permettront de collecter les films de référence et de se composer sa cinémathèque personnelle. Dans tous les secteurs artistiques, la reproduction permet à chacun d'élaborer sa culture personnelle, comme le livre a permis plus anciennement de se constituer sa bibliothèque. Il ne viendrait pas à l'esprit de contester le livre imprimé sous prétexte qu'il a fait disparaître le minutieux travail du copiste et des enluminures. Et pourtant, qui ne verrait pas l'appauvrissement des formes ? Le livre de plus en plus démocratisé a lui même subi cette déchéance, de celui collectionné pour sa reliure au livre jetable que l'on ne peut lire qu'une seule fois avant qu'il ne tombe en loques. Plus positif, Malraux considère la reproductibilité des œuvres comme une formidable avancée dans la voie de la démocratisation culturelle[112]. Il veut croire en une mondialisation heureuse, une sorte d'internationale de l'intelligence culturelle qui triomphera des industries du divertissement, dénoncées par beaucoup comme péril pour la culture. « Or, jamais le monde n'a connu des usines de rêves comme les nôtres, jamais le monde n'a connu une pareille puissance d'imaginaire, jamais le monde n'a vu ce déluge d'imbécillité, d'une part et, d'autre part, ces choses parfois très hautes qui ont créé cette unité mystérieuse dans laquelle une actrice suédoise jouait Anna Karénine, l'œuvre d'un génie russe, conduite par un metteur en scène américain, pour faire pleurer des enfants aux Indes et en Chine »[113], déclare-t-il.

Il y a lieu de se réjouir des premières années de télévision, même si ce média fait l'objet de toutes les critiques, puisqu'il confirme une volonté d'accession aux choses de l'esprit vulgarisées au plus grand nombre. Le canal télévisuel est d'abord utilisé pour diffuser des œuvres jusque-là trop confidentielles. Pour cette raison, beaucoup verront dans la télévision, un

---

livre de poche accroît l'accessibilité sans changer le contenu du livre, alors que l'adaptation aux attentes est autrement problématique.

[111] André Malraux, *Le Musée imaginaire*, Albert Skira, 1967.

[112] Il est possible de discuter ce point déjà en germe chez Malraux qui trouvera un accomplissement étonnant dans le ministère Lang converti à la croyance dans les nouvelles technologies, qui alliées à l'économie, sont supposées être un facteur de démocratisation. Jean Caune remarque que la perte de sens est accomplie dès lors que la culture, rapport entre les hommes, est convertie et confondue avec la technique, rapport entre les choses. *La Culture en action. De Vilar à Lang : le sens perdu*, PUG, 1992, p.333.

[113] André Malraux, *La politique, la culture, Discours, articles, entretiens* (1925-1975), présenté par Janine Mossuz-Lavau, Gallimard, 1996.

véritable outil de démocratisation culturelle[114]. Il n'aura fallu que quelques décennies pour que l'outil fasse apparaître un visage moins glorieux, plus proche de l'abêtissement des masses et de leur aliénation que de leur libération. Le plus ennuyeux n'est pas que la télévision produise et diffuse des produits susceptibles de rabaisser l'homme au rang… (de la bête ? non la bête n'est pas si bête !) davantage que d'élever son esprit (et l'on évitera des exemples trop nombreux). L'embarras, c'est que ces productions soient bientôt considérées comme des œuvres. On sait les tergiversations autour d'un classement éventuel de Pop stars dans le registre des œuvres[115]. Déjà ces émissions, même les plus stupides, sont considérées comme à préserver. Peut-être même intégreront-elles bientôt le patrimoine culturel de l'humanité, au titre de la diversité des productions, de la richesse de la culture populaire. Et le ministère de la culture sera garant sur ses deniers de son accessibilité et de sa préservation. Il n'est plus rare d'entendre un responsable culturel estimer que la télévision fait partie des propositions culturelles comme les autres. Comme s'il ne fallait pas trier férocement dans ses productions. Et l'on peut lire de sérieuses analyses qui la considèrent comme un vecteur de démocratisation en soi. Mieux, le ministère lui-même, dans son enquête sur les pratiques culturelles, la considère comme telle, quels que soient ses contenus, tout comme la sortie à l'Opéra ou au théâtre. Comment en est-on arrivé là ?

---

[114] Encore en 1972, Jacques Duhamel croit en ses potentialités. Voir Jacques Duhamel, « Discours à la première conférence des ministres européens de la culture, Helsinki, 9 juin 1972 ». Cité dans *Jacques Duhamel, Discours et écrits*, La Documentation française, 1993, p.191.
[115] Voir Françoise Benhamou, *Les Déréglements de l'exception culturelle*, Seuil, 2006, p.70.

DIEU EST MORT

> « La morale, comme la politique, se résume donc en ce grand mot : élever le peuple. » Ernest Renan[116]
> « Tous les arts sont conviés sur la scène à la réussite de l'émouvant artifice par lequel l'esprit refuse sa propre faiblesse, acte de foi en la puissance divine de l'homme et reflet du plus humain des gestes divins. » Henri Gouhier[117]

En publiant *L'Amour de l'art*, en 1969, Pierre Bourdieu et son équipe, au terme d'une enquête de terrain impressionnante, jettent un pavé qui ébranle les conceptions françaises de la culture. Même si ce n'est pas le lieu de rappeler ici les réflexions de Pierre Bourdieu sur le système éducatif, il faut bien voir combien *Les Héritiers*, publiés en 1964 sur les étudiants et la culture, participe d'une dynamique de remise en cause de l'idéologie française de l'égalité des chances. Ce qui apparaît aujourd'hui comme un mythe hérité de la Troisième République est alors profondément ancré dans les mentalités. C'est dans ce registre de pensée que se développe l'action de Malraux. Philosophie dont l'enquête sociologique va mettre à mal les principes. L'idéal d'égalité des chances et d'accessibilité est critiqué par ceux qui constatent le décalage entre l'égalité formelle et l'égalité réelle, pour reprendre la terminologie marxiste.

En interrogeant les visiteurs de musées d'art, Bourdieu enregistre la surreprésentation des personnes socialement favorisées, comme il le constate en considérant ceux qui occupent les bancs de l'université. Comment se fait-il que les classes populaires, mais aussi moyennes, soient aussi peu présentes alors qu'elles forment encore le gros de la population française ? Comment cela est-il possible alors que la France clame la mise en œuvre de l'égalité des chances par l'école ouverte à tous, alors que les musées sont publics et aisément accessibles ? S'attelant à la recherche de facteurs explicatifs, durant les quinze années suivantes, Bourdieu nourrit des controverses sociologiques stimulantes. La seule constatation des faits est éloquente. Il ne suffit pas de permettre une meilleure diffusion des œuvres pour que le public

---

[116] Ernest Renan, *L'Avenir de la science*, in Œuvres complètes, TIII, Calmann-Levy, 1949, p.999. Cité par Alain Finkielkraut, *Le Mécontemporain*, Gallimard, 1991, p.127.
[117] Henri Gouhier, *L'Essence du théâtre*, Plon, 1943, p.231.

accoure massivement et indistinctement. Première critique envers l'action mise en œuvre par le tout jeune ministère.

Les enquêtes sociologiques sur les publics de la culture vont se multiplier, puisqu'il s'agit dorénavant de parler des publics, au sens où l'enquête découvre leur variété, leur hétérogénéité. Bourdieu constate avec raison que les visiteurs ne disposent pas tous d'un même bagage, que leurs raisons sont diverses, leurs intérêts variés, leurs motivations plurielles. Surtout, il apporte avec le concept « d'habitus » et de « capital culturel » des clés d'explications à ce qu'il nomme « les prédispositions à la pratique ». Les écarts culturels, les inégalités s'expliquent par des positions dans l'espace social, des héritages, des transmissions et des socialisations différenciées. Sans entrer dans le détail de la mécanique bourdieusienne, il faut insister sur cette grille de lecture qui va mettre en avant des cultures d'appartenance, et par conséquence des probabilités plurielles de pratiquer telle ou telle activité. Ce qui est vrai de la visite au musée des beaux-arts, l'est également de l'écoute d'un concerto, de la sortie au bal ou de sa préférence pour l'accordéon. Bourdieu dans un ouvrage fleuve, *La Distinction*, poussera la logique dans ses retranchements, étudiant par l'enquête comment se répartissent dans l'espace social les goûts et les couleurs. Ce qui jusque-là était considéré comme de l'ordre du privé, relevant exclusivement des choix individuels, apparaît comme le fruit d'un héritage social. Choisir telle voiture, préférer le thé ou le champagne, pratiquer le rugby ou le judo, lire *Le Monde* plutôt que *Paris Match*, se vêtir ou équiper son appartement dans les grands magasins, aux puces ou chez un stylicien, ce n'est pas qu'une question de préférence personnelle, même pas toujours de critères économiques, mais avant tout de positions différenciées dans l'espace social. Tout y passe le rapport à l'art et à la culture, également le goût pour Bach plutôt que pour Johnny Hallyday, la pratique du théâtre de boulevard plutôt que pour les pièces d'avant-garde, mais aussi les inclinations pour la gastronomie, les préférences politiques ou le rapport au corps. Bourdieu montre alors combien le milieu familial d'origine est déterminant dans les choix individuels, combien la socialisation marque l'individu au-delà de la conscience qu'il en a. Cet habitus crée des espaces de prédispositions à la pratique, c'est-à-dire des chances statistiquement plus élevées de pratiquer telle ou telle action selon son appartenance sociale. Par conséquent, il est possible de repérer des ensembles et des sous-ensembles qui allient les individus dans des communautés de pratiques.

Les effets d'une lecture plurielle de la culture

> « De même que la caste bourgeoise cherche à se convaincre et à convaincre les autres que sa prétendue culture (les oripeaux qu'elle pare de ce nom) légitime sa préservation, le monde

occidental légitime aussi les appétits impérialistes par l'urgence de faire connaître aux nègres Shakespeare et Molière. »[118] Jean Dubuffet

L'analyse de Bourdieu est décapante, stimulante, sociologiquement détonante. En conséquence, il faut penser des cultures propres à chaque groupe social. Ce qui se donnait jusque-là pour le tout de la culture apparaît comme la préférence des élites, la culture savante, légitime, dominante. Il faut reconnaître d'autres espaces, d'autres pratiques, d'autres goûts, d'autres cultures. Bref, la culture est comme le public, plurielle. Cette utilisation du terme de culture pour caractériser les comportements et les préférences des uns ou des autres va désormais poser problème. Elle conduit à relativiser ce qui apparaissait jusque-là comme universel. « L'impérialisme culturel est une violence symbolique qui s'appuie sur une relation de communication contrainte pour extorquer la soumission et dont la particularité consiste ici en ce qu'elle universalise les particularismes liés à une expérience historique singulière en les faisant reconnaître comme tels et reconnaître comme universels », écrivent Pierre Bourdieu et Loïc Wacquant à propos d'un autre impérialisme, non plus de classe mais de nationalité[119]. En déconstruisant ce qui a apparence de légitimité pour en montrer les appartenances idéologiques propres à un groupe particulier, la logique relativiste est à l'œuvre. Bourdieu participe ainsi, à partir de l'analyse sociologique, à un mouvement plus vaste d'ouverture sur l'altérité.

C'est la rencontre de cette critique, et sa confusion avec une autre plus radicale encore, venue d'outre-atlantique, liée à l'anthropologie, qui vont dérouter les tenants de la culture humaniste. Conjonction historique de deux phénomènes, dans une certaine mesure distincts, qui produit le désarroi persistant du ministère de la culture. Converti assez tôt aux thèses bourdieusiennes, qui ont dans la place quelques alliés, le Département des Etudes et de la Prospective du ministère va poursuivre la déconstruction. Développant l'analyse critique de Bourdieu, mais valorisant également la notion de loisir héritée de Joffre Dumazedier, les sociologues vont nourrir le relativisme culturel . En réduisant à des pratiques sociales, dans une certaine mesure équivalentes, mais socialement situées, les comportements des uns et des autres, s'opère un nivellement de la culture au registre du loisir. La perte des valeurs de ce qu'il faudra désormais appeler la culture savante est en marche. Pourtant, Bourdieu n'est pas de ceux qui défendent un communautarisme avant la lettre, il suffit de lire ses appels à une surscolarisation des classes défavorisées, pour comprendre combien il ne nie pas l'acquisition de la culture classique comme émancipation. Il constate les

---

[118] Jean Dubuffet, *Asphyxiante culture*, Ed. de Minuit, 1986 (1968), p.10.
[119] Pierre Bourdieu et Loïc Wacquant, « La nouvelle vulgate planétaire », *Le Monde Diplomatique*, mars 2000, p. 6.

inégalités et conteste le mythe de l'égalité des chances pour prêcher sa mise en œuvre réelle[120]. Si les classes populaires ne fréquentent pas les grandes œuvres, c'est « que la scolarisation n'a pas été assez longue et l'éducation assez profonde pour constituer chez ceux qui ne la reçoivent pas de leur milieu, l'incitation diffuse à une pratique régulière »[121]. Il entend permettre à tous d'accéder à la 'culture bourgeoise', pas de défendre un enfermement dans sa culture d'origine. Aussi les reproches qui lui sont adressés sont souvent injustes. Cependant, il a nourri le principe d'une désacralisation par l'utilisation de termes parfois ambigus, au premier titre celui de « culture », rabaissé à son sens anthropologique. Surtout, il développe sa pensée au moment où un autre mouvement s'impose conduisant à la confusion fréquente des deux registres[122].

De la critique sociologique à la lecture ethnologique

> « La croissance de la civilisation est due uniquement au progrès des Lumières et ce progrès dépend du nombre des vérités que l'intelligence humaine découvre et de l'étendue du rayon dans lequel elles sont répandues... La civilisation étant réglée par l'accumulation et la diffusion des connaissances, il est évident que si un peuple néglige ces conditions il ne s'approchera pas de ce que l'on peut considérer comme le modèle de la civilisation »[123]. *L'Encyclopédie*

De l'anthropologie parvient le coup de grâce à la volonté culturelle malrusienne. L'idée n'est pourtant pas nouvelle[124]. Pour être juste, il faut

---

[120] « L'école dont la fonction spécifique est de développer ou de créer les dispositions qui font l'homme cultivé et qui constituent le support d'une pratique durable et intense, à la fois quantitativement et qualitativement, pourrait compenser (au moins partiellement) le désavantage initial de ceux qui ne trouvent pas dans leur milieu familial l'incitation à la pratique culturelle ». Pierre Bourdieu, *L'Amour de l'art*, Ed. de Minuit, 1969, p.106.
[121] Pierre Bourdieu, *L'Amour de l'art*, Ed. de Minuit, 1969, p.147.
[122] Comme le repère Joël Roman : « il y a donc eu une sorte de flou jeté sur la hiérarchie elle-même, ce qui fait que des descriptions comme celle que Pierre Bourdieu avait pu donner de la hiérarchie des jugements esthétiques se sont trouvées frappées d'obsolescence parce qu'elles étaient terriblement datées, renvoyant à un moment où ces hiérarchies avaient eu une certaine consistance et subsistance alors que ce qui s'est trouvé mis en mouvement, c'est précisément l'idée même de hiérarchie ». Rencontres, *De l'Hiver à l'été*, INJEP, n°1, p.8.
[123] Définition de l'article « Civilisation » par la Grande Encyclopédie, cité par Philippe Beneton, *Histoire de mots : culture et civilisation*, Presses de la fondation nationale des sciences politiques, 1975, p. 46.
[124] Nous ne faisons que résumer ici une problématique complexe pour laquelle de nombreuses références pourraient être citées. Il s'agit simplement de rappeler des étapes principales pour en venir ensuite aux conséquences. Pour développement, nous renvoyons à l'argumentaire Alain Finkielkraut, *La Défaite de la pensée*, Gallimard, 1987. Voir aussi « La Dissolution de la culture », *Le Débat*, nov 1985, n°37, pp. 15-23.

même préciser que, partie d'Allemagne et de ses philosophes à la fin du 18ème siècle, elle s'incarne comme mode de pensée chez des intellectuels du début du siècle, avant que de se retrouver interprétée d'une nouvelle manière chez les scientifiques. C'est dans les années 70 que l'idée trouve un formidable écho social et que les élites s'y rallient. La conversion des acteurs de l'éducation et de la culture à cette nouvelle perception va semer la confusion dans les logiques d'action. Revenons sur son développement pour en comprendre la genèse.

Alors que le 19ème siècle français est largement dominé par la conception universaliste de la culture, comprenant celle-ci comme une ascèse et une libération de l'Homme, des contre discours se font jour. Ils émanent essentiellement des réactionnaires. Si les deux conceptions honorent le passé, ce n'est pas dans les mêmes proportions, ni avec les mêmes objectifs. Les Lumières ne conservent du passé que les avancées qui conduisent à davantage de progrès dans le domaine des sciences, de la morale, de la politique, des arts. Ce sont les savants, les artistes, les philosophes qui sont honorés dans la mesure où ils nous aident à progresser vers un monde meilleur. Ils sont des guides. Ils rejettent de ce fait tout ce qui conserve, au nom du passé, dans l'immobilisme et la reproduction sociale, l'obscurantisme des traditions, c'est-à-dire les croyances, qu'elles soient religieuses ou païennes, les superstitions et les coutumes irréfléchies. La science et la raison nous permettent de nous affranchir des archaïsmes. A leurs yeux, il ne fait pas de doute que le progrès de la Civilisation s'oppose à la barbarie des pré-civilisés, voire des sauvages. Toute la pensée du 19ème siècle va se construire sur ce paradigme évolutionniste. La civilisation, c'est la marche progressive des sociétés humaines vers l'instruction et le bien-être, le développement des facultés intellectuelles et morales. Le monde est une marche en avant, qui s'améliore en passant au crible de la raison les héritages légués par les ancêtres. Hommes de droite comme de gauche y souscrivent largement. Et ces derniers déplorent seulement que le peuple soit privé de cette culture que d'autres cherchent à conserver pour eux-mêmes[125].

Leurs détracteurs ne voient pas cela de la même façon. Dès 1774, dans *Une autre philosophie de l'Histoire*, Johann Gottfried Herder s'oppose à l'universalisme français des Lumières qu'il juge appauvrissant. Au nom du génie national de chaque peuple, il se prononce *pour la diversité des cultures* qui constitue une richesse de l'humanité. Pour Herder, chaque peuple a un destin spécifique à accomplir par sa culture. Aussi prend-il fait et cause pour rendre à chacun sa fierté, à commencer par le peuple allemand. Précurseur, il

---

[125] Ainsi Victor Considérant remarque : « Sur trente-trois millions de Français, il y en a au moins vingt-huit millions qui ne reçoivent pas ce qu'on nomme l'éducation. La France, sous ce rapport, ne représente aucun trait de différence avec n'importe quelle population barbare. La *culture* y est un privilège exclusivement réservé aux familles riches ou aisées ». Victor Considérant, *Destinée sociale*, 1844, cité par Philippe Beneton, *Histoire de mots : culture et civilisation*, Presses de la fondation nationale des sciences politiques, 1975, p.68.

annonce une conception plurielle et relativiste, et énonce, pour le dire avec des mots modernes, que l'on ne peut détacher une valeur de son contexte, que tout universalisme est une idéologie. Il oppose la culture, locale, à la civilisation, universaliste. Opposition d'abord sociale, avec une valorisation des valeurs bourgeoises contre l'aristocratie, qui va s'incarner bientôt dans une opposition nationale[126]. Ainsi Fichte, dans son *Discours à la nation allemande,* entend redonner courage aux Allemands, non seulement pour trouver dans la germanité un motif de fierté nationale, mais une mission à accomplir.

La réhabilitation des héritages

> « On nous parle d'humanité, d'universalité, de civilisation : il faut faire sentir que ce qui est universel, c'est la nécessité de faire durer la France. Et qu'en fin de compte si l'on comprend ce que l'on dit, l'idée d'humanité se confond et doit se confondre avec notre pays ». Charles Maurras[127].

Pour les contre-révolutionnaires, la tradition n'est pas porteuse d'un risque d'ignorance et d'égarements, mais bien au contraire d'une sagesse accumulée par les ans. Dans une attitude de révérence, ils entendent préserver les legs du passé et les idolâtrer, même s'ils leur paraissent obscurs. Les ancêtres avaient leurs raisons d'agir qui peuvent échapper aux limites des raisons modernes. Ce qui vient du passé est bon par principe, et en tous les cas bénéficie d'un *a priori* positif. Loin de prétendre passer chaque chose à la moulinette de la rationalité ou de l'argumentaire scientifique pour en vérifier la validité, ils préconisent la soumission aveugle et pleine de respect. Ils s'insurgent surtout contre les prétentions qu'ils estiment fanfaronnes des révolutionnaires à construire un ordre nouveau. La société est une complexité héritée des siècles passés, nul ne saurait en bâtir de nouvelles formes ex-cathedra. Comme sous l'Ancien Régime, prétendre rivaliser avec la volonté divine est quasi-diabolique.

Contrairement à la chanson, « du passé faisons table rase », l'homme ne peut prétendre faire fi du passé, construire de nouvelles organisations sociales. La possibilité d'inventer le présent et de se doter d'une organisation sociale collectivement choisie les irrite. Les uns estiment indispensable d'inventer un nouveau contrat social, librement consenti entre des hommes libres et égaux en droit, quand les autres jugent déraisonnable de seulement

---

[126] Voir sur ces développements l'ouvrage de référence de Philippe Beneton, *Histoire de mots : culture et civilisation*, Presses de la fondation nationale des sciences politiques, 1975.
[127] Charles Maurras, *Gazette de France*, 5 janvier 1903, cité par Philippe Beneton, *Histoire de mots : culture et civilisation*, Presses de la fondation nationale des sciences politiques, 1975, p.83.

y songer. La société ne résulte pas des hommes, ce sont les hommes qui résultent d'elle. L'ordre social ne saurait être discuté et choisi, il s'impose comme un cadre qui dépasse les volontés individuelles et collectives. La sociologie, malgré ses origines socialistes, ne va pas sans nourrir ces discours.

Si les révolutionnaires inventent de nouvelles formes de représentativité politique, qu'ils nomment autrement les jours de la semaine et rebaptisent les jours du calendrier pour bien témoigner de la rupture symbolique entre l'ancien et le nouveau monde, leurs contradicteurs opposent que le langage ne saurait, lui, être changé. De même qu'il serait aberrant de prétendre inventer une langue nouvelle pour communiquer en société, celle-ci nous préexiste et nous n'en pouvons mais. Ils soulignent que nous appartenons à la culture davantage qu'elle nous appartient. Impossible de décider d'autorité de ses formes, elle nous accueille en ce monde, nous lui devons déférence. Nul possible de l'inventer *ex cathedra*. La Révolution peut bien changer les noms des communes de Vendée pour la faire basculer dans une nouvelle ère, elle n'en gommera pas aussi aisément les attaches, fussent-elles archaïques.

Ce credo sera le ralliement conservateur devant les utopies révolutionnaires. Même si le courant demeure minoritaire en France, il triomphera en Allemagne. Barrès, porteur de cette conception passéiste, valorise les héritages au détriment d'une surenchère dans le progrès, susceptible d'être dangereux dans ses dérives. Sa formule célèbre résume tout : « il faut honorer la terre et les morts ». La terre qui nous a nourris, élevés, à qui l'on doit tout ; les morts, qui nous ont légué une culture millénaire sans laquelle nous ne serions pas. Cette conception de la culture, loin d'être dynamique et en devenir, ravale à une vision passéiste et pleine de dévotion. Surtout, elle est le ferment du culte des origines, des racines, de ce qui sera appelé plus tard l'identité. Plus une culture est ancienne, plus elle est vraie. Le peuple trouve sa sagesse dans ce qui l'a fait être, dans ses traditions et ses coutumes, davantage que dans ses représentants éclairés. Peu étonnant que le peuple y soit valorisé et que l'on se méfie particulièrement des savants, des intellectuels et des artistes. Cette idéologie des origines célèbre le culte des ancêtres, idéalise la localité et les signes d'appartenances, et pointe du doigt tout ce qui est apatride, universaliste, internationaliste.

L'opposition entre une France socialiste, républicaine et universaliste, et une France conservatrice et particulariste perdurera pendant près de deux siècles. Les filiations seront directes entre le repli sur soi et la haine du juif errant, cosmopolite et apatride. Une grande partie de l'histoire s'explique par l'opposition entre ces deux paradigmes, de l'affaire Dreyfus à la guerre de 14. Cette dernière confronte deux nations incarnant deux façons de penser. La vision la plus étriquée conçoit un nationalisme pour qui la nation a toujours raison. « La patrie eût-elle tort, il faut lui donner raison », dit Barrès. On sait à quoi cela conduira. Pour lui, la culture relève de *l'âme*, du *génie* d'un *peuple*. La nation culturelle appelle et précède la nation politique. Mentionnons seulement cet exemple éclairant : à l'Allemagne, qui prétend que l'Alsace est française parce qu'elle parle un dialecte proche de l'allemand, argument qui enracine le droit politique à la culture préexistante, les Français ne rétorquent pas que les alsaciens ont du sang celte dans les veines. Ils ne contestent pas les origines, ils revendiquent la volonté des Alsaciens à être français. Bref, l'autodétermination est supérieure à un destin hérité du sol et du sang. « La patrie n'est pas ce que l'on est (race, langue), mais ce que l'on aime », (ce que l'on veut être), dit Fustel de Coulanges. L'homme n'est pas captif de son ascendance. Ernest Renan dans une conférence célèbre en Sorbonne en 1882, « Qu'est-ce qu'une Nation ? », défend cette conception humaniste[128]. « Avant la culture française, la culture allemande, la culture italienne, il y a la culture humaine », clame Renan dans une veine très française. Avant les différences, il y a *l'unité de la culture humaine*, l'unité du genre humain. La culture, c'est avant tout la culture de l'humanité.

Les deux pensées ne cessent de s'opposer durant le siècle. Si la France demeure grosso-modo sous le signe d'une culture construite plutôt que d'une culture héritée, une valse-hésitation oppose les partisans, qui selon les tendances politiques seront plus ou moins forts. Avant-guerre, Julien Benda dénonce avec raison l'influence de la pensée allemande qui conquiert les esprits. Le catholicisme maintient vaille que vaille la flamme de la réaction en alerte. Le pétainisme sera la revanche à la gloire des traditions issues de la France rurale, porteuse d'une préservation des traditions. Et Malraux de constater que cette conception de la culture (Kultur), au sens d'un enfermement identitaire sur des attaches communautaires, contraire à la conception de la culture (civilisation) héritée des Lumières, a failli s'imposer. « Cette idée des cultures, considérées comme monde clos, a été acceptée dans la majorité de l'Europe entre les deux guerres. On sait qu'elle est née en Allemagne. Si vulnérable qu'elle fût, elle avait confusément remplacé l'ancienne idée linéaire et impérieuse que les hommes s'étaient faite de la civilisation »[129]. Pauvre Malraux ! Ne serait-il pas surpris de constater que jusque dans la France d'aujourd'hui s'effiloche cette histoire, et pas seulement dans l'argumentaire de l'extrême droite ? La gauche relativiste en a fait son credo idéologique au nom de la diversité culturelle.

---

[128] « N'abandonnons pas ce principe fondamental que l'homme est un être raisonnable et moral avant d'être parqué dans telle ou telle langue, membre de telle ou telle race, adhérent de telle ou telle culture », dit-il. A Renan qui déclare : « L'homme n'appartient ni à sa langue, ni à sa race, il n'appartient qu'à lui même, car c'est un être libre, c'est à dire un être moral ». Barrès répond : « Ce qui est moral, c'est de ne pas vouloir être libre de sa race ».
[129] André Malraux, *Carrefour*, 7 novembre 1946, in *La politique, la culture, Discours, articles, entretiens* (1925-1975), présenté par Janine Mossuz-Lavau, Gallimard, 1996.

Universalisme et intégration

> « Il en est de la culture comme de ces jeunes femmes très belles et si joliment habillées que nous avons seulement le droit de regarder. (.../...) Ainsi sommes-nous à l'égard des livres. Personne n'a pour eux plus d'amour que ceux d'entre nous pour qui l'interdit fut levé ». Jean Guéhenno[130].

Si nous évoquons malheureusement trop rapidement cette histoire, c'est qu'elle est néanmoins essentielle pour comprendre les défis d'aujourd'hui. Héritière de ces filiations, la culture se trouve prise en tenaille entre les partisans de l'invention des formes et ceux qui entendent consacrer un culte au passé. Pour ces derniers, la culture aurait mission de valoriser et de préserver les héritages, ce que l'on nomme les identités. Au 19ème siècle, sous l'effet d'une forte volonté démocratique et universaliste, la jeune République entreprend au contraire de parachever l'unité nationale en élevant le niveau culturel de la population. Si la royauté a construit peu ou prou une unité de terres jusque-là divisées, par l'imposition d'une religion, d'une administration, d'une armée, d'une fiscalité, puis du code civil et de l'état civil avec Napoléon, l'école sera, pour la République, une garantie nouvelle. L'unité nationale se fait autour d'un savoir commun, au mépris souvent des particularismes locaux. Les programmes imposent à tous le même enseignement. La langue sert de ferment à la cohésion sociale, et les enfants de paysans apprendront de gré, et souvent de force, une langue partagée et partageable[131]. L'intégration ne se fait pas sans douleur. Pierre Jakez Hélias rapporte comment au début du XXeme, il doit abandonner sans ménagement le breton pour s'intégrer à l'école de la République. Bien évidemment cette acculturation produit des souffrances et relève le plus souvent de la déculturation. L'apprentissage se fait au détriment d'autres choses, en oubliant et en dépassant le passé. L'élévation du niveau culturel de la Nation toute entière, souvent au forceps, produira ses résultats, mais aussi ses effets pervers. Nombre d'élèves issus des classes modestes et pauvres trouveront le chemin du savoir et deviendront à leur tour les hussards noirs de la République, affublés d'une mission difficile mais juste, celle d'extirper les obscurantismes, fruits de l'ignorance, pour y inculquer les apports des sciences et des arts. Ces nouveaux missionnaires auront pour eux la légitimité de l'action, au risque d'en abuser et de devenir intégristes.

Si le passé est accepté par les uns aveuglément et sans discussion, dans l'attitude soumise que le croyant doit avoir envers le dogme, au risque de l'hérésie, les autres entendent s'appuyer sur le meilleur des éléments du

---

[130] Jean Guéhenno, *Caliban parle*, Grasset, 1928, p.74.
[131] Voir Anne-Marie Thiesse, *La Création des identités nationales. Europe XVIII-XIX*, Seuil, 1999.

passé, mais une fois attesté et soumis au crible de la raison. Il ne s'agit pas de tout rejeter, bien au contraire, la conception classique de la culture n'est pas refus des héritages. Il s'agit de bâtir et d'inventer l'avenir en s'appuyant sur le meilleur de ce qui nous est légué, en s'arrogeant le droit de conduire une analyse critique de la culture classique, de l'interpréter et de se la réapproprier. En cela, il s'agit d'une culture vivante. Mais cela se fait en se détachant de ses origines. Le peuple est donc instruit, et les programmes scolaires lui enseignent ce que l'on juge être le meilleur du savoir, pour qu'il en poursuive l'accroissement et la perfection. Cette nouvelle culture se paye au prix du sacrifice des anciennes coutumes.

Le retour du refoulé

> « Nous sentons bien que cette unique civilisation mondiale exerce en même temps une sorte d'action d'usure ou d'érosion aux dépens du fonds culturel qui a fait les grandes civilisations du passé. Cette menace se traduit, entre autres effets inquiétants, par la diffusion sous nos yeux d'une civilisation de pacotille. » Paul Ricœur[132]

Les réactions à cet élan, qui répond aussi d'une conviction politique sur le devenir de la Nation, seront nombreuses et diversifiées. Le risque d'uniformisation est déjà pointé. Après tout, si le monde devient rationnel, gouverné par les seules sciences, que restera-t-il de la diversité humaine produite par l'adaptation à des univers jusque-là insaisissables ? Le savoir est bientôt perçu comme totalitaire et homogénéisateur, appauvrissant peut-être. Certains s'émeuvent et relayent ceux qui ont d'abord observé les mœurs populaires comme objet de curiosité. Les folkloristes et les adeptes des sociétés savantes s'éprennent d'un formidable travail de recensement, d'inventaire des traditions, de collectage des objets et des savoir-faire. Face aux risques d'une disparition, non réductible à l'effort d'instruction des instituteurs de la Troisième République, mais qui relève d'abord de l'industrialisation et de l'urbanisation grandissante, les coutumes sont étudiées, les langages répertoriés, les rituels observés, les objets rassemblés dans les premiers musées de folklore, qui deviendront plus tard des musées d'arts et traditions populaires. Ce que l'on nomme à présent les identités sont alors collectées, bientôt valorisées. Des instituteurs y participent d'ailleurs nombreux, puisqu'il s'agit de comprendre les faits du passé. Si un brin de nostalgie accompagne ces campagnes d'études, elles sont d'abord gouvernées par le projet taxinomique de la science du 19ème siècle de classer, organiser, dresser des typologies, pour analyser. Cette mise en ordre du

---

[132] Paul Ricœur, « Civilisation universelle et cultures nationales », *Esprit*, octobre 1961, p445.

monde s'exprime dans les sciences naturelles, les beaux-arts, les techniques, l'architecture, l'ethnographie qui décrit les coutumes paysannes.

Bientôt, l'activité de collectage est relayée par la volonté de sauvegarde, puis de valorisation. De nombreuses voix s'élèvent pour sensibiliser aux traditions en perdition. À l'admiration pour la grande Patrie et pour ses grands Hommes, succède l'exaltation de la petite Patrie et de son peuple fier et porteur d'histoire. Les travailleurs de l'ombre dans leur modestie de « petites gens » sont valorisés pour les trésors cachés qu'ils recèlent. Ceux qui devaient tout apprendre sont enfin regardés comme ceux de qui il est possible d'apprendre. Certes, il faudra du temps pour les en convaincre, persuadés qu'ils sont d'être ignorants et que leur façon de faire sont peu de choses face aux mœurs civilisées. Ils s'excuseront souvent de n'être pas instruits. Des porte-parole vont tenter de leur redonner des lettres de noblesse, d'abord en les étudiant, les mettant en valeur, les incitant à se montrer dignes de leurs origines. Frédéric Mistral, évidemment, sera la figure emblématique de cette volonté de redonner au terroir sa fierté et d'y puiser sa raison d'exister. Il fera pour le pays d'Arles, avec son muséon Arlaten, ce que d'autres entreprendront au musée savoisien, au musée basque, au musée breton, au musée alsacien... Une explosion d'initiatives de 1880 à 1930 va faire apparaître une multitude de lieux de préservation et de valorisation, musées de folklore, musées de terroirs, musées de plein-air, à l'image du célèbre musée suédois de Skansen. Si les intéressés sont distants au départ, ils seront intrigués, puis finiront par se convertir. Leurs origines ne sont pas aussi sottes qu'ils le croyaient, et si d'autres, des savants, s'y intéressent, c'est que cela vaut la peine. Dans les années 70, les initiatives de plus en plus nombreuses, seront issues de la population elle-même. Elles se déploient et entreprennent de valoriser ce bagage lié à une tradition. Le peuple a intégré que sa culture est digne, équivalente, et pourquoi pas supérieure à celle des lettrés. Les « arts de la pratique sociale ordinaire »[133] sont reconnus comme constitutifs du patrimoine national et participent de la Culture au sens large. Ils méritent d'être exposés au même titre que les œuvres hier consacrées.

L'ethnologie, du désir d'unité au morcellement identitaire

> « L'essentiel est que la grande culture s'établisse et se rende maîtresse du monde, en faisant sentir sa bienfaisante influence aux parties moins cultivées. » Ernest Renan[134]

---

[133] Jean Cuisenier, « Des musées de l'Homme et de la société : oui, mais lesquels ? », *Le Débat*, n°70, mai 1992, p.178.
[134] Ernest Renan, *Dialogues et fragments philosophiques*, in Œuvres complètes, I, Calmann-Levy, p.607. Cité par Alain Finkielkraut, *Le Mécontemporain*, Gallimard, 1991, p.127.

Avant que ne se développe une ethnographie intérieure, s'est imposée une ethnologie soucieuse de comprendre les origines de l'Homme. Si l'anthropologie connaît dès l'antiquité ses précurseurs, et si Montaigne, Montesquieu ou Voltaire se sont questionnés à ce sujet, c'est une compréhension intellectuelle et scientifique qui motive les premiers ethnologues. En étudiant l'altérité, il s'agit de comprendre le cheminement de la civilisation. Lorsqu'en 1787, Alexandre de Chavannes crée le terme *d'ethnologie*, il définit la discipline qui étudie « l'histoire des progrès des peuples vers la Civilisation ». Démarche inscrite dans la suite des Lumières, la rationalisation des autres sociétés se fait dans le paradigme évolutionniste. L'anthropologie demeure longtemps préoccupée par cette volonté de classification des sociétés, explicative du cheminement de la civilisation.

Pour Morgan, Engels lui-même, et jusqu'à Marcel Mauss, il ne fait guère de doute que la civilisation évolue vers le mieux et que l'étude permet de mieux comprendre l'évolution des sociétés humaines. Selon cette veine, elles sont classées de la moins à la plus évoluée, et nécessairement la société occidentale, blanche et bourgeoise, à laquelle appartient le chercheur de l'époque se trouve au terme du processus. Ce qui fait sourire aujourd'hui est pourtant logique et sans appel : le mouvement naturel conduit à ce que s'imposent les critères universels de l'intelligence exprimés par les arts, les sciences et le droit. L'ordre politique lui-même est en passe d'être amélioré avec les recherches européennes, notamment les expressions du socialisme utopique ou réalisé. La culture est à l'époque réductible à la civilisation, elle conduit vers une humanité heureuse car plus rationnelle. Tous les penseurs se rattachent peu ou prou à ce paradigme, et il n'est pas aberrant que, forte de ses convictions, l'Europe colonise le reste du monde pour lui apporter ses lumières. Rappelons que la France entend d'abord exporter la Révolution pour libérer les peuples de l'oppresseur, des royautés diverses, mais aussi de l'aliénation due à l'obscurantisme, notamment religieux. Elle entend apporter la science à tous. Parce qu'elle a foi en l'Homme, moins évolué peut être ailleurs, mais en passe de le devenir, la France va coloniser, mais aussi exporter ses écoles et son savoir. La position de l'Allemagne est toute différente : elle affirme détenir une identité spécifique, non construite par la raison, mais léguée par un héritage, un sang, un sol. La constitution de la Nation allemande va se déployer selon cette conviction identitaire qui engage à un rapport de subordination. Si l'autre est différent, nul besoin de l'instruire pour le rendre identique à soi-même, ce qui serait peine perdue, il importe seulement de le soumettre ou de l'éliminer[135]. On devine les conséquences malheureuses qu'aura cette inclination.

Si la France est imbue de sa supériorité du fait de sa culture, ce n'est pas par essence ou par un déterminisme quelconque, mais par l'omniprésence

---

[135] Ce qu'avait très bien perçu Julien Benda dès 1927. *La Trahison des clercs*, Grasset, 1927, Reed 1975, p.279.

des artistes et des savants. Elle entend partager. Ce qui marquera durablement l'action de la France, et qui lui sera souvent reproché, demeure son goût incorrigible à croire que sa culture est le tout de la culture. Sa prétention à l'universel sera souvent mal comprise alors qu'elle repose sur une considération assez simple. Pense-t-on qu'il existe deux sciences ? L'une française par exemple et l'autre japonaise ? Contrairement à ce que prétendait l'Allemagne nazie, cela paraît stupide de croire que les lois de la gravitation seraient vraies ici et pas là-bas[136]. Si l'on dit « vérité ici, erreur au-delà des Pyrénées », c'est justement pour désigner la croyance et la superstition, non la science[137]. Les sciences ne sauraient être nationales, leurs lois sont universelles, ou alors elles sont fausses. Par conséquent, la Nation compte peu face à l'intelligence. La science doit établir le vrai et en exporter le résultat pour l'établir en valeur absolue. Ceci servira judicieusement l'ensemble des peuples de la terre, hier encore ignorants, et soudain éclairés de cette révélation. Il ne paraît pas difficile de comprendre ce raisonnement. Il semble même très logique.

Pour la conception universaliste française, il en va, pour le juste, le bien et le beau, de même que pour le vrai. Ces catégories sont transcendantes aux milieux et aux sociétés dans lesquelles les hommes vivent. Si les réponses sont différentes, c'est que comme pour les sciences, les raisonnements n'ont pas été conduits suffisamment. Ainsi, une société heureuse et accomplie saura faire triompher les catégories les plus pertinentes. Les Académies s'emploient à faire entendre raison aux errances du passé. En s'appuyant sur ceux qui nous ont précédés, il est possible d'avancer et de proposer des réponses plus abouties. Il n'est donc pas question de prétendre à un savoir absolu, définitif et arrêté une fois pour toute ; bien au contraire, comme pour les sciences, tous les savoirs sont en devenir. Ils répondent d'une exigence universelle. Les juristes aidés des moralistes déterminent le juste. Les philosophes conseillent les politiques et parviennent à préconiser le bien, du moins le système social s'évertue à rechercher la meilleure forme d'organisation sociale pour cela. De même, les artistes cherchent à exprimer le beau par des savoir-faire toujours plus raffinés et précis. Ces essences, au sens platonicien, ne sont pas françaises, elles sont humaines. C'est même ce

---

[136] Des intellectuels allemands vont aller jusqu'à dire que « la science n'a pas à planer au-dessus des frontières, mais à être nationale, à être allemande », rapporte Julien Benda, *La Trahison des clercs*, Grasset, 1927, Reed 1975, p. 190. Voir aussi Louis Pauwels et Jacques Bergier, *Le Matin des magiciens*, Gallimard, 1960.

[137] Julien Benda se moque de Barrès : « Ce n'est pas seulement la morale universelle que les clercs modernes ont livrée au mépris des hommes, c'est aussi la vérité universelle. (…/…) Quelle joie pour eux d'apprendre que cet universel n'est qu'un fantôme, qu'il n'existe que des vérités particulières, des « vérités lorraines, des vérités provençales, des vérités bretonnes, dont l'accord, ménagé par les siècles, constitue ce qui est bienfaisant, respectable, *vrai* en France' (le voisin parle de ce qui est *vrai* en Allemagne) ; qu'en d'autres termes Pascal n'est qu'un grossier esprit et que ce qui est vérité en deçà des Pyrénées est parfaitement bien erreur au-delà », *La Trahison des clercs*, Grasset, 1927, Reed 1975, p. 210.

qui fonde l'unité du genre humain. La définition française de la culture, notamment dans le domaine des arts, s'est construite sur cette conviction[138]. Or, la modernité a déconstruit ces évidences de l'époque antérieure. Si le vrai et dans une certaine mesure le juste et le bien maintiennent une exigence à l'universel, le beau, lui, a totalement rendu les armes.

Malraux s'interroge sur le respect envers les formidables héritages de l'histoire – sans lesquels aucune culture n'existe –, et la recherche de transcendance et d'universalisme liée au partage de l'intelligence, au-delà des enfermements. Il constate combien la spécificité de la culture, au sens de civilisation, telle que l'entendent les Lumières, est la synthèse de ce qu'il y a de meilleur en chacune des sociétés humaines. La culture, c'est la conjonction et le métissage de toutes dans ce qu'elles peuvent exprimer chacune d'universalité. La civilisation, c'est ce qui transcende les cultures, dans leurs expressions locales et singulières, antagonistes même. « Il y a, entre toutes les cultures qui nous ont précédés et la nôtre, une différence fondamentale : c'est que, pour nous, ces cultures existent alors que chacune d'elles était la négation de ce qui l'avait précédée. Il est possible qu'en revendiquant l'héritage du monde, nous ne revendiquions pas autre chose qu'une suite de métaphores, mais il est certain que nous sommes les premiers à revendiquer l'héritage du monde. Quant à savoir s'il n'y a qu'une civilisation, je me pose la question depuis un certain nombre d'années. Comme elle ne se résout évidemment pas pour la simple croyance au progrès, il s'agirait de savoir ce qu'est cette civilisation qui transcende les cultures, c'est-à-dire de fonder la notion d'homme. Un rien ! C'est sans doute la tâche la plus importante qui se pose à la pensée contemporaine »[139]. Et Malraux de constater que de Michelet à Jaurès en passant par Hugo, ce fut une sorte d'évidence tout au long du siècle dernier que l'on serait d'autant plus homme que l'on serait moins lié à sa patrie. En découvrant les universaux de la culture humaine, l'Homme se déploie dans une communication porteuse de toutes les générosités. « C'est à un haut degré d'exigence de qualité et d'universalité, nullement relativisée, que Malraux arrête les usages du mot culture », souligne Philippe Urfalino, qui note que le ministre ne défend alors aucunement une conception relativiste de la culture[140].

---

[138] C'est cette conception que l'on retrouvera mobilisée dans les débats sur l'exception culturelle, et qui aura bien du mal à se faire reconnaître et comprendre par les autres nations, davantage ancrées dans une vision culturaliste, donc particulariste de la culture.
[139] André Malraux, *Combat*, 15 novembre 1946, in *La politique, la culture, Discours, articles, entretiens* (1925-1975), présenté par Janine Mossuz-Lavau, Gallimard, 1996.
[140] Contrairement à ce que laisse entendre Fumaroli. Philippe Urfalino, *L'Invention de la politique culturelle*, Hachette, 2004, p. 58.

Vers le relativisme

> « Toutes les cultures contribuent à la bonne marche de l'humanité et (que) les difficultés commencent lorsque l'une d'entre elles entend des voix pour une mission d'expansion. Ils devraient savoir que chaque culture a sa valeur et qu'il est vraiment par trop imbécile de décerner à la sienne propre le premier prix d'excellence. » Marcel Griaule[141]

Le doute va s'insinuer peu à peu. L'anthropologie, qui adopte au départ un point de vue humaniste sur la culture, va discréditer ce modèle. De plus en plus nombreux, les ethnologues vont revenir de leurs terrains d'études en ébranlant l'idée d'une suprématie d'une culture universelle et imposant celle d'une diversité de cultures juxtaposées. Certes, la transition d'un paradigme à l'autre ne se fait pas du jour au lendemain. Il faut plus d'un siècle pour que le modèle évolutionniste soit totalement discrédité. Jusqu'à la seconde guerre mondiale, les ethnologues maintiennent un schème de pensée, globalement dominé par l'évolution unitaire de la civilisation, de la société la moins à la plus complexe, de la moins à la plus évoluée. Peu à peu s'infuse et s'impose qu'il n'y a pas qu'une seule culture, universelle, mais une multitude de cultures différentes et juxtaposées. Le terme de culture prend une nouvelle signification, plurielle et relativiste. Car les ethnologues ont démontré que telle ethnie d'Afrique disposait de connaissances élaborées, pratiquait des rituels aussi savants que les rites de nos plus raffinées religions, disposait d'un vocabulaire et de concepts qui n'avaient rien à envier à nos dictionnaires, que les techniques loin d'être barbares ou sauvages avaient leur cohérence. Mieux, toutes les cultures trouvent leur légitimité dans une organisation sociale, une histoire et des rationalités internes. Les dispositifs institutionnels et politiques existent avec tous leurs raffinements, de même que les structures de parenté, les mythologies et la connaissance de l'environnement. Bientôt, les ethnologues rapportent des exemples de savoirs ancestraux qui viennent compléter nos propres compétences, parfois même renverser l'ordre hiérarchique, nous dévoilant ignorants, si ce n'est barbares. Cette pensée s'inscrit dans une conception également héritée du siècle des Lumières, celle qui entend trouver chez les bons sauvages des sagesses quant à l'organisation sociale. Diderot, Voltaire ou de Bougainville y ont eux-mêmes sacrifié. Toutefois, le modèle évolutionniste s'est imposé massivement.

---

[141] Marcel Griaule, *La Peau de l'ours*, Gallimard, 1936, p.12, cité par Philippe Beneton, *Histoire de mots : culture et civilisation*, Presses de la fondation nationale des sciences politiques, 1975, p.136.

Porte-parole en Europe, au sortir de la seconde guerre mondiale, de l'anthropologie culturaliste américaine, Lévi-Strauss incarne la rupture[142]. Quand il parle de civilisation amérindienne et non plus de la civilisation au singulier, de cultures au pluriel, la désacralisation de la suprématie européenne va bon train. Ceci est renforcé par le discrédit du modèle colonial, enferré dans une situation indéfendable. Loin d'être porteuse d'une émancipation des peuples, la colonisation a renforcé les inégalités, bafoué les traditions, ignoré les particularismes. Les ethnologues prennent très justement fait et cause massivement pour les colonisés contre les colonisateurs, avec nombre de personnes qui vont grossir les rangs d'une nouvelle gauche, anticolonialiste et relativiste. Si le modèle allemand de la Kultur, valorisatrice de l'identité nationale au détriment des autres, a conduit aux massacres que l'on sait, le modèle français est également discrédité, par ses prétentions à l'universalisme : les deux sont source d'aberrations historiques[143]. S'impose au sortir de la seconde guerre mondiale, et de manière évidente dans les esprits à partir des années 60 et 70, le nouveau modèle culturaliste, relativiste, qui entend les cultures comme plurielles, non hiérarchisables entre elles, d'égale valeur. L'Unesco s'en fait le héros, s'appuyant sur la dangereuse notion d'identité[144]. Or, c'est dans le même temps que Malraux, au ministère et dans un domaine certes limité, met en œuvre des politiques qui reposent sur le paradigme universaliste et la conception homogène de la culture héritée des Lumières. Cette ambiguïté va être à son comble, dès lors que l'on voit apparaître sur le plan intérieur, le même type de critiques que celles que l'on peut constater au plan international.

L'anticolonialisme comme fanion

> « En établissant la figure du non-cultivé, du barbare, du mécréant, la démocratisation de la culture établit elle-même les barrières qu'elle ne peut franchir, tout en discourant sur les stratégies de conversion, d'annexion, de transformation. Ces nouvelles formes de colonisation culturelle se heurtent à mille formes de résistance dont la plus importante est l'indifférence. »[145] Jean Hurstel

---

[142] Particulièrement dans sa conférence auprès de l'Unesco, publié sous le titre *Race et histoire*, (1952), Folio, 1987.
[143] Voir par exemple, Jean Caune, *Pour une ethique de la médiation. Le sens des pratiques culturelles*, Pug, 1999, p. 73 et suiv.
[144] Alain Finkielkraut, « La Dissolution de la culture », *Le Débat*, nov 1985, n°37, pp. 15-23.
[145] Jean Hurstel, *Chroniques culturelles barbares*, Syros, 1988, p. 103.

Ceux qui avaient d'abord collecté les traditions populaires pour s'en faire les témoins devant l'histoire se transforment en défenseurs des identités menacées. Et à l'anticolonialisme de l'extérieur correspond bientôt un anticolonialisme de l'intérieur. Les régionalismes se transforment en mouvement de revendication pour l'autodétermination et pour la maîtrise de la destinée, à l'image des peuples asservis par-delà les mers[146]. Ceux qui ont été scolarisés sous les offices du savoir républicain se rebellent et convient aux retrouvailles de leurs origines bafouées. Bref, les cultures sont multiples, elles sont géographiques, sociales, ethniques, et même relatives aux âges, puisque l'on va bientôt évoquer une culture jeune ! Chaque groupe social peut ainsi se caractériser par une culture spécifique avec ses normes, ses valeurs, ses pratiques[147]. Les cultures basque, bretonne ou corse sont évidemment exacerbées, au profit d'une légitimation à affirmer un destin politique autonome. L'identité est instrumentalisée, comme toujours, pour souligner par les différences les raisons d'une séparation. Ce qui hier était minimisé prend toute son ampleur. Que cela paraisse justifié ou non, ce qui importe c'est l'éclatement de la notion de culture, de son sens classique à son affirmation multiple, hétérogène, contradictoire. « Sous l'égide de la philosophie de la décolonisation, le concept de culture qui avait été l'emblème de l'Occident impérialiste, se retournait contre celui-ci et qualifiait précisément les sociétés sur lesquelles s'exerçait sa tutelle », écrit Finkielkraut[148].

Les cultures populaires sont exacerbées, bien que ce terme fasse l'objet de discussions irrésolues sur ce qu'il recouvre vraiment. S'opère une subdivision toujours plus fine des catégories. La culture rurale, mais aussi ouvrière, jeune, des banlieues, émigrée, la culture de tel ou tel groupe professionnel, de marins pêcheurs ou de saisonniers, la culture d'entreprise : le qualificatif qui accompagne et détermine le mot culture est inépuisable, jusqu'à la culture des illettrés elle-même…[149] Car rien n'empêche plus de penser l'absence de culture comme une culture à part entière[150]. Chaque trait sociologique est fondateur d'une culture. Le terme est devenu le vocable irremplaçable pour désigner l'ensemble des modes de vie, des façons de

---

[146] Sur les identités et l'ambivalence de leur construction par les mouvements de valorisation, voir Pierre Bourdieu, « L'Identité et la représentation. Eléments pour une réflexion critique sur l'idée de région », *Actes de la Recherche en sciences sociales*, n°35, novembre 1980.
[147] Antigone Mouchtouris, *Sociologie de la culture populaire*, L'Harmattan, 2007, p.57.
[148] Alain Finkiekraut, *La Défaite de la pensée*, Gallimard, 1987, p.84.
[149] Pour Jean-Louis Harouel, fidèle à la définition classique, il n'y a pas de culture au pluriel, il n'y a que la culture et l'inculture. *Culture et contre-cultures*, Puf, 1994.
[150] Et de retrouver Robert Brasillach : « La culture ce n'est pas d'apprendre, c'est de savoir. On peut imaginer un peuple qui ne saurait pas lire et qui serait un peuple cultivé : tous les hommes des Croisades, j'en suis sûr, ne savaient pas lire, et pourtant ils participaient à une culture autrement grande et rayonnante que les pauvres êtres d'aujourd'hui ». *Je suis partout*, 30 janvier 1937. Cité par Philippe Beneton, *Histoire de mots : culture et civilisation*, Presses de la fondation nationale des sciences politiques, 1975, p.161.

faire, des croyances, des rites, des modes d'expression ou de présentation d'un groupe spécifique, considéré parfois comme *sub-culture*. « À chacun de ces groupes correspond un patrimoine de savoirs, de pratiques, de techniques. Pour ces segments éclatés, nul besoin d'espace de confrontation, sinon dans l'événement ludique », commente Jean Caune qui comprend ainsi l'effacement d'une nécessaire action culturelle[151]. La définition anthropologique est devenue la norme. Il n'existe plus de *folklore*, terme jugé trop péjoratif, il n'y a plus que des cultures, ce qui revalorise les contenus auparavant dévalorisés.

S'appuyant sur les textes de Levi-Strauss, pourfendeur de l'évolutionnisme[152], ou encore de Robert Jaulin[153], ou de Frantz Fanon[154], Pierre Gaudibert sera particulièrement symptomatique de cette nouvelle compréhension qui se veut décolonisation de la culture. Son influence sera conséquente sur toute une génération d'animateurs culturels des années 70. Gaudibert s'en prend au « modèle urbain moderniste qui se veut universel et porteur de progrès, mais qui ne fait souvent que camoufler l'européocentrisme », et réclame une décolonisation des cultures et des savoirs pour une affirmation de l'infinie pluralité des cultures existantes. Critique de l'abbé Grégoire qui, devant le comité de l'Instruction publique, le 20 septembre 1793, réclamait « d'extirper cette diversité d'idiomes grossiers qui prolongent l'enfance de la raison et la vieillerie des préjugés », en proclamant dans une République une et indivisible « l'usage unique et indivisible de la langue de la liberté », Gaudibert regrette que fussent réprimés les langues et dialectes minoritaires au nom du français officiel. La langue, parce que porteuse d'histoire, était considérée par les révolutionnaires comme politique. Le préjugé est attaché aux dialectes, alors que le français est synonyme de langue du savoir et des Lumières, donc d'émancipation vis-à-vis de l'obscurantisme.

Gaudibert se fait le chantre d'une nouvelle conception plus généreuse et tolérante, pour retrouver sans le savoir les accents de la réaction. L'auteur remarque que les luttes ethniques des minorités ont été « laminées par le triple centralisme monarchique, jacobin et napoléonien, que continuèrent les

---

[151] Jean Caune, *La Culture en action. De Vilar à Lang : le sens perdu*, PUG, 1992, p.330.
[152] Claude Levi-Strauss, *Race et Histoire*, Denoël, (1957), Folio 1987.
[153] Robert Jaulin, *La Décivilisation*, Complexe, 1974.
[154] Frantz Fanon, *Les Damnés de la terre*, Maspero, 1961. « Les plus radicaux des défenseurs du tiers-mondisme (… /…) ne se sont cependant pas contentés de cet appel au respect des différences. Il n'était pas à leurs yeux suffisant d'affirmer que l'idéologie rationaliste, individualiste et laïque des pays occidentaux modernes n'est qu'une idéologie parmi d'autres, sans supériorité sur celle, souvent plus communautariste et plus imprégnée de religion, des autres pays du monde. Il fallait poser explicitement qu'elle a directement vocation à rendre possible l'oppression des seconds par les premiers, et que les peuples colonisés ne peuvent donc retrouver leur liberté qu'en la rejetant complètement », constate Roland Quillot. « Culture et relativisme », in *Toutes les pratiques culturelles se valent-elles ?*, sous la dir. de Jean-Pierre Sylvestre, Hermès, n°20, 1996, p.242.

gouvernements républicains jusqu'à nos jours »[155]. C'est l'anthropologie qui, selon lui, va faire reconnaître les identités écrasées, contribuant à faire progresser cette conscience neuve. « Une nouvelle génération de chercheurs, sensibilisée souvent à l'ethnologie par des incursions en zones extra-européennes, envisage des réactivations de traditions en perdition, des réinjections de nouvelles significations dans des coutumes, croyances, fêtes, etc. ». Et l'auteur de noter que déjà les arts et traditions populaires ont entamé ce travail. Il s'agit de reconnaître et de célébrer « la beauté du mort »[156], celle que la société préférait jusque-là sacraliser une fois muséalisée, de l'empêcher de mourir, et peut-être même de la réanimer. Un engouement générationnel se plait à discréditer la culture classique pour lui substituer ce qui jusque-là n'a guère fait l'objet d'attention. Si Michel de Certeau étudie la richesse des duplicités populaires dans les *cultures ordinaires*, les pratiques du quotidien, Paul-Henri Chombart de Lauwe plaide pour la noblesse de pratiques discréditées[157]. De Certeau n'hésite pas à parler de néocolonialisme de la culture, qui au nom des « humanismes bavards » occulte les autres cultures. « La culture au singulier impose toujours la loi d'un pouvoir. À l'expansion d'une force qui unifie en colonisant, et qui dénie à la fois sa limite et les autres, doit s'opposer une résistance », écrit-il dans une publication du ministère[158].

Gaudibert va théoriser cette nouvelle utopie : celle de la réhabilitation des cultures opprimées, fer de lance d'une nouvelle gauche relativiste dans les années 70. Non que cette tendance soit totalement nouvelle : les enfants de la bourgeoisie ont souvent oscillé entre condescendance envers les classes pauvres qu'il fallait éduquer et exaltation romantique d'un ouvriérisme dont on trouve déjà des traces au 19ème siècle[159], et qui s'accompagne d'une dévalorisation masochiste de la culture savante. Le mouvement artistique a particulièrement exploré la chose. Toutefois ce sont les acteurs culturels qui vont désormais y céder, sacrifiant à l'idéologie du moment, portant aux nues la culture des opprimés. En permettant de reconnaître et de faire advenir ces cultures, l'animateur culturel participe de la révélation de l'identité de ces groupes. En fait, en lieu de révélation, il s'agira plutôt de son renforcement par sa reconnaissance et par là même d'une participation active à sa construction…

---

[155] Pierre Gaudibert, *Du Culturel au sacré*, Casterman, 1981, p. 30.
[156] Selon l'expression consacrée de Michel de Certeau, *La Culture au pluriel*, UGE, 1974.
[157] Paul-Henri Chombart de Lauwe, *La Culture et le pouvoir*, Stock, 1975.
[158] Michel de Certeau, « Des Espaces et des pratiques », in *Pratiques culturelles des Français*, SER, 1974, p.175. (cité par Poirrier, 2006).
[159] Benigno Cacérès en rapporte des formes, particulièrement dans le chapitre « A genoux devant l'ouvrier ? », cependant l'idée d'élévation et d'accessibilité demeure dominante. In *Histoire de l'éducation populaire*, Peuple et Culture, le Seuil, 1964, p.18-27.

Une désacralisation aux conséquences ennuyeuses

> « C'est le propre de la culture de ne pouvoir supporter les papillons qui volent. Elle n'a de cesse qu'elle les ait immobilisés et étiquetés. »[160] Jean Dubuffet

Sans doute, le mot est-il commode et utile. L'ennuyeux est qu'il fait disparaître l'ancienne espérance pour la réduire à n'être que l'expression parmi d'autres d'un groupe. Ce n'est pas que le mot trouve seulement une utilisation extensive, c'est que ce qu'il désignait est volatilisé. L'ancien contenu, la culture classique devient l'expression particulière d'un groupe spécifique, la culture bourgeoise, ou la culture des élites, socialement et historiquement située, selon l'expression consacrée. Dès lors, plus de prétention à l'universel. Seulement une modeste contribution à l'histoire culturelle, un goût et une expression parmi d'autres. Ce qui hier était connoté comme le tout de la culture, l'expression raffinée de la recherche du génie, le *nec plus ultra* de l'esprit humain, l'expression d'une transcendance, est rabaissé à n'être qu'une forme, équivalente et sans grâce particulière. Jusque-là, la culture se pensait comme ce qu'il y avait de meilleur en l'Homme, parce que travaillé et élaboré par les siècles. Le peintre, par exemple, héritait de savoir-faire toujours plus précis, qu'il devait apprendre à maîtriser dans l'objectif de les dépasser, pour se surpasser et ainsi donner à l'humanité une œuvre plus prodigieuse encore que ce que les ans avaient jusque-là connu. Dans le même élan que ceux qui voulaient rendre ainsi gloire à Dieu, c'était une façon d'élever toujours plus haut le génie humain et d'inviter à une célébration collective. À la place de cela, la culture limitée à un groupe d'appartenance sociale ne fait que rendre compte des capacités particulières qu'a l'homme d'habiter un environnement.

À une conception transcendante de l'art s'est substituée une approche purement factuelle et locale. Avec à l'excès la négation de tout dépassement de sa condition pour atteindre à une universalité. Si la contextualisation, par l'analyse sociologique comme par l'anthropologie, est riche et même indispensable, pour mieux saisir la réception par les publics, il serait abusif de prétendre que les codes de lecture enferment inéluctablement dans une perception singulière. Pour preuve, les œuvres d'art traversent les siècles et nous apprécions les tragédies de Sophocle ou les poèmes médiévaux, qui devraient pourtant nous paraître hermétiques, ayant perdu une bonne part des clés de lecture de leurs époques de création. « La moitié de ce que nous admirons n'appartient pas à notre civilisation », admet Malraux. Ce qui caractérise justement les grandes œuvres, c'est d'échapper à l'espace et au temps. « Un certain nombre d'images humaines portent en elles une telle puissance – c'est ce qu'on appelle le génie – qu'elles transcendent non

---

[160] Jean Dubuffet, *Asphyxiante culture*, Ed. de Minuit, 1986 (1968), p.55.

seulement les siècles, mais les civilisations tout entières », poursuit-il[161]. Bref, elles sont justement non-réductibles aux déterminismes sociaux. En la rabaissant à une adaptation à un milieu, à une façon plus ou moins inventive de partager à l'intérieur de son groupe, la culture au sens anthropologique limite l'homme dans ses désirs de dépassements[162]. Inversant le sens de l'éducation, est substituée à la culture comme tâche, la culture comme origine. « Au lieu de se cultiver (et ainsi de sortir de son petit monde), il faut désormais retrouver sa culture, entendue comme 'l'ensemble de connaissances et de valeurs qui ne fait l'objet d'aucun enseignement spécifique et que pourtant tout membre d'une communauté sait'. Cela même que la pensée des Lumières appelle l'inculture et le préjugé », conclut Alain Finkielkraut[163].

Si cette approche est logique au niveau anthropologique, encore qu'elle ne soit pas sans induire des conséquences éthiques très discutables, elle est problématique sur le plan culturel. « Le relativisme des anthropologues est venu miner la croyance en l'universalité de l'art, les repères se sont brouillés, les certitudes sont devenues plus incertaines », remarque Olivier Donnat[164]. Comment définir à présent les grandes œuvres de l'humanité – puisque c'était là le vœu de Malraux afin de les rendre accessibles par l'action de son ministère –, si celles-ci deviennent totalement relatives aux conditions sociales dans lesquelles elles sont produites ? Qui peut décider qu'elles sont grandes, dès lors que le relativisme est de mise ? Les œuvres bourgeoises ne seront grandes qu'au regard bourgeois qui les juge, de même que les œuvres françaises ne seront pas nécessairement parlantes pour un chinois. La « culture du pauvre »[165] vaut bien désormais celle des humanités. Qui se trouve désormais en mesure de déterminer la légitimité des œuvres, mais aussi des aides qui les accompagnent éventuellement pour leur conception, ou simplement pour leur diffusion ? Sur quels critères d'appréciation se fonder pour déterminer de la validité d'une démarche, si celle-ci est réductible au contexte social qui l'a fait naître ? Faudra-t-il établir des quotas en fonction des groupes recensés pour déterminer de manière égalitaire les répartitions des moyens à mettre en œuvre ? C'est la démarche des aides publiques aux Etats-Unis à partir des années 70, comme

---

[161] André Malraux, « Intervention à l'Assemblée nationale, le 9 novembre 1967 ». Repris dans *Les Affaires culturelles au temps d'André Malraux*, La Documentation française, 1996, p.309.
[162] « Une série de 'cultures', sous le générique de Culture, pose la segmentation en moyen de gouvernement. Et cette Culture de l'éparpillement et de la conjoncture travaille à remplacer la civilisation française, à la fois dans la singularité historique qui relie la nation en profondeur à sa substance permanente, et dans son universalité spirituelle qui par le haut la relie à toutes les manifestations de l'esprit humain », écrit Marc Fumaroli, *L'Etat culturel. Essai sur une religion moderne*, De Fallois, Le Livre de poche, 1992, p.42.
[163] Alain Finkielkraut, *La Défaite de la pensée*, Gallimard, 1987, p.102.
[164] Olivier Donnat, « La Question de la démocratisation dans la politique culturelle française », Revue *Modern & Contemporary France*, Volume 11, N°1, Février 2003, p. 6.
[165] Selon l'expression de Richard Hoggart, *La Culture du pauvre*, Minuit, 1970.

le montre bien Frédéric Martel[166]. Cette logique communautariste n'a pas de limite, car les communautés loin d'être établies une fois pour toutes sont fluctuantes et séquensables à l'infini. Chacun pourra juger que sa culture n'est pas tout à fait la même et superposable à celle de son voisin et ce pour des raisons sans doute légitimes. L'Homme, et tout ce qui appartient à tout le genre humain, est remplacé par une approche locale et circonstanciée.

Faute de répondre directement à ces questions, le ministère de la culture demeure dans un entre-deux qui maintient l'ancien système, valorisant la culture, à présent dite légitime, c'est-à-dire relative aux classes dominantes, et malgré tout s'invente pourvoyeur de suffisamment d'ouverture pour ne pas être taxé d'élitisme. Le maître mot est de plaider désormais pour la diversité culturelle, sans pour autant résoudre les questions engendrées par l'absence de hiérarchie revendiquée[167]. Mais cette solution bancale a ses limites, qui ne manqueront pas de se rappeler cruellement à lui avec le temps et avec l'affirmation toujours plus effrénée des communautés. Nous y reviendrons.

Au risque du communautarisme

> « Pour les fondateurs du NEA sous Kennedy et Jonhson, il revenait aux professionnels de créer et de transmettre leurs œuvres. Sous Carter, c'est au public et aux communautés de choisir, non seulement le type d'art qu'ils veulent voir, mais aussi d'en décider les critères et de faire le choix de leur propre définition de la culture. Hier, la culture était un outil d'émancipation individuelle et il s'agissait d'apporter la 'high culture' dans les quartiers, version classique de la démocratisation culturelle. Désormais, la culture s'inscrit dans une dynamique de groupe et vise à 'l'empowerment' d'une communauté. »[168] Frédéric Martel

Insistons un temps sur cette logique communautariste. Même s'il est à présent à la mode d'affirmer doctement que c'est un faux problème, il semble cependant que personne ne soit en mesure d'en résoudre les effets ! Alain Finkielkraut a parfaitement souligné les dangers de dérives portés par cette nouvelle façon de penser, sans qu'aucune réponse crédible ne lui fût apportée[169]. Il est d'ailleurs sidérant de constater combien les sciences humaines et sociales font preuve d'une légèreté déconcertante devant une

---

[166] Frédéric Martel, *De la Culture en Amérique*, Gallimard, 2006, p.176 et suiv.
[167] Voir le dossier *Culture et Recherche*, n°106-107, déc. 2005.
[168] Frédéric Martel, *De la Culture en Amérique*, Gallimard, 2006, p.180.
[169] Alain Finkielkraut, *La Défaite de la pensée*, Gallimard, 1987.

accusation qui remet en cause leur fondement[170]. Le dédain, l'insulte et l'ignorance ont seulement été manifestés en réponse à des arguments qui devraient déclencher une contre-offensive, ou du moins une recherche de solutions. En accusant le relativisme culturel de nourrir un communautarisme aux relents racistes, puisque c'est bien d'une nouvelle forme de racisme qu'il s'agit, un racisme culturel en place de l'ancienne forme de racisme essentialiste, l'auteur pointe un phénomène qui se trouve au cœur même de nos sociétés et surtout de tout phénomène d'interculturalité. Comment résoudre la nécessaire tolérance envers autrui, avec le respect qui lui incombe et maintenir une unité du genre humain ? Car à l'extrême, la différence culturelle maintenue comme principe conduit à enfermer chacun dans sa communauté d'appartenance et à rendre impossible toute communication humaine. À chacun sa culture, mais le multiculturalisme malgré sa générosité peut aboutir à l'exclusion. « Au lieu de concourir à la diversité, il peut inciter à un monoculturalisme, un séparatisme, et conduire à une fragmentation culturelle »[171], reconnaît Frédéric Martel qui s'interroge sur la façon de produire une culture commune et sur les moyens de trouver un juste équilibre entre reconnaissance des spécificités et partage d'une même culture avec les autres. Problème qui se pose déjà et se posera sans doute de façon cruciale à l'Amérique dans l'avenir, mais très certainement à l'ensemble du monde, puisque le concept de diversité culturelle est devenu le maître mot partout.

« Désormais la tendance est de cantonner chacun dans sa différence et de lui interdire d'en sortir », observe Pascal Bruckner en faisant la critique des impasses liées à ce système de pensée[172]. Si les logiques d'autrui me sont impénétrables du fait de ma culture d'origine, alors je me vois condamné à ne comprendre vraiment, et à n'avoir de paroles légitimes qu'à l'intérieur de ma communauté. Le relativisme débouche sur l'éloge de la servitude, dénonce Finkielkraut. Si l'origine préexiste au genre humain alors un principe de division et d'enfermement dans ses appartenances est rétabli, principe qu'entendait abolir la philosophie des Lumières justement. Mais si le genre humain est prédominant, alors comment en fixer les limites ? Qui peut les énoncer, et au nom de quel universel ? Avec quelle légitimité ?

---

[170] Voir Alain Caillé, « Pour un universalisme relativiste », in *Revue du Mauss*, n°1, 1988, p.122-153. Les ethnologues vont chercher à distinguer relativisme et culturalisme, en en montrant les différences, mais au-delà des querelles de spécialistes, qui tournent parfois à l'herméneutique, les cas concrets posés par les situations d'interculturalité demeurent entiers. Voir Lucien Scubla « Diversité des cultures et invariants transculturels », dans le même numéro. Un philosophe, Roland Quillot, tente avec courage de répondre point par point aux arguments, mais en reconnaissant surtout qu'il n'existe « à cette question embarrassante que des réponses imparfaites ». « Culture et relativisme », in *Toutes les pratiques culturelles se valent-elles ?*, sous la dir. de Jean-Pierre Sylvestre, Hermès, n°20, 1996, p.245.
[171] Frédéric Martel, *De la Culture en Amérique*, Gallimard, 2006, p.548.
[172] Pascal Bruckner, *Le Sanglot de l'Homme blanc. Tiers monde, culpabilité et haine de soi*, Seuil, 1983, p.194.

L'ethnologie a suffisamment apporté d'exemples des variations sociales de par le monde en tout domaine. Il n'est pas un jour qui n'apporte son lot d'exemples venant dévoiler l'aporie de ces deux paradigmes. C'est sans doute la mission la plus urgente de l'anthropologie que d'y apporter une réponse.

Il est impressionnant de constater combien le modèle culturaliste s'est imposé à l'ensemble du monde. « La religion du particulier et le mépris de l'universel est un renversement des valeurs qui caractérise l'enseignement du clerc moderne », écrit Benda[173]. Ainsi il est entendu que la tolérance impose le respect de la diversité humaine, dans toutes ses composantes. Ces principes justes et bons n'ont d'égal que l'aveuglement dans lequel ils nous placent. Pétri de bonnes intentions, chacun admet que la générosité impose le respect de la diversité humaine. Aucun principe de hiérarchisation ou de classement n'est désormais socialement accepté. Impossible de qualifier tel ou tel comportement social sans passer pour un raciste ou un passéiste. « Hérodote était au moins aussi au courant de la richesse et de la diversité des cultures que nous le sommes aujourd'hui. Mais il considérait ce fait comme une invitation à enquêter sur toutes ces cultures pour voir ce qu'il y avait de bon et de mauvais en chacune d'elles et pour découvrir ce qu'il pouvait apprendre d'elles sur le bien et le mal. Or, nous, nous prétendons que la même observation – celle de la diversité des cultures – prouve l'impossibilité d'une telle enquête et démontre qu'il nous faut être respectueux de toutes les cultures sans exception », constate Allan Bloom[174]. Le culturalisme impose de tout respecter et de ne rien juger, mais de tout comprendre. Fort bien. Il est particulièrement dangereux socialement et même humainement de dire publiquement par exemple que certains traits de l'Islam résultent d'une religion qui, sous cette forme, devrait être caduque. Dire ce que les Lumières ont dit de la chrétienté et qui lui a permis (si peu, il est vrai, mais quand même) d'évoluer et de devenir moins arriérée, est inaudible envers l'Islam[175]. Il est possible de multiplier les exemples des faits qui pour être traditionnels n'en sont pas pour autant souhaitables à préserver, mais que le concept de diversité culturelle comprend, voire banalise. Ainsi ce cadeau de mariage très spécial à Douala au Tchad qui veut qu'une épouse soit battue et fouettée par son mari et ses amis durant la semaine suivant les noces[176]. La coutume de battre les femmes, de les

---

[173] Julien Benda, *La Trahison des clercs*, Grasset, 1927, Reed 1975, p.211.

[174] Allan Bloom, *L'Ame désarmée. Essai sur le déclin de la culture générale*, Julliard, 1987, p. 40.

[175] De manière étonnante, Michel Onfray n'est pas éloigné de cette position en dénonçant une pensée relativiste qui met sur un même plan la laïcité et la religion, comme si c'était là seulement une question de choix personnel, alors que l'une suppose émancipation, contrairement à l'autre. Voir *Traité d'athéologie*, Grasset, 2005, p. 260-262.

[176] Claude Adrien de Mun, « Des coups de fouet comme cadeau de mariage », *Le Courrier International*, n°877, 23 août 2007, p.24.

considérer comme moitié d'un homme, de les exciser ou encore de les mettre à mort si elles sont veuves, sont autant de faits sociaux qui, sans être sauvages, peuvent s'expliquer socialement avec des théories forts savantes et complexes sur le système social, sur la structure et les catégories de pensées, mais qui néanmoins devraient être combattus au nom de la Civilisation et de l'Humanité[177]. Mais de quelle Civilisation ? Au nom de quelles valeurs et de quels impérialismes culturels ? Au nom de quel colonialisme ? Il est des noms pour réclamer la médicalisation de l'excision, de manière à rendre sans risques une pratique ancestrale et populaire, légitime dans la culture des intéressés[178]. Déclarer que les mutilations sexuelles sont tortures, comme le veut l'OMS, est encore signe d'un impérialisme culturel. L'Occident n'a pas le droit de juger, déclare ainsi Tobie Nathan. Après tout, la médecine occidentale elle-même pourrait être de ce point de vue contestée.

La question était pourtant posée en filigrane dès 1927 par Julien Benda, et renouvelée en 1946, qui dénonçait *La Trahison des clercs* envers la recherche d'une morale universelle. La pensée de Benda vilipendait d'ailleurs la réduction nationaliste mais aussi la conception qui arraisonne la culture à une classe. Deux approches développées selon des idéologies politiques opposées, mais qui réduisent également la culture au particularisme. Universalisme trahi deux fois, une première avec la flambée nationaliste de la fin du 19ème siècle, une seconde avec la pensée relativiste de la fin du 20ème siècle. « En proclamant qu'il n'existe pas une morale supérieure, devant laquelle tous les hommes doivent s'incliner ; qu'en ce qui regarde notamment les relations internationales, chaque peuple a sa morale propre, spécifique, qui a autant de valeur que celle de ses voisins ; que c'est à ceux-ci de la comprendre et de s'y accommoder »[179], Benda prédit que la guerre politique sera une guerre des cultures (ce qui n'est pas sans rappeler étrangement la thèse de Samuel Huntington).

Qui défendra les Lumières ?

> « Au nom du droit à la diversité, un premier discours sacralise avec émotion l'authenticité de l'homme primitif ; invoquant le même pluralisme, un second discours cultive le doute absolu quant à la possibilité d'unifier le genre humain et salue avec le

---

[177] On verra un exemple de cette pensée contradictoire chez Raoul Vaneigem qui inscrit à la fois sa conception de la culture dans le cadre anthropologique et qui n'entend pas en même temps renoncer à la conception universaliste. Mais on ne voit pas au nom de quoi certaines valeurs seraient considérées comme transcendantes pour l'auteur. « Pour un dépassement de la culture », in *Culture publique, La Culture en partage*, Opus 4, Sens&Tonka, 2005, p.163.

[178] On lira un exemple de cet argumentaire relativiste dans Martine Lefeuvre, « Le Devoir d'excision », in *Revue du Mauss*, n°1, 1988, p.65.

[179] Julien Benda, *La Trahison des clercs*, Grasset, 1927, Reed 1975, p.113.

> même loyalisme la succession des identités d'où qu'elles surgissent. En vertu du respect de la singularité de chacun, on trouve les mots les plus persuasifs pour expliquer le cannibalisme de telle tribu, la lapidation des femmes adultères ou la section des mains des voleurs dans certains pays islamiques, la mutilation sexuelle des fillettes en Afrique et au Moyen-Orient, la ségrégation et le massacre des intouchables en Inde, et l'argument est alors celui-ci : à chacun sa vérité. »
> Pascal Bruckner[180]

Il est possible de multiplier les exemples à l'infini. Les occidentaux sont devenus incapables, imprégnés qu'ils sont de cette nouvelle idéologie relativiste, de porter le moindre jugement sur la culture de l'Autre, sans souffrir de paraître déplacés. Allan Bloom constate que le relativisme comme cadre de pensée imprègne profondément toutes les conceptions, et représente une doctrine particulièrement répandue[181]. Par souci d'ouverture d'esprit, bien des questions sont évitées. Ainsi, quand l'auteur demande à ses étudiants : « Si vous aviez été administrateur britannique en Inde, auriez-vous laissé les indigènes placés sous votre responsabilité brûler une veuve au moment des funérailles de son mari ? »[182], ceux-ci répondent que les Britanniques n'auraient pas dû se trouver là ! Juste peut-être, mais c'est surtout une façon de ne pas répondre à la question posée. La mauvaise conscience du colonisateur les poursuit, si bien que hormis des cas plus irrationnels et passionnels que réfléchis[183], les Occidentaux demeurent mal à l'aise pour qualifier le comportement d'autrui, si peu assurés qu'ils sont du leur.

Les Chinois l'ont bien compris qui contestent fréquemment les admonestations occidentales, en prétextant que les droits de l'Homme ne font pas partie de leur culture ! Effectivement, ils ont raison, et par conséquent les occidentaux ont tendance à les conserver pour eux-mêmes ! Reproche de plus en plus souvent émis par des intellectuels non-occidentaux qui se réclament, eux, volontiers de la philosophie des Lumières. C'est le cas de Daryush Shayegan ou de Taslima Nasreen, par exemple[184]. Pensons également à l'ex-députée néerlandaise d'Ayaan Hirsi Ali obligée de s'exiler

---

[180] Pascal Bruckner, *Le Sanglot de l'Homme blanc. Tiers monde, culpabilité et haine de soi*, Seuil, 1983, p.194.
[181] Voir pour ce plaidoyer du métissage démocratique : Armand Touati dans *Nous et les autres, les cultures contre le racisme*, sous la dir. de Jean Duvignaud, International de l'imaginaire, n°10, 1999.
[182] Allan Bloom, *L'Ame désarmée. Essai sur le déclin de la culture générale*, Julliard, 1987, p. 24.
[183] Ainsi cette demande occidentale à la Corée de suspendre la consommation alimentaire de chiens pendant le temps des Jeux Olympiques !
[184] Daryush Shayegan, *La Lumière vient de l'Occident*, Ed de l'Aube, 2001.

car menacée de mort[185]. Ces figures entendent faire profiter les autres peuples des avancées pour les droits fondamentaux, comme des apports de la civilisation occidentale. Mais ils se confrontent à la gêne de l'Occident soudain saisi d'une honteuse culpabilité d'exporter ses valeurs et son mode de vie, susceptibles de porter atteinte à la diversité culturelle. « On peut ainsi au nom de la merveilleuse singularité freiner volontairement l'évolution des peuples, leur refuser les techniques, les moyens matériels du progrès, entériner une inégalité en la camouflant du beau nom de diversité. Preuve s'il en est que la louange sans retenue des 'caractères distinctifs' et des traditions peut cacher le même paternalisme retors que celui des coloniaux les plus condescendants », dénonçait Pascal Bruckner en 1983[186]. Depuis, la tendance s'est amplifiée, et l'UNESCO a porté la notion de diversité à son apogée. Ce sont toujours les aspects les plus positifs et les moins dérangeants des traditions qui sont mis en avant pour défendre la conception d'un monde idyllique fait de tolérance où chacun trouverait sa place harmonieusement. Comme la réalité est plus contrastée, est réintroduit subrepticement le principe de respect de la personne humaine. Cependant bien des cas limites attestent que cette notion est justement toute relative aux cultures concernées. Pourquoi soudain sur ce point une valeur occidentale aurait-elle force transcendante ?

L'intellectuel occidental demeure bien silencieux, apeuré qu'il est de faire le jeu de l'extrême droite en participant d'un argumentaire qui pourrait être mal interprété. La plupart des gens de culture, convertis au culturalisme, sont désorientés par le débat. Comment être à la fois anticolonialiste et universaliste ? Comment prôner l'intégration sans faire de la déculturation et de l'imposition culturelle ? Les débats récurrents en France sur le foulard islamique, et à présent sur la burqa, ont bien montré l'opposition entre les deux gauches[187]. L'une historique, de plus en plus minoritaire, qui défend le principe universaliste et républicain d'intégration ; l'autre culturaliste, qui au nom de la tolérance interdit tout principe de sanctions et de pénalisations, d'uniformisation des destinées, voire de conversion des intéressées. Mais le foulard n'est pas qu'un tissu, et les logiques seront les mêmes quand il s'agira de statuer sur les autres traits distinctifs, puisque aucune culture ne doit prévaloir dans le concert des cultures désormais juxtaposées. Pourquoi y aurait-il un savoir transcendant, tel celui de la raison ? En quoi la croyance ne lui serait pas préférable ? Seulement, comment défendre encore des principes d'instruction ou d'élévation du niveau, si la culture du pauvre est

---

[185] Annick Cojean et Jean-Pierre Stroobants, « La Colère d'Ayaan Hirsi Ali », *Le Monde*, 20 octobre 2007.
[186] Pascal Bruckner, *Le Sanglot de l'Homme blanc. Tiers monde, culpabilité et haine de soi*, Seuil, 1983, p.201.
[187] Quand il n'est pas évité courageusement par des sociologues qui affirment que c'est un faux débat et que nul problème n'existe, le tout étant seulement formaté par des médias en mal de sensations…

aussi digne d'intérêt et de respect, aussi légitime ? Au nom de quoi prétendre à une acculturation qui signifie toujours une part de changement, et par conséquent de déculturation ?

Le mot d'ordre impose de ne pas imaginer que notre façon d'agir soit meilleure que d'autres. Alors que les sciences sociales ont montré que l'ethnocentrisme est la chose la mieux partagée qui soit – toutes les cultures ont en effet été ethnocentriques dans l'histoire[188] –, les sciences sociales invitent à présent à ne pas l'être et à dialoguer comme si l'autre ne l'était pas non plus. « Au nom de la tolérance, on nous invite à approuver bruyamment l'intolérance des autres sociétés à notre égard ! », s'étonne Pascal Bruckner[189]. Le sens commun parie que dans les processus d'interculturalité, nourris sur la connaissance et l'échange, « chacun doit s'engager à apprendre de l'autre » et que chacun « doit être à l'écoute de la culture de l'autre »[190], pour créer non du multiculturalisme, mais du métissage. Belle et généreuse idée, pleine de bonnes intentions, mais comme le dit Sartre, pour qu'il y ait sujet et échange, il faut qu'il y ait au moins deux, voire plusieurs acteurs en présence qui partagent les mêmes valeurs. Or, cette idéologie relativiste est proprement occidentale. Ce qui est le mieux partagé n'est pas le relativisme, mais l'ethnocentrisme. Si bien que pour que cela fonctionne, il faut d'abord que je convertisse l'Autre à mes vues ! Il faut d'abord convaincre à la tolérance, donc convertir à ses valeurs pour prétendre ensuite respecter les valeurs de l'autre ! Bref, il y a une contradiction interne et originelle.

Si, à ses sources, l'ethnologie étudie les autres sociétés pour mieux comprendre l'évolution vers la Civilisation et chercher les universaux culturels, la discipline conduit finalement à l'inverse. « Le relativisme culturel parvient à détruire les prétentions universelles ou intellectuellement impérialistes de l'Occident : il ne laisse subsister ici qu'une culture comme les autres. Dans la république des cultures, l'égalité règne ». Malheureusement, poursuit Allan Bloom, c'est dans la culture de l'Occident de chercher à exprimer un universalisme. Depuis Platon, toute la culture s'est définie comme une recherche de la vérité en science, en art, en philosophie. « L'Occident se définit par son besoin de justifier ses conduites et ses valeurs, par son besoin de découvrir la nature, par son besoin de philosophie et de science. Privé de cela, il s'effondrera. C'est notre impératif culturel »[191]. Il existe une contradiction entre la nature de la civilisation occidentale, qui conduit à raisonner et à chercher une existence bonne et conforme à

---

[188] Claude Levi-Strauss, *Race et Histoire*, Denoël, (1957), Folio 1987, p.23.

[189] Pascal Bruckner, *Le Sanglot de l'Homme blanc. Tiers monde, culpabilité et haine de soi*, Seuil, 1983, p.199.

[190] Paradoxalement la tolérance ne s'accompagne pas d'une plus grande connaissance et intérêt pour autrui dit l'auteur, mais d'une indifférence et de vagues représentations sur l'Autre. Allan Bloom, *L'Ame désarmée. Essai sur le déclin de la culture générale*, Julliard, 1987.

[191] Allan Bloom, *L'Ame désarmée. Essai sur le déclin de la culture générale*, Julliard, 1987.

la nature par une quête rationnelle, et la tolérance envers tout comportement sous prétexte qu'il est possible et compréhensible anthropologiquement. Le risque de tolérance à l'intolérance sous prétexte de tolérance est réel. Les excuses apportées chaque jour aux pays arabes pour leur attitude envers les femmes le démontrent[192]. À moins que la peur n'ait déjà remplacé la tolérance… C'est à présent à l'intérieur même des pays occidentaux que la logique du respect de la différence culturelle au nom de la diversité et de la non-hiérarchisation s'impose. Les faits-divers sont multiples, par exemple lorsque la Cour de cassation italienne donne raison à la famille d'une jeune femme d'origine musulmane de l'avoir battue pour la punir « pour son style de vie non conforme à leur culture »[193]. Le droit coutumier et relatif à chaque groupe social revient en force, puisque c'était la règle dans les sociétés traditionnelles, imposé par la mauvaise conscience de ceux qui n'entendent pas privilégier ce qui pourrait apparaître comme de l'impérialisme culturel. La nature de l'Occident qui est d'accéder à l'universel vient en contradiction avec le relativisme. « La civilisation telle que je l'entends ici – la primauté morale conférée au culte du spirituel et au sentiment de l'universel – m'apparaît dans le développement de l'homme, comme un accident heureux » : ce miracle grec, écrit Julien Benda, est en train de se perdre et il est peu de chance qu'on puisse le retrouver[194].

L'enseignement désorienté

> « S'il est plus difficile d'enseigner Racine à Aubervillers qu'à Neuilly, il n'est pas juste de renoncer à le faire. » Henri Pena-Ruiz[195]

Le corps enseignant, pétri d'anticolonialisme, est dans sa grande majorité converti à la nouvelle idéologie égalitariste et non-différencialiste, respectueuse par principe des différences[196]. Or cette position délicate sur le plan anthropologique est également appliquée pour ce qui concerne les contenus à transmettre. Évidemment, la position est difficile à défendre quand une grande partie du savoir à enseigner résulte de ce que l'on peut

---

[192] Caroline Fourest rapporte à quel point cette idéologie imprègne les milieux de gauche, *La Tentation obscurantiste*, Grasset, 2006.
[193] Cité par Philippe Val, « Et ces magistrats italiens qui refusent la démocratie », *Charlie Hebdo*, 22 août 2007.
[194] Julien Benda, *La Trahison des clercs*, Grasset, 1927, Reed 1975, p. 289.
[195] Henri Pena-Ruiz, *Qu'est-ce que l'école ?*, Folio Gallimard, 2005, p.108.
[196] À partir du moment, où toutes les catégories sont équivalentes, où la nation est composée de minorités, et de groupes dont chacun se comporte en fonction de ses propres inclinations et convictions, la minorité intellectuelle escompte rehausser son statut en se faisant le défenseur et porte parole des autres minorités, remarque Allan Bloom, *L'Ame désarmée. Essai sur le déclin de la culture générale*, Julliard, 1987, p.30.

sociologiquement attribuer à ce que certains ont nommé « la culture bourgeoise ». Donc à de l'imposition culturelle d'une classe sur une autre. Surtout au moment où s'effectuent une démocratisation et une massification de l'enseignement. Mai 68 a identifié les savoirs bourgeois, et invité à en enseigner d'autres, prétendument issus des cultures populaires. Il suffit donc de changer les contenus des programmes. Car « c'est en fait la culture de la classe dominante, la seule qui dispose matériellement d'instruments d'expression et de diffusion puissants, qui est proposée comme modèle »[197], dénoncent des idéologues de l'époque, au nom de la dénonciation de l'idéologie de l'action culturelle et de l'instruction publique. Il faut, pour les auteurs, habiliter d'autres modèles, d'autres savoirs, d'autres cultures, que celle qui se pense jusque-là comme le tout de la culture[198]. Impulsée par un marxisme très discutable, mais devenu dominant, la culture est dénoncée comme instrument d'aliénation des masses, car, produite par la classe bourgeoise, elle ne peut par conséquent servir d'instrument d'émancipation. « Culture d'une société aliénée, la culture est elle-même aliénée en ce sens qu'elle reproduit les rapports de pouvoir des classes dominantes dont elle transmet et promeut les valeurs de référence », synthétise Marc Bélit en analysant les influences de cette période[199]. Évidemment, à défaut d'inventer une nouvelle culture révolutionnaire, qui tarde à se manifester, le risque est d'enseigner ce que chacun sait déjà : la culture ouvrière aux ouvriers, la culture maghrébine aux Maghrébins et la culture bourgeoise aux enfants bien nés. Bref, un retour aux règles de l'Ancien Régime, en quelque sorte. Chacun parqué dans sa culture d'origine, tout principe d'émancipation sociale demeure théorique, voire une négation de son appartenance, quasi une trahison. Ce que les enfants de classes défavorisées, les enfants d'émigrés ont pu connaître au début de ce siècle, ayant bénéficié de l'ascenseur social de l'école républicaine, est mis en péril par l'idéologie pleine de tolérance et de non-imposition. Les enseignants sont pris au piège de cette contradiction : comment légitimer l'acquisition de savoirs dont on prétend par ailleurs qu'ils sont bourgeois, alors que l'anticolonialisme est pris pour principe ?

S'il s'agit seulement de « rendre l'existence vivable », d'étudier comment les gens du peuple développent des accommodations, des ruses et des modalités particulières d'habiter le quotidien, « une manière à eux de se représenter les choses », pour reprendre les expressions de Jean-Claude

---

[197] Jacques Ion, Bernard Miège et Alain Noël Roux, *L'Appareil d'action culturelle*, Ed. Universitaires, 1974, p. 35.
[198] On lira un exemple de cette position culturaliste dans le témoignage d'un enseignant : Philippe Longchamp, « Des cultures indéchiffrables », *Esprit*, n°11-12, novembre 1982, p.100
[199] Marc Bélit, *Le Malaise de la culture. Essai sur la crise du modèle culturel français*, Séguier, 2006, p.100.

Passeron[200], si chaque façon est aussi légitime qu'une autre, et si toute prétention à penser qu'il y a des formes spirituellement plus raffinées que d'autres est élitiste et méprisante, alors à quoi bon l'école ? Pourquoi prétendre éduquer, et, d'ailleurs, que transmettre ? Que chaque groupe fasse ses écoles (et encore est-ce là un reste d'impérialisme occidental, le principe de l'école n'étant pas un principe universel), avec ses propres contenus, ainsi les enfermements sociaux seront certains ! Si on estime que méconnaître Mozart, Bach ou Racine ne constitue effectivement pas un dénuement et une dépossession, une amputation des potentialités de l'être, pour s'inscrire dans la pensée de Danièle Sallenave, et si on ne pense pas que les connaître permet d'atteindre à une ouverture et à une élévation de soi, alors effectivement, il n'y a aucune raison de viser à une démocratisation quelconque. Pourquoi d'ailleurs apprendre à lire à des catégories sociales ou à des ethnies, dont la culture d'origine ne les destine pas à cela ?

La critique des savoirs bourgeois a frappé de plein fouet l'école dans les années 60 à 80. Le ministère de l'éducation, comme celui de la culture, se sont vus bousculés, et si des aménagements ont eu lieu, le problème est que cela ne résulte que d'un bricolage pour ménager les uns et les autres, au détriment d'une foi dans une dynamique. Les programmes ont été allégés, se sont vidés de leur substance trop élitiste, un certain nombre de références à la culture populaire ou médiatique a été introduit. Là encore, deux principes se sont conjugués dans un même temps, se sont mélangés et ont créé une confusion. Une méthode pédagogique, pleine de justesse, a prôné la prise en compte de l'apprenant dans les situations d'apprentissage. Effectivement, la communication n'est possible que si les deux communicants partagent un minimum de culture commune. Difficile de faire apprendre Racine à des élèves qui n'ont jamais vu un livre de leur vie. Ont donc été expérimentées des méthodes progressives, où il s'agissait de débuter à partir des éléments apportés par l'environnement. Cette immersion est logique et cohérente. D'abord lire sur les panneaux publicitaires, sur le journal, avant que de découvrir le livre. Soit. Mais le but demeure malgré tout le livre et Racine. Malheureusement, cette démarche pédagogique s'est trouvée confondue avec la remise en cause des savoirs eux-mêmes, sous prétexte de relativisme culturel[201]. Dès lors, il est plus facile de s'arrêter en chemin et de décréter que certains liront Racine, et les autres les publicités. Chacun son environnement, chacun sa culture. Pas d'imposition d'une classe sur une autre, dès lors la reproduction sociale est certaine. L'exact inverse de ce que voulait Bourdieu, en somme[202].

---

[200] Jean-Claude Passeron, « Quel regard sur le populaire ? », *Esprit*, mars-avril 2002, p.152-153.
[201] Maryvonne de Saint Pulgent, *Le Gouvernement de la culture*, Gallimard, 1999, p.318.
[202] Contrairement par exemple à ce qu'affirme Jean-Louis Harouel qui fait une lecture biaisée de Bourdieu, celui-ci n'ayant jamais défendu l'enfermement des classes populaires dans leurs

« La culture se transmet certes selon le modèle de la reproduction sociale, mais elle est aussi un puissant moyen de réduction de ces inégalités et un irremplaçable outil de promotion individuelle », fait remarquer Michel Schneider[203]. Pierre Bourdieu n'a pas suffisamment insisté sur la nécessaire surscolarisation susceptible d'infirmer les inégalités héritées des origines sociales, dans la lignée des instituteurs de la 3ème République, dont il avait lui-même, à l'image de Charles Peguy, bénéficié. Si l'ascenseur social que doit constituer l'école est parfois en dérangement, quand il méconnaît l'inégalité des chances de chacun à l'utiliser, cela ne signifie pas qu'il faille simplement le supprimer pour régler les difficultés. Les instituteurs depuis les années 60 n'ont retenu de l'analyse que la critique en partie justifiée d'une égalité des chances en trompe-l'œil, et l'ont combinée à l'idéologie du moment qui entend refuser de contaminer les enfants dont ils ont la charge avec la culture bourgeoise…

Cette démonstration paraîtra exagérée. Si ce n'est là que tendance concernant les rapports de classe, pour dissocier les savoirs ouvriers et bourgeois, en revanche, elle est pleinement assumée pour ce qui concerne les enfants d'émigrés. Il est devenu logique, voire obligé, de proposer aux petits Turcs d'apprendre le turc et aux petits Marocains l'arabe. Pourquoi n'était-il pas question d'apprendre le polonais ou le portugais dans les écoles de la République avant la première guerre mondiale ? Parce que l'école n'était pas faite pour cela ! Elle était un instrument de construction d'une collectivité, et pour cela impliquait, parfois par la contrainte, de se fondre dans un modèle unique, celui d'une conscience et d'une culture partagée. L'école devient à présent sous l'effet du culturalisme un instrument de construction communautaire. Il n'y a pas de raison que ce qui est mis en place sur le plan des origines ethniques ou nationales ne le soit pas pour les caractéristiques régionales (ainsi les écoles Diwan), ou sexuelles. Les féministes réclament des autrices féministes et les lesbiennes des approches lesbiennes. Évidemment, toutes les entrées religieuses sont également imaginables. Certains réclament des cours de sport séparés selon les sexes, d'autres des leçons de biologie ou d'histoire revues et corrigées. « Nous n'en sommes pas là », aiment à dire ceux qui contestent cette vision des choses. Certes, nous ne sommes qu'en chemin… Ainsi se fabrique une école à la carte qui correspond aux spécificités, aux préférences, aux attaches identitaires. Sans vouloir multiplier les exemples, chacun pourra en vérifier jour après jour la dynamique. « Faut-il faire apprendre Andromaque à Ben Laden ? », demandait avec malice Robert Abirached dans une conférence…

---

cultures d'origine, mais au contraire une surscolarisation pour leur permettre d'accéder à la culture légitime. Voir *Culture et contre-cultures*, Puf, 1994, p. 27, également chapitre 4.
[203] Michel Schneider, *La Comédie de la culture*, Seuil, 1993, p. 138.

Les effets sur la culture

> « Car pour la majorité d'un peuple, c'est-à-dire pour les classes laborieuses, la culture, le savoir, ce n'est pas 'ce qui reste quand on a tout oublié' (ainsi s'exprimait il n'y a pas si longtemps un des princes de cette même culture, oublieux de ses origines). C'est bien, au contraire, ce qui reste à connaître quand on ne vous a rien enseigné. »[204] Jean Vilar

En quoi cela concerne-t-il le Ministère de la culture ? Les logiques sont les mêmes, bien qu'elles soient *a priori* moins visibles. Plutôt que de repérer le meilleur et ce qui rend l'Homme meilleur dans chaque domaine, pour produire une seule culture universelle partagée par tous, l'idéologie nouvelle impose de tout reconnaître. Au lieu de dénoncer le fait que la classe dominante s'est approprié le meilleur des productions en faisant croire que c'était sa propriété, et de réhabiliter d'autres formes éventuellement reléguées ou niées jusque-là, s'instaure une tendance à la légitimation de toute production. Puisqu'il est devenu impossible de déterminer des critères de légitimité pour définir le meilleur sans être taxé d'élitisme ou d'impérialisme, le ministère doit s'élargir à l'infini. Au nom de quoi ceci serait-il mieux que cela ? De moins en moins de personnes sont capables d'apporter des éléments de réponse. Dès lors, tout est possible. Si la France n'est pas encore allée aussi loin que les Etats-Unis, la direction est prise. Frédéric Martel montre qu'au nom de la confusion entre formes artistiques et culture populaire identitaire, du combat contre l'élitisme, les programmes de financements publics ont sensiblement évolué sous la présidence de Carter pour soutenir et valoriser les pratiques culturelles des communautés. Les institutions culturelles doivent s'ouvrir à elles et les accueillir. Au nom de la démocratie, la démocratisation perd ainsi toute signification. Car « de la 'folk culture' au folklore, il n'y a qu'un pas », et ainsi les fonds soutiennent l'art traditionnel, l'artisanat et la musique country la moins exigeante avec la bénédiction des universitaires des « cultural studies ». Au nom de la diversité, aucun critère ne peut présider si ce n'est l'audience ou la juste répartition géographique ou démographique des crédits. « Aujourd'hui, trente ans après, les agences culturelles des Etats continuent à être à la pointe de ce combat et à porter le flambeau du tressage, du tissage, des poteries et de la 'food préservation', comme dans l'Alabama, où les recettes traditionnelles indiennes sont recensées et protégées, avec leurs ingrédients à base de maïs, de haricots et de courges »[205]. Si tout cela est assez démagogique, avec un populisme récurrent au nom de l'anti-élitisme, les financements publics conduisent à mélanger et souvent privilégier les formes

---

[204] Jean Vilar, *Le Théâtre, service public*, Gallimard, 1986, p.374.
[205] Frédéric Martel, *De la Culture en Amérique*, Gallimard, 2006, p.196.

artistiques exigeantes aux manifestations les plus populaires, telles que les feux d'artifices, les grandes parades du nouvel an ou de la fête nationale, les foires et les festivals[206]. Car l'événementiel y tient une place prépondérante puisqu'il s'agit de privilégier les productions qui plaisent aux foules.

Ne retrouve t-on pas les mêmes logiques, si ce n'est les mêmes arguments, dans des discours en France, notamment portés par les milieux contestataires ? Des voix toujours plus nombreuses se font entendre pour contester les crédits alloués à tel ou tel art, qui ne concerne que peu de participants. Ainsi, la Fédération des arts de la rue proteste avec raison en constatant que le budget du ministère pour l'ensemble de son secteur est équivalent à celui d'une petite scène nationale. Si la chose est juste, pour autant est-ce pertinent de contester au nom du nombre de personnes concernées ? Est-ce légitime de reconnaître au même titre les productions exigeantes et les foires et carnavals que le secteur produit couramment ? D'autres font remarquer le faible budget attribué par exemple au festival *off* d'Avignon au regard « des moyens que s'approprie l'Establishment pour financer sa culture »[207], notamment pour la programmation *In* ou pour l'opéra de la ville. Outre le populisme de l'argumentaire, qui compare les 45 euros d'aides publiques versés par spectateur pour le *In* au 0,1 euro pour le *Off*, et au-delà de la discussion sur les chiffres, cette approche nous semble des plus dangereuses. Car effectivement, ceci semble discutable, scandaleux même aux yeux du nombre de personnes concernées. Faut-il rappeler que les Français sont en plus grand nombre spectateurs de propositions de rue que de salles ? Mais ils sont aussi nombreux dans les stades ou à regarder TF1. Si le critère est celui du nombre d'adeptes, alors oui la répartition des crédits est d'un autre âge. L'engrenage de la reconnaissance des cultures au sens anthropologique du terme, confondu avec la culture légitime, prépare des impasses[208].

Petit à petit, l'Etat est obligé de revoir ses répartitions, et s'il le fait en traînant des pieds, – on comprend bien pourquoi les secteurs les plus coûteux résistent à adopter cette façon de voir –, il n'empêche que la tendance va dans ce sens. Une totale confusion existe qui ne peut se résoudre que par des décisions très contestables. « Il est devenu moralement et politiquement interdit de faire des choix, des hiérarchies et des sacrifices parmi ses acteurs

---

[206] Frédéric Martel, *De la Culture en Amérique*, Gallimard, 2006, p.210.
[207] Paul Rasse, « Avignon le Off », in *Le Théâtre dans l'espace public, Avignon Off*, Edisud, 2003, p.59.
[208] Edouard Pommier fait remarquer que non seulement la prolifération des musées de n'importe quoi « du bouchon, carton ou fer à repasser » est une usurpation d'un nom réservé autrefois aux grandes œuvres, mais que c'est aussi l'occasion de faire appel à l'Etat pour les financer. Cette vision élitiste du musée qui en refuse l'accès aux arts populaires n'est pas néanmoins sans poser la question pertinente des critères retenus de financement. Edouard Pommier, « Prolifération du musée », *Le Débat*, n°65, mai aout 1991, p.144. Voir aussi Martine Segalen *Vie d'un musée*, Stock, 2005, p.247.

et dans ses clientèles. Ce tabou oblige les pouvoirs publics à être inefficaces ou hypocrites, et plus souvent les deux à la fois », écrit Maryvonne de Saint Pulgent[209].

Quelle légitimité pour financer ceci plutôt que cela ? Qui choisit les bénéficiaires ?[210] Pierre-Michel Menger s'interroge sur les critères à l'heure de l'exigence démocratique d'équité[211]. Comment l'Etat peut-il déterminer une politique cohérente ? Si chaque proposition est l'expression d'une dimension culturelle légitime et digne de respect, pourquoi prendre en charge l'une plus que l'autre ? Dès lors, il demeure deux solutions. Elles reviennent *in fine* à une seule, celle du nombre de personnes concernées, c'est-à-dire le critère de la fréquentation. La première solution réside à affirmer que le ministère doit intervenir là où le secteur est déficitaire, car trop peu susceptible d'attirer des ressources propres. Ceci exclut *a priori* de son champ de compétence les industries culturelles, avec l'engrenage dans un risque évident d'élitisme. À terme, le danger est de connaître une rébellion du contribuable, lassé de financer des activités dont il ne profite pas. Risque d'autant plus grand que l'idéologie du refus de hiérarchisation des biens culturels conduit à désacraliser ce qui hier encore pouvait être justifié par l'admiration qui en résultait. Même si l'on ne sacrifiait pas aux sorties culturelles, l'art et l'artiste avaient vocation à exister car représentant des choses sacrées dont le consensus national admettait la nécessité. Le mouvement de l'art moderne ayant donné dans la surenchère de désacralisation, l'attaque est de plus en plus aisée.

La seconde solution pour les pouvoirs publics se trouve à l'opposé : il s'agit de financer selon la demande, et donc probablement le succès[212], c'est-à-dire selon l'attractivité de la proposition plébiscitée par le public. Cette option, éminemment dangereuse, est celle de plus en plus suivie, notamment par les collectivités territoriales. Le gage de légitimité à exister est de plaire. Evidemment, dans l'absolu, la réussite est telle que la subvention devient inutile. Dans ce sens, certains plaident pour que le financement soit obtenu au regard des retombées de fréquentation ! Propositions émanant d'acteurs très éloignés sur l'échiquier politique, mais qui paradoxalement se rejoignent. Ainsi la liste Zebda, candidate lors d'élections municipales à Toulouse et réunissant des personnalités de la société civile de gauche et d'extrême gauche, conteste les subventions apportées à l'Opéra de la ville,

---

[209] Maryvonne de Saint Pulgent, *Le Gouvernement de la culture*, Gallimard, 1999, p.303.
[210] Questions que posent également en introduction de sa réflexion Maryvonne de Saint Pulgent, *Le Gouvernement de la culture*, Le Débat Gallimard, 1999, p.26.
[211] Pierre-Michel Menger, *Profession artiste. Extension du domaine de la création*, Textuel, 2005, p.26.
[212] Une variante est celle choisie par les Etats-Unis, qui consiste à financer selon des répartitions démographiques au niveau géographique, de l'importance d'une communauté, etc. Ce qui revient à distribuer au prorata du nombre de personnes potentiellement concernées. Voir Frédéric Martel, *De la Culture en Amérique*, Gallimard, 2006.

institution bourgeoise, ruineuse en crédits de fonctionnement, alors que les groupes de musiques actuelles, au public bien plus nombreux et populaire, demeurent sans le sou. Position finalement peu éloignée de celle de Marine Le Pen pour les élections régionales en Ile de France, dont le programme projette d'attribuer les subventions aux associations culturelles capables de s'autofinancer à hauteur d'au moins 50%. Si le ministère demeure plus prudent, maintenant tant bien que mal les choses dans le statu quo, c'est moins là le résultat d'une pensée forte que pour ménager les susceptibilités et ne pas créer de révolution dans le secteur. Les marges de manœuvre demeurent faibles pour habiller Pierre sans déshabiller Paul. Pendant combien de temps encore les choses pourront-elles perdurer ainsi alors que les critiques au nom de l'audience, si ce n'est de l'audimat, s'expriment de façon de moins en moins feutrée ? Puisque l'action culturelle a perdu son sens, que personne ne semble plus en mesure d'en définir ni les raisons d'être, ni les limites, le bricolage a force de loi. Il faut pour comprendre comment on a pu arriver à ce stade de confusion et d'amalgame relire quelque peu l'histoire de ces cinquante dernières années.

LENTE AGONIE D'UNE UTOPIE

> « Le travailleur a deux ennemis : le comptoir du marchand de spiritueux et le café-concert. Le premier lui détraque le corps par ses alcools frelatés, le second lui corrompt l'esprit par ses chansons, où la sottise se combine à l'obscénité. L'Etat, tuteur naturel des faibles, doit protéger ces derniers contre ce danger de démoralisation. La censure est impuissante. (…/…) Le seul moyen de réagir contre ce danger, c'est d'offrir à l'ouvrier un spectacle plus intéressant, à sa portée et à meilleur marché, de nature à former son goût et à le détourner des divertissements grossiers. »[213] Paul Sorin

Historiquement premier locataire du ministère des affaires culturelles, et contribuant à la reconnaissance et à un nouvel élan, Malraux n'est pas pour autant pionnier. Bien des initiatives ont précédé. Initiées par l'Etat, sous le Front Populaire et même sous Vichy, mais aussi par des collectivités territoriales, les actions ne manquent pas[214]. Les municipalités investissent très tôt dans le secteur, et dès le 19ème siècle des musées, des théâtres et des bibliothèques jalonnent le territoire. Mais c'est surtout le secteur associatif, et plus particulièrement les réseaux d'éducation populaire qui vont structurer et diversifier l'offre. Le terme de « désert culturel » ne caractérise guère la province, et le ministre ne la qualifie ainsi que pour mieux souligner son action. Des milliers de militants de l'éducation populaire animent des réseaux, des universités populaires, des maisons mises à disposition par des municipalités bienveillantes, souvent de gauche. Il faut évoquer l'action patronale et confessionnelle qui, sur ce terrain, a le souci de ne pas laisser le champ libre aux militants communistes et qui rivalise de propositions. Humanisme chrétien d'un côté, mission d'alphabétisation du prolétaire pour une prise de conscience politique de l'autre, les motivations sont diverses,

---

[213] Paul Sorin, *Du Rôle de l'Etat en matière scénique*, Thèse de doctorat en économie politique, Faculté de Droit, Paris, éditions Arthur Rousseau, 1902, p.3. Cité par Vincent Dubois, *La Politique culturelle. Genèse d'une catégorie d'intervention publique*, Belin, 1999, p.77.
[214] Voir pour ce qui est de l'action de l'Etat, le panorama historique proposé par Philippe Poirier, dans *L'Etat et la culture en France au XXème siècle*, LGF, 2000.

mais le souci de diffusion du meilleur aux masses l'emporte[215]. Les acteurs sont tous animés du même souci : faire partager la culture, la rendre accessible au plus grand nombre. Même si des ambiguïtés sont repérables ici ou là, dans l'ensemble tous se réfèrent aux mêmes critères, ceux de la culture à partager, c'est-à-dire la culture des Lumières.

Certes, il y a des fanfares et des écoles de musique où l'on s'adonne à la musique populaire, et parfois le théâtre se mêle à la fête, mais ceci permet le rassemblement du collectif autour de la proposition artistique. Si l'éducation populaire se démarque de la conception de Malraux, c'est que l'activité artistique doit sensibiliser en passant par des investissements amateurs. La culture est moins révélation, que cheminement, progression, continuum. Il ne s'agit pas de la désacraliser, mais de montrer comment elle peut s'incarner et prendre place dans le quotidien de chacun, si possible pour le transformer. La culture doit être agie, vivante, justement parce qu'elle implique un rapport, une mise en relation, une exploration dans la prise de risque. Ouverture sur le monde, elle est l'inverse d'un repli sur soi. Des médiations doivent être trouvées et accompagnées par des intermédiaires qui favorisent les rapprochements, facilitent un long travail de sensibilisation pour favoriser la compréhension. Un public parfois éloigné par son niveau d'instruction, ou par ses modes de vie habituels, est alors amené à jouir de ce que « naturellement » il ne devrait pas rencontrer. Les relations doivent être constantes entre professionnels et amateurs, car les deux peuvent s'y ressourcer. Formidable travail de formation et de sensibilisation rendu possible par le socle commun hérité de l'école républicaine. Celle-ci conduit non seulement à découvrir d'autres univers, donc à susciter la curiosité, mais surtout à aimer le savoir, à être avide de connaissances, d'art et de culture. Loin de dire que le travail est aisé pour les militants de l'éducation populaire, il est facilité par le grand respect et la dévotion de la population envers les contenus. L'appropriation est parfois particulière, répond aux habitus de classes. Il n'empêche que même pendant sa visite au Louvre, la Gervaise de Zola, éprouve un grand respect. A fortiori quand la proposition est comprise et appropriée, comme le rapportent d'autres sources moins méprisantes envers le peuple[216].

Le travail proposé par les militants de l'éducation populaire est colossal. Il demeure trop invisible encore aujourd'hui. Les centres culturels animent le territoire, surtout forment des générations. Beaucoup de ceux qui y sont passés deviendront de futurs professionnels, notamment des metteurs en scène. Sous la houlette ou le patronage de Jean Guéhenno, les instructeurs

---

[215] Même si il existe dès les origines un courant marxiste qui voit dans l'éducation populaire un dangereux moyen de faire dialoguer les classes sociales plutôt que de les faire s'affronter dans une logique binaire. Ce courant demeure minoritaire en France.
[216] Voir par exemple les descriptions dans le chapitre « Toutes les classes », *Visiteurs au Louvre. Un florilège* par Jean Galard, RMN, 1993.

spécialisés de l'éducation populaire, les conseillers techniques et pédagogiques sont des vecteurs de vocations. École de spectateurs, Coopérative de spectateurs, Culture par l'Initiation Dramatique (CID), ces formes visent moins à transmettre des contenus qu'à former des consciences, à éveiller des désirs et des implications. De là pourront naître des vocations. De grands acteurs de l'action culturelle des années 60 et 70 passeront par ces réseaux. Ils seront également nombreux à former les bataillons du jeune ministère de la culture[217].

Les méfiances envers l'éducation populaire

> « Pour moi, je crois qu'il faut arriver à leur donner une culture classique, c'est-à-dire le sens de la beauté, de la justesse, de l'ordre, de la mesure. La connaissance des œuvres antiques aide une nation à maintenir, à développer en elle cet esprit classique ; mais il ne la constitue pas. Il est l'expression d'une sorte de maturité sociale ; et le prolétariat, à mesure que se précisera en lui la conscience de sa force et de son destin, sera de plus en plus capable des qualités supérieures. »[218] Jean Jaurès, *Prolétariat et culture classique*.

Malraux va se méfier de l'éducation populaire. Pas seulement pour des raisons stratégiques. Il est vrai qu'il n'en a pas la totale maîtrise – en effet, peu d'associations sont réellement transférées du ministère de la jeunesse (qui deviendra surtout des sports) au ministère des affaires culturelles, malgré les demandes du ministre dans les premiers temps d'exercice. Ce n'est pas non plus pour des raisons politiques, même si Malraux sait que nombre de ces associations sont animées par des militants de la gauche socialiste et communiste. Certes, ceux-ci ne conçoivent guère de détacher l'action culturelle d'une visée politique plus générale visant à changer la société en son ensemble[219], mais ce changement n'est pas tellement à visée révolutionnaire. Cela est même reproché par certains communistes. Dans les années d'après-guerre, les communistes redoublent d'activisme pour instrumentaliser la conception de la culture et mieux se démarquer politiquement en affirmant de plus en plus ouvertement un discours de

---

[217] Voir les portraits et les cheminements de ces hommes et ces femmes dans *Cassandre*, « Education populaire : avenir d'une utopie », n°63, automne 2005.
[218] Jean Jaurès, *Prolétariat et culture classique*, 1911, édité dans *De l'Education*, Anthologie, Ed. Syllepses, 2005, p.209.
[219] En 1946, au sortir de la guerre, Jean Vilar note « Il s'agit donc de faire une société, après quoi nous ferons peut-être du bon théâtre ». La culture ne peut se réaliser indépendamment des conditions sociales où elle s'exerce, les militants de gauche viseront à faire évoluer l'une et l'autre et parfois en ayant la tentation de mettre la culture au service du changement social, (ce qui n'est évidemment pas le propos de Vilar).

contestation de la culture dite bourgeoise[220]. Terreau sur lequel va se développer bientôt une critique plus radicale encore. Les chrétiens de gauche partagent eux, avec les autres acteurs de l'éducation populaire, l'idée d'une capacité offerte par la culture à se saisir de son destin, sans pour autant en orienter idéologiquement les contenus. Ce n'est pas cette crainte qui retient Malraux, crainte qui saisira plus tard les élus de droite, et qu'un Maurice Druon résumera par « la sébile et le cocktail Molotov », inquiet de voir dans les institutions culturelles des repères de gauchiste.

Malraux reproche aux réseaux d'éducation populaire de trop pencher vers l'animation au détriment du soutien à la création artistique. L'éducation populaire est délaissée au profit d'une vision élitaro-artistique. L'action culturelle s'oppose d'abord à l'éducation populaire pour signifier la mise en relation sans intermédiaire de l'art et du public sous Malraux, avant que de désigner au contraire le travail de médiation entre la création et les publics[221]. Son sens évoluera en trente ans. L'action culturelle est de toute façon davantage comme le mentionne Jacques Rigaud, une pensée en acte qu'une théorie véritable[222]. Les premières années, le ministère tentera de rallier à sa cause les réseaux, puis les considérera avec dédain une fois la première logique de conciliation abandonnée. À son goût, l'éducation populaire donne dans de piètres propositions, manque de qualité artistique, aussi s'agit-il de développer une approche avec de véritables professionnels.

Avec Emile Biasini au ministère, l'éducation populaire est considérée comme irrécupérable, de même que les collectivités territoriales sont perçues comme de possibles concurrentes, ignorantes de l'action culturelle véritable. La méfiance envers la décentralisation culturelle réside dans cette peur que les collectivités territoriales ne soient promptes à fournir des plaisirs faciles, de nature à occuper les loisirs, davantage qu'à élever l'esprit[223]. Et c'est peut-être l'avènement généralisé de cette conception qui facilite désormais la décentralisation. Longtemps, le ministère mène une guerre larvée avec la FNCCC, la Fédération Nationale des Centres Culturels Communaux, qui voit le jour en 1960. S'appuyant sur l'éducation populaire, elle refuse dès l'origine la distinction entre culture, loisir, et temps libre. Les rapports d'inspection du ministère sont accablants pour ceux que l'on considère comme incompétents et même dangereux. « L'action culturelle malrucienne

---

[220] Comme le note et le réfute alors Gaëtan Picon : « le marxiste rejette la culture de notre monde passé et présent parce qu'elle est une culture bourgeoise, fondée sur des valeurs qui ne sont pas de vraies valeurs de culture, qui sont des valeurs politiques, intéressées, des ruses par lesquelles les possédants cherchent à maintenir leurs privilèges », *Conférence sur la culture et l'Etat*, Béthune, 19 juin 1960, cité dans *La Culture en Partage. Culture Publique*, Opus 4, Sens&Tonka, 2005, p.53.
[221] Philippe Urfalino, *L'Invention de la politique culturelle*, Hachette, 2004, p. 16.
[222] Jacques Rigaud, Préface à Jean Caune, *La Culture en action. De Vilar à Lang : le sens perdu*, PUG, 1992, p. 8.
[223] Voir le texte d'Emile Biasini, « Action culturelle, an1 », dans *André Malraux, ministre*, La Documentation française, 1996, p.410.

était étatique, volontariste, unitaire », constate Philippe Urfalino[224]. Cet esprit va imprimer durablement, malgré les inclinations de Duhamel, les conceptions du ministère. Au lieu de s'appuyer sur ce formidable réseau, le ministère va tenter de le marginaliser, de manière à imposer son point de vue, vite jugé élitiste par les acteurs de terrain.

Tout à sa conception malrusienne, le ministère considère la culture comme révélation et comme ascèse. La vulgarisation paraît profanation. La confrontation directe du peuple avec la plus haute culture est un refus de la médiation, notamment de la sensibilisation aux chefs d'œuvre par la pratique amateur. L'animation culturelle et sociale va incarner cet écart, que l'on voit poindre d'abord dans les débats entourant la naissance des maisons de la culture. Si les acteurs de terrains et les élus les conçoivent comme des lieux de retrouvailles autour de partages locaux, qu'ils soient culturels, artistiques ou sociaux, le ministère les envisage autrement[225]. Celui-ci va durcir sa position en faveur des créateurs et des professionnels, contre l'amateurisme, empêchant les maisons de la culture de devenir des maisons communes. Le changement de direction au ministère de Moinot à Biasini renforce nettement cette tendance[226]. Le projet de création d'un Centre National de Diffusion Culturel (CNDC) cherche la régulation, puis la normalisation et l'encadrement de fortes tendances à l'autonomie locale[227]. Tout à l'excellence artistique, le ministère oriente les lieux vers des missions artistiques de haut niveau, qui ne souffrent pas de propositions hasardeuses. L'excellence est définie selon les critères du ministère, selon les normes de la culture légitime. Alors que les conditions étaient réunies et qu'un partenariat aurait pu être imaginé, les deux positions vont se radicaliser au point de s'opposer frontalement. Schisme qui conduit à des situations intenables entre des acteurs devenus irréconciliables.

Pourtant l'idéal de Malraux pour les maisons de la culture prend sa source chez des acteurs qui ne s'opposent pas à l'éducation populaire. Ainsi Pierre-Aimé Touchard, inspecteur au ministère, ancien collaborateur de Jeanne Laurent, envisage d'abord les maisons de la culture comme une façon de lier théâtre amateur et théâtre professionnel. Elles doivent permettre une

---

[224] Philippe Urfalino, *L'Invention de la politique culturelle*, Hachette, 2004, p. 274.

[225] Philippe Urfalino rapporte (p. 200-201) la tension provoquée par l'appropriation par les locaux d'une salle d'exposition en salle des mariages à la maison de la culture de Bourges ! Symptomatique de la difficile discussion entre le local et les visées des professionnels, l'Etat menace de retirer son financement en cas de persistance des intéressés à ne pas restituer la salle. Une partie de la société locale est ainsi dessaisie du lieu, et mise à l'écart alors que l'on prône comme objectif de construire du social. Bel exemple d'incompréhension entre acteurs que nous avons exploré sur un autre terrain, celui des écomusées, dans *Des musées en quête d'identité. Ecomusées / Technomusées*, L'Harmattan, 2003.

[226] Philippe Urfalino, *L'Invention de la politique culturelle*, Hachette, 2004, voir p. 104 et p. 174.

[227] Jean Caune, *La Culture en action. De Vilar à Lang : le sens perdu*, PUG, 1992, p.131.

implication de la communauté tout entière investie dans le lieu[228]. Touchard, qui fut un acteur des réseaux d'éducation populaire après-guerre[229], postule que ce lieu permettra de sensibiliser et de faire apprécier le travail des professionnels. Il n'existe pas un fossé avec les objectifs de l'éducation populaire. Simplement à la même époque, celle-ci évolue et revendique plus explicitement la rupture avec *l'idéologie éducationniste* pour favoriser *l'idéologie animationniste*, pour reprendre les termes de Geneviève Poujol[230]. Le concept *d'éducation permanente* prend le pas sur celui d'éducation populaire. L'émancipation sociale et politique de l'individu passe moins par l'enseignement, que par l'expression de sa personnalité[231]. Moins tournés vers la transmission de savoirs dans un rapport individualisé, les courants de l'animation affirment la volonté d'explorer les relations au collectif dans un refus de la simple diffusion ou de la consommation culturelle. Il s'agit d'inviter à une participation et à un rapport actif d'appropriation, par la pratique amateur ou par la mise en situation, en relation avec les œuvres. Si l'objectif de réduire les inégalités demeure, l'animation socioculturelle considère que l'art et la culture ne sont pas des savoirs préexistants, mais des pratiques que chaque groupe doit définir par ses expressions singulières. La culture n'est plus une donnée extérieure, mais une révélation des potentialités de chacun et de chaque collectif. Ce qui se constitue en secteur de l'animation socioculturelle oscille entre occupation du temps de loisir et instrument d'émancipation sociale. Deux tendances qui n'entrent guère dans les conceptions malrusiennes.

Le souci de se démarquer des autres ministères, de l'éducation et de la jeunesse, de trouver une ligne distincte, d'affirmer son pouvoir régalien, font se durcir les positions du ministère, rejetant du côté des maisons des jeunes, la rencontre pourtant possible avec l'éducation populaire[232]. Pierre Moinot, qui théorise les fonctions des maisons de la culture, insiste sur le fait qu'elles ne peuvent être des lieux pour les seuls amateurs ou faisant office de salles des fêtes. Si elles ne peuvent pas être que cela, c'est qu'elles peuvent l'être aussi. Loin de s'appuyer sur une culture partagée, encore largement normée sur les contenus scolaires, le ministère va radicaliser sa position en soutenant l'élitisme et en rejetant toute situation mixte ou intermédiaire. Le déploiement des pratiques amateurs, l'utilisation par des associations locales, ou par de jeunes compagnies débutantes ne peuvent cohabiter dans les lieux

---

[228] Pierre-Aimé Touchard, « Le Théâtre, ferment de culture populaire », *Signes des temps*, 9 septembre 1959.
[229] Benigno Cacérès, *Histoire de l'éducation populaire*, Peuple et Culture, le Seuil, 1964, p. 154.
[230] Geneviève Poujol, *L'Education populaire : histoires et pouvoirs*, Ed. Ouvrières, 1981, p.107.
[231] Michel Simonot, « « La Culture en débat », in Robert Abirached, *La Décentralisation théâtrale. 1968, le tournant*, Tome 3, Actes Sud 2005, p.25-26.
[232] Philippe Urfalino, *L'Invention de la politique culturelle*, Hachette, 2004, p. 75 et p.90.

destinés à la diffusion des œuvres reconnues. Les choses vont se durcir sur le terrain. Le ministère soutient de plus en plus une vision professionnelle des lieux[233], protégés des associations locales. Comme un soubresaut, la crise de 68 conduit des directeurs d'établissements à revendiquer le travail avec les populations. Pour finir, la nouvelle génération de créateurs, progressivement placée à la tête des institutions, cherchera à imposer son œuvre davantage qu'à travailler avec le local. La capacité des maisons de la culture à trouver un fonctionnement fidèle à l'esprit des origines aura été de très courte durée, une expérience d'à peine quelques années, avant la crise de 68. Épopée assez brève, porteuse d'une nouvelle vision de l'action culturelle, à qui ne furent jamais donnés les moyens de prendre son envol.

La popularisation des thèses des sciences sociales

> « Ne pouvant faire que ce qui était culturel devînt populaire, on décréta que tout ce qui était populaire était culturel. » Michel Schneider[234]

La position du ministère va être délicate à tenir. Durant les années 60, se déploient le relativisme culturel et l'affirmation des cultures populaires à une entière reconnaissance. Le paradigme de la culture comme révélation vacille sous les coups de deux mouvements simultanés. En provenance de l'anthropologie, on l'a dit, les sciences sociales vont réhabiliter les cultures minoritaires, chanter les louanges de ceux qui ont été rabaissés, niés dans leur existence, blessés dans leur identité. La « culture des Autres », c'est-à-dire de ceux qui sont maintenus à l'écart de la grande culture, de la culture savante, est étudiée, mise en avant, valorisée. Elle prétend à la légitimation. Ce sera repérable dans bien des endroits, et le mouvement des écomusées dans les années 70 en sera exemplaire[235]. Peu surprenant que le ministère s'en méfie d'abord, et que la chose naisse dans le giron du ministère de l'environnement. Le passage s'opère du concept de démocratisation culturelle, élan partagé depuis un siècle par le ministère comme par l'éducation populaire, au concept de démocratie culturelle, compris comme valorisation de leur culture par les intéressés. L'objectif est louable et généreux. Il s'agit de rendre acteurs de leur culture les habitants, pour que se

---

[233] Ce que dénonce Jacques Charpentreau dès 1967, « Tout se passe comme si s'était établie une séparation entre une culture pour l'élite (assurée par les 'professionnels' dont s'occupe le ministère des Affaires culturelles) et une culture pour la masse (animée par les 'amateurs' de la Jeunesse et des Sports) ». *Pour une politique culturelle*, Les Editions ouvrières, 1967, p.10, (cité dans Poirrier, 2006).
[234] Michel Schneider, *La Comédie de la culture*, Seuil, 1993, p. 143.
[235] Voir Hugues de Varine, *L'Initiative communautaire. Recherche et expérimentation*, MNES, 1991.

l'appropriant, ils en deviennent les principaux inventeurs. En revisitant le passé, il ne s'agit pas de s'enfermer dans les images et les stéréotypes de la tradition, mais de se donner des outils pour penser le présent et anticiper l'avenir.

L'utopie de démocratie culturelle va donc être porteuse d'une double signification, ce qui rend confus les objectifs suivis. Avant 68, le terme de culture populaire désigne encore la culture pour le peuple et pas du peuple[236]. Dans les années 60, la culture signifie encore largement pour les classes populaires ce dont on est privé et ce qu'il convient d'acquérir[237]. Selon une idéologie politique libertaire, autogestionnaire, dans l'esprit de l'époque, les intellectuels, comme les professionnels de la culture doivent désormais se tenir en retrait, au service d'une expression qui doit devenir maîtresse d'elle-même. Liée à la critique de la culture bourgeoise, cette idéologie vise à déconstruire les savoirs acquis, pour valoriser ceux issus des cultures minoritaires jusque-là réduites au silence. Les ouvriers sont invités à être fiers de leur culture d'appartenance. Tout comme les bourgeois l'étaient encore hier de la leur, et que leurs fils à présent renient. Car les tenants de ce message sont généralement issus des milieux aisés. Ils vont convertir peu à peu les esprits à cette conception. Dans les années 70 à 90, par exemple, les musées de territoire vont se multiplier de manière impressionnante, non plus animés par des sociétés savantes, des lettrés ou des collectionneurs, mais par des associations locales, soudain conscientes de la richesse de leur patrimoine. Les associations de folklore et de musiques traditionnelles ont alors le vent en poupe.

Chaque culture spécifique est valorisée et ses acteurs magnifiés. La culture des banlieues trouve ses partisans, de même que la culture des mineurs ou des paysans ardéchois. S'il n'est pas question de nier l'existence de ces cultures au sens anthropologique du terme, avec leur intérêt ethnographique, le problème réside dans le nivellement. La culture des Lumières est rabaissée comme expression de la culture bourgeoise. La valoriser est considéré comme le signe d'un arbitraire culturel. Le ministère va reconnaître et reprendre à son compte cette conception relativiste. D'abord homéopathiquement, en investissant le concept de *développement culturel* introduit d'abord par *Peuple et Culture*, puis repris par Duhamel, et en le tirant vers une conception anthropologique – façon de jouer l'apaisement et de trouver un compromis avec les positions radicales développées par les contestataires du ministère depuis 68. La tendance ira s'amplifiant. La notion de 'culture globale' doit rendre compte de ce 'grand

---

[236] Philippe Urfalino, *L'Invention de la politique culturelle*, Hachette, 2004, p. 210.

[237] Comme on le constate dans l'enquête reproduite dans *Images de la culture*, sous la dir. de PH Chombart de Lauwe, Editions ouvrières, 1966. L'ouvrage est un bon exemple de la période de transition qui parie encore sur le développement culturel comme émancipation. Dans le même sens, du même auteur, *La Culture et le pouvoir*, Stock, 1975, notamment la partie 3, p.265.

tout' qu'est la culture, dès lors que toutes les expressions visent être reconnues et à participer au développement culturel[238].

La culture comme expression d'une identité

> « Une anthropologie envahissante, relativiste, refusant les jugements de valeur, imprègne maintenant notre image du 'moi' et de 'l'autre'. Des 'contre-cultures', des assemblages de critères singuliers sont en train de se substituer aux distinctions immuables entre la science et l'ignorance. Le clivage entre savoir et non-savoir n'est plus d'essence hiérarchique. L'activité mentale de la société s'élabore maintenant en grande partie dans une zone neutre d'éclectisme individuel. » Georges Steiner[239]

De manière symptomatique Pierre Gaudibert exprime ce passage d'une volonté de démocratisation à une notion de démocratie culturelle pervertie. « Ce qui conduit comme préalable à ne pas restreindre le mot de culture au corpus des œuvres d'art et de science, au patrimoine artistique et intellectuel, mais à étendre à tout le mode de vie, à l'ensemble des façons de faire et d'être. A cette condition, le mot culture, qui ordinairement fait peur par son caractère élitaire et contraignant, concerne tous les groupes, classes, ethnies, minorités ; car ils sont tous porteurs de mode de vie et de valeurs-modèles spécifiques, même s'ils ne sont point producteurs et possesseurs d'œuvres d'art capitalisées et s'en tiennent à des expressions artistiques plus quotidiennes et plus éphémères, ou encore au seul *art de vivre* (de consommer, de manipuler, de jouir, d'être avec la nature, d'inventer la vie sociale) »[240], écrit l'ancien responsable de l'ARC, structure rattachée au

---

[238] La création, par exemple, en 1980 de la Mission du patrimoine ethnologique va avoir pour objet d'étudier ces différentes cultures et va tirer le patrimoine vers sa définition anthropologique. Ce qui devrait être logiquement de la mission de l'université est alors intégré à part entière comme patrimoine, au même titre que les legs du passé. Le patrimoine va prendre une définition d'autant plus extensive que tout peut désormais y entrer, à l'image de la notion de culture. Voir Martine Segalen, *Vie d'un musée*, Stock, 2005, p. 250.
[239] Georges Steiner, *Dans le château de Barbe-Bleue. Notes pour une redéfinition de la culture*, Seuil, 1973, Folio, p.95.
[240] Pierre Gaudibert, *Du Culturel au sacré*, Casterman, 1981, p. 29. On voit déjà ici, à l'insu de l'auteur, annoncer les dérives vers la consommation. Jean Caune critique avec raison la vision évolutionniste formulée par Gaudibert dans un autre ouvrage (*Action culturelle : intégration et/ou subversion*, Casterman, 1972, p.27), où l'auteur estime que le droit à la culture vient dans une suite logique et naturelle après le droit au travail, à l'instruction, à la santé, aux loisirs. Elle fait du droit à la culture le dernier maillon, un 'mieux être' avec la généralisation des loisirs et de la consommation, alors qu'elle devrait être une condition centrale de la condition humaine. Voir Jean Caune, *La Culture en action. De Vilar à Lang : le sens perdu*, PUG, 1992, p.149.

musée d'art moderne de la ville de Paris. La culture revendique alors une définition anthropologique, voire identitaire. « L'Education populaire, qui visait également la formation de la conscience civique ('éveiller les consciences') et l'apprentissage des responsabilités dans la cité ; son axe le plus fécond s'oriente à présent vers 'l'identité culturelle' »[241]. La gauche va reprendre cette conception, déjà présente en filigrane au Parti Communiste, et surtout dans le milieu libertaire, sous prétexte de valoriser les classes laborieuses. L'identité culturelle et les cultures populaires sont reconnues comme essentielles par le PC, censé défendre la culture ouvrière contre la culture bourgeoise[242]. Façon de subordonner l'action artistique aux impératifs de l'engagement, elle rabaisse du même coup la culture à une idéologie. Après Engels et Marx[243], Lénine et Trotsky avaient pourtant mis en garde envers une rupture de ce type, plutôt prônée par les anarchistes[244]. Mais c'est surtout la nouvelle gauche qui porte cette acception relativiste, au nom des cultures opprimées par la bourgeoisie. Les maoïstes, particulièrement exaltés par une « révolution culturelle », entendent produire une contre-culture pour rompre avec tout héritage. Elle doit favoriser l'autonomie de la classe ouvrière face à la bourgeoisie. L'action culturelle devient dès lors « un appareil idéologique d'Etat », selon la terminologie althussérienne en vigueur, et qu'il convient de dénoncer car elle n'est qu'au service de la bourgeoisie pour mieux faire oublier la lutte des classes[245].

---

[241] Pierre Gaudibert, *Du Culturel au sacré*, Casterman, 1981, p. 29.

[242] Voir Christian Freu, « Cultures populaires, culture de masse », in *Théâtre populaire*, n°30, novembre 1979.

[243] Même si en s'opposant à celle de Proudhon, la position de Marx est parfois plus ambiguë, jugeant qu'il est inutile de donner une culture aux ouvriers tant que la révolution n'est pas faite. *Textes de Marx et Engels sur la littérature et sur l'art*, réunis par Jean Fréville, Ed. Soc Int, 1936.

[244] Lénine (*Culture et Révolution culturelle*) et Trotsky (*Littérature et Révolution*) se sont opposés aux partisans du *Proletkul* (culture prolétarienne) organisation créée en 1917 qui cherche une autonomie avec la culture « bourgeoise ». Au contraire, parce qu'il est encore formé à l'esprit classique, pour lequel les connaissances sont patrimoine de l'humanité, il s'agit pour Lénine de « prendre la culture laissée par le capitalisme et bâtir avec elle le socialisme ». Comme la philosophie a retourné contre l'Eglise son propre enseignement, il convient de se servir de la culture contre la bourgeoisie et non de la rejeter. Ces deux tendances vont se retrouver en filigrane tout au long du siècle pour s'affirmer pleinement dans les années 70. Voir Christian Maurel, « Education populaire, éducation du peuple ? », *Cassandre*, n°63, automne 2005, p. 9-10.

[245] Voir Jacques Ion, Bernard Miège et Alain Noël Roux, *L'Appareil d'action culturelle*, Ed. Universitaires, 1974. Les auteurs usent de la sémantique pour disqualifier la démocratisation, comme le développement culturel, qui sont autant d'outils de la bourgeoisie pour adapter la classe ouvrière au projet capitaliste. Évidemment, les auteurs sont quand même obligés de reconnaître que « certes, il serait exagéré de voir uniquement dans la multiplication des cours du soir et des associations d'éducation populaire ouvrière (les Universités Populaires par exemple) un instrument exclusif au service de la bourgeoisie », certaines associations étant même directement contrôlées par des militants de l'Internationale. Cependant ils maintiennent malgré tout leur théorie d'une spoliation de la classe ouvrière à qui la bourgeoisie veut

Littérature assez affligeante à relire aujourd'hui, à la vision binaire et manichéenne, mais qui n'a pas été sans conséquence sur la motivation de milliers de personnes impliquées et dont l'action se voyait ainsi remise radicalement en cause. La Parti Communiste va reprendre à son compte ce nouveau credo et en faire sa nouvelle ligne de conduite. Ce qui était présent *mezzo-voce* depuis l'émergence du parti, mais qui avait été mis en sourdine en 1936 face aux risques que faisait peser sur la culture le fascisme, devient la langue officielle[246]. Comme l'éducation, le monde de la culture, plutôt situé à gauche politiquement, se voit soudain accusé de faire le jeu du capitalisme[247]. Les animateurs sont désignés comme des agents du pouvoir[248], alors que c'est dans ce milieu que cette nouvelle idéologie se développe[249]. Le désarroi qui en résultera aura des effets au-delà de la seule conjoncture historique.

Gaëtan Picon, qui sent le danger de tels arguments, les réfute en montrant leur caractère fallacieux : « il faut répondre à l'accusation marxiste de la culture, qui est une accusation grave, et qui mérite d'être prise au sérieux. Le marxisme rejette la culture de notre monde passé et présent parce qu'elle est une culture bourgeoise, fondée sur des valeurs qui ne sont pas de vraies valeurs de culture, qui sont des valeurs politiques, intéressées, des ruses par lesquelles les possédants cherchent à maintenir leurs privilèges, parce qu'elle est une culture de privilégiés qui n'est pas communiquée à tous. Cette accusation, elle est dans l'esprit de nombre d'intellectuels de gauche (même en dehors du communisme) qui résistent à l'action d'un homme comme Malraux (qu'au fond ils admirent), en l'accusant de chercher à réconcilier le prolétariat avec le monde bourgeois, par l'intermédiaire de l'action culturelle ». Et le directeur général des arts et des lettres de poursuivre en rappelant que Van Gogh et Rimbaud n'étaient pas des agents du capitalisme, mais des aventuriers, des révolutionnaires de l'esprit. Prétendre cloisonner la culture est à l'encontre de l'esprit de Malraux, qui cherche au contraire l'universel. « Nous avons à restituer aux hommes ce qui témoigne de tout homme, les grandes œuvres qui ne sont pas plus bourgeoises – ou prolétariennes – que l'amour et la mort, le ciel et la

---

inculquer ses références. L'idée d'une éducation du peuple ne pouvant être « qu'une croyance tenace de l'espoir d'un changement social » (p.23).

[246] Roland Leroy, *La Culture au présent*, Editions sociales, 1972.

[247] Voir sur le même acabit Christian Baudelot et Roger Establet, *L'Ecole capitaliste en France*, Maspero, 1971.

[248] Si ce n'est du fascisme bourgeois, puisque même Michel de Certeau ne mâche pas ses mots, parlant des « fragiles milices d'animateurs voués à camoufler les contradictions d'un régime ». Michel de Certeau, « Des Espaces et des pratiques », in *Pratiques culturelles des Français*, SER, 1974, p.169. (cité par Poirrier 2006).

[249] Notamment par le biais des écoles d'animateurs, depuis la création en 1964 du FONJEP, Fonds Jeunesse et Education populaire, mentionne Jean-François Chosson, « Les politiques publiques et la question du développement culturel », in *Toutes les pratiques culturelles se valent-elles ?*, sous la dir. de Jean-Pierre Sylvestre, Hermes, n°20, 1996, p.61.

mer »[250]. Contrairement aux souhaits de la Révolution Française qui a tranché non en faveur de la création d'une nouvelle culture, mais dans le fait « de reconnaître le rôle révolutionnaire de la culture »[251], comme le rappelle Edouard Pommier, les nouveaux mots d'ordre plaident pour une rupture avec les héritages.

Refus de la culture bourgeoise au nom de la culture prolétarienne à inventer, et revalorisation des identités culturelles de territoire à décoloniser d'un universalisme jugé appauvrissant, représentent deux filiations différentes, avec leurs logiques et leurs acteurs. Toutefois les deux vont dans le sens d'une relativisation de ce qui était compris jusque-là comme le tout de la culture. Le consensus unanimement partagé est brisé. Les mouvements de reconnaissance et de revendication des cultures populaires dans les années 70 vont être aussi nombreux que variés : action de l'Union pour la Culture Populaire dans le Poitou-Saintonge, Mouvement Alpes de Lumière pour le patrimoine rural et l'identité régionale en Alpes du Sud, associations dans la bassin houiller lorrain ou le Nord Pas de Calais[252]… Chacun vise à mettre en œuvre une démocratie culturelle. La culture se définit dès lors « comme la capacité offerte à chacun de s'inventer lui-même, en libérant sa propre créativité »[253]. Utopie qui vise à effacer la différence entre professionnels et amateurs, et qui remet en cause les instances de légitimation préétablie. Il s'est agi que la culture ne soit plus seulement descendante, mais aussi ascendante. Le numéro 1 de la revue de l'*Atelier culturel* en 1978, qui regroupe des acteurs importants du secteur culturel pendant trente ans, définit la culture comme étroitement liée au cadre de vie : « elle constitue un ensemble de représentations et de règles qui permettent à une collectivité de faire face à son environnement et d'affirmer son identité »[254]. Désertant la conception malrusienne trop liée aux beaux-arts, elle devient moins une transcendance qu'une « manière d'être ». Sociétale, relevant davantage du comportement que du savoir, la culture est nécessairement plurielle. Sous ces formes hétérogènes et parfois passionnantes, s'exprime une grande confusion qui perd le sens de l'action : appropriation et émancipation ou simplement expression de soi ? Le glissement d'une sphère à l'autre va s'opérer progressivement. De l'invention d'une nouvelle culture du peuple à un repli sur les attaches

---

[250] Gaëtan Picon, « La Culture et l'Etat, Discours à Béthune, 19 janvier 1960 », dans *André Malraux, Ministre*, La Documentation française, p.353.
[251] Edouard Pommier, « La théorie des arts », in *Aux Armes et aux arts*, ouvrage collectif dirigé par Philippe Bordes et Régis Michel, Ed Adam Biro, 1988, pp.182-183. Cité par Gérard Monnier, *L'Art et ses institutions en France*, Folio, 1995, p.35.
[252] Voir par exemple le numéro d'*Autrement*, « La Culture et ses clients », n°18, 1979.
[253] Robert Abirached, *Le Théâtre et le prince. Tome 1. L'Embellie, 1981-1992*, Actes sud, (1992), 2005, p.33.
[254] Marc Bélit, *Le Malaise de la culture. Essai sur la crise du modèle culturel français*, Séguier, 2006, p.106.

ancestrales. Ce n'est pas par hasard que l'on évoque très rapidement le terme d'identité dont on sait la prudence avec lequel il devrait être utilisé.

Évidemment, la période est bouillonnante et mêle indistinctement les acteurs, ceux qui veulent revaloriser la culture d'un groupe et ceux qui entendent l'inventer. Il ne faut pas confondre les démarches de création collective et d'implication de catégories de populations dans les processus de création, caractéristique d'une médiation artistique, – telles que l'ont pu expérimenter Jean Hurstel avec le groupe théâtral ouvrier d'Alsthom-Bull à Belfort, ou Catherine de Seynes à Saint-Nazaire –, et la reconnaissance de la culture déjà acquise et transmise par son milieu. C'est cette ambiguïté, insuffisamment explorée, qui amalgame médiation artistique et expression d'une identité culturelle. La création artistique intègre des éléments et des références de la culture savante, par travail d'acculturation, elle n'est pas un rejet de cette culture pour exprimer une identité culturelle intrinsèque. Finalement le travail artistique conduit à de nouvelles expressions, inconnues jusqu'alors, non pas à l'expression de soi. Confusion que nourrit Pierre Gaudibert, et qui sera exploitée idéologiquement et politiquement[255]. L'animation socioculturelle qui consistait à l'origine à impliquer les intéressés pour les amener vers quelque chose qui les dépasse est réduite désormais à fonctionner pour elle-même, comme motif de réalisation et d'expression de l'identité des groupes. Dès lors, une opposition peut se manifester entre la démarche du « socio-cul », rabaissée péjorativement à l'occupationnel et la démarche de créateurs qui entendent se démarquer de ces formes vulgaires. Cependant, ceux qui déplorent ce schisme, fruit de bien des dérives vers la séparation de l'art et des publics, ont souvent contribué au fossé en se complaisant dans une vision anthropologique de la culture.

Un exemple saisissant de ces ambiguïtés est offert par Jean Hurstel qui dans ses *Chroniques culturelles barbares* vient à assimiler la culture démocratisée à un colonialisme[256]. Partant du postulat un peu rapide que Vilar a échoué dans son souhait de conduire les masses laborieuses vers la culture, il rabaisse tout effort humaniste à une volonté impérialiste, comme si la culture véritable n'était pas toujours internationaliste. En assimilant rapidement appropriation bourgeoise et culture, qualifiée désormais de savante, toute visée émancipatrice est balayée au nom du droit à l'expression de la culture des groupes. La culture populaire est réhabilitée, non pour ce qu'elle possède de générosité et d'ingéniosité et qui mérite d'être reconnu et valorisé, comme y avaient invité déjà les encyclopédistes, mais au nom de l'identité et de l'égale dignité de cultures soudain plurielles et cloisonnées. Si le bon sens des gens du peuple n'est pas pris en considération, c'est que les institutions culturelles sont faussement cultivées, en réalité incultes. La

---

[255] Jean Caune, *La Culture en action. De Vilar à Lang : le sens perdu*, PUG, 1992, p.250.
[256] Jean Hurstel, *Chroniques culturelles barbares*, Syros, 1988, p.103.

vraie culture se trouve dans la rue, argument déjà vulgarisé par Dubuffet. Partie avec de bons sentiments et une juste colère envers les échecs de l'action culturelle, et constatant l'éclatement entre une culture vide de sens, réduite à la consommation et une culture médiatique mondialisée broyeuse des différences, une démarche de nivellement entre les modes de vie et les sociabilités populaires et ce qui permet de dépasser ses appartenances est validée. Renata Scant prêche ainsi que la décentralisation culturelle doit passer par « une reconnaissance des identités sociales et culturelles des groupes sociaux et ethniques constituant la population », par une extension de la notion de patrimoine culturel aux héritages des divers groupes humains, et par un véritable pluralisme qui reconnaisse la multiplicité des cultures donnant à chacun la possibilité de participer à l'émergence de sa propre culture[257]. Dès 1978, est ainsi actée la confusion entre culture émancipatrice et culture anthropologique.

Cette nouvelle vision, très ancrée à gauche, avec l'autogestion et l'expression de la créativité de chacun, retrouve finalement, sans le mesurer, les accents les plus conservateurs des contre-révolutionnaires. Cette utopie politique cherche un sens et une expression, voire une nouvelle vision du sacré dans les sociétés et la pluralité des cultures, avec leurs cosmologies, leurs rites et leurs rituels, pour « y trouver énergie vitale et espérance », selon les mots de Gaudibert[258]. Discours qui n'est pas sans rappeler la réaction romantique survivante jusque dans le pétainisme… « Une nouvelle sacralité, nourrie des anciennes, se cherche pour instituer une autre alliance de l'homme, plus harmonieuse et plus conviviale, avec la nature tout entière, une solidarité avec le cosmos, telles que l'indiquent ces mêmes cultures populaires, telles aussi que le pressent la sensibilité écologique, nouvelle variante de la protestation romantique »[259]. Intention louable et généreuse qui n'est pas sans équivoque politique rappelant l'ode à la terre et aux racines de Barrès. Finalement est réactivée une filiation que Pierre Michel Menger fait remonter au 18ème siècle, qui oppose une conception civilisatrice dominante à une conception expressiviste[260]. Très logiquement, pour Gaudibert, il n'y a donc pas qu'une culture, comme le prétendaient les Lumières et leurs descendants, mais plusieurs, une infinité, autant qu'il y a de groupes sociaux. « Tout ceci nous conduit à réaffirmer avec encore plus de force l'opposition radicale à toute idéologie de la culture, si englobante

---

[257] Renata Scant, « Pour l'émergence d'un théâtre différent. Pour une nouvelle décentralisation théâtrale », *Bulletin de l'ATAC*, n°91, février 1978, p.5.
[258] Pascal Bruckner a conduit une critique efficace de cette démarche consistant à idéaliser et rechercher une nouvelle spiritualité auprès des sociétés traditionnelles considérées comme plus proches d'une vérité que nous aurions perdue. Voir *Le Sanglot de l'Homme blanc. Tiers monde, culpabilité et haine de soi*, Seuil, 1983, p.155 et suiv.
[259] Pierre Gaudibert, *Du Culturel au sacré*, Casterman, 1981, p. 38.
[260] Pierre-Michel Menger, *Profession artiste. Extension du domaine de la création*, Textuel, 2005, p.42.

soit-elle, qui demeure une et indivisible »[261]. Au nom du pluralisme et de la tolérance culturelle, l'utopie de partage d'une culture émancipatrice est critiquée comme impérialiste.

La déclaration, dite *Plate-forme de Villeurbanne*, signée par les directeurs de scènes nationales et de maisons de la culture en 68, accuse cette culture bourgeoise devenue problématique : « une option faite par des privilégiés en faveur d'une culture héréditaire, particulariste, c'est-à-dire tout simplement bourgeoise ». Rupture fondamentale puisque ce qui était jusqu'à alors commun au ministère et aux acteurs de l'éducation populaire, c'était « la confiance en l'universalité et la validité intrinsèques de la culture qui doit être partagée »[262]. Des voix vont se faire entendre, énonçant qu'il est contre productif, voire dangereux, de prétendre apporter des œuvres à ceux qui n'y sont pas préparés. D'autres expliqueront même qu'il s'agit là d'un impérialisme culturel d'une classe sur une autre, et accuseront de complicité ceux métamorphosés en alliés de la bourgeoisie. Leur crime est de prétendre démocratiser cette culture, c'est-à-dire de la partager avec les classes laborieuses. L'accusation de trop de neutralité adressée à Vilar est non seulement injuste, mais puérile. Pour Vilar, « cette culture que l'on disait être l'apanage d'une certaine classe allait devenir, nous allions nous y employer, le bien de tous »[263]. L'universalité de la haute culture permettait justement de penser qu'elle pouvait être partagée de fait. Cette utopie est mise à mal. S'il n'y a plus de culture susceptible de transcender les classes sociales, les codes sont enfermés dans leur contexte de production. Il faudra avec la conception anthropologique s'inquiéter de la communication possible entre des groupes sociaux qui, n'ayant pas les mêmes dispositions, sont enfermés irrémédiablement dans leurs prédispositions. Le rêve de partage, d'ascension, d'élévation est discrédité, durablement.

L'action culturelle dans la cité

> « Ce très vrai théâtre aiguise l'esprit critique de son assemblée. Il incite celle-ci à participer à la tâche merveilleuse entreprise par les artistes et le directeur. Ce théâtre provoque en chacun le goût familier, quotidien du savoir, du raisonnement simple et juste. Il incite telle spectatrice, tel spectateur à ne pas céder, l'âge venant, à ses angoisses, à ses faiblesses, à ses fautes. Ce théâtre provoque chacune et chacun, par la beauté du spectacle alliée à l'intérêt profond et humain de la leçon à ne pas désespérer, à résister aux maux et au mal et, en tout cas, à avoir

---

[261] Pierre Gaudibert, *Du Culturel au sacré*, Casterman, 1981, p. 35.
[262] Cité p. 241. Philippe Urfalino, *L'Invention de la politique culturelle*, Hachette, 2004, p. 242
[263] Jean Vilar, *Le Théâtre, service public*, Gallimard, 1975, p. 241.

confiance en son propre jugement, à contrôler par soi-même et, 'sur pièce', la qualité de ce jugement. Ce théâtre, comment, sans faiblir, pourrait-il être un objet de luxe, un divertissement ou un enseignement d'un prix élevé ? »[264] Jean Vilar

Cette conception développée dans les années 70 par les tenants d'une culture au pluriel transforme et annihile la conception de la culture telle que les porteurs de la démocratisation l'avaient jusque-là défendue. Francis Jeanson qui peut paraître central dans ce passage d'une conception à l'autre, demeure, malgré sa présence très active à Villeurbanne, dans la filiation de l'éducation populaire. Son humanisme chrétien lui évite de céder à cette vision dualiste et dangereuse des rapports sociaux. Ses critiques portent moins sur la culture bourgeoise que sur les moyens de la partager. Il ne consomme pas la rupture au titre du relativisme. Il maintient l'exigence d'une action culturelle en quête de démocratisation véritable de la haute culture, au moyen d'une démocratie culturelle. C'est l'ambiguïté de ce terme qui sera source de confusion. Ses visées sont de parfaire une action qu'il juge trop timorée, trop lente, trop mesurée, pas d'en contester le principe ou la nécessité.

Les héritiers de l'éducation populaire ne visent pas à seulement diffuser des œuvres au plus grand nombre ; s'ils croient en la portée de la culture, c'est comme vecteur de transformation sociale. L'action culturelle a alors comme fin, non seulement de rendre les hommes meilleurs et plus conscients d'eux-mêmes, mais de leur donner accès à la maîtrise de leur destinée[265]. « Telle est à mes yeux *l'unique fin* d'une 'action culturelle' : *fournir aux hommes le maximum de moyens d'inventer ensemble leurs propres fins.* Il s'agit en somme de réveiller, au cœur de nos cités, *la fonction civilisatrice* : celle qui postule, dans le plus simple habitant de quelque village ou quartier que ce soit, *un citoyen à part entière* – une exigence de sens, capable de contribuer personnellement à la gestion de la collectivité et à la création de ses valeurs », déclare Francis Jeanson[266]. L'action culturelle est une « pédagogie du civisme », qui vise à rendre plus conscient politiquement. Après l'humanisme auquel se rattachait Malraux, le nouvel enjeu de la culture est de fournir aux hommes une emprise collective sur leur vie en société. Si le ton est radical, il ne faut pas présumer d'une si grande distance avec d'autres positions, développées ailleurs à l'époque. Ainsi Pierre Emmanuel, dont l'influence sera déterminante sur le ministère Duhamel, note également que le projet culturel vise à donner un sens à la vie des habitants de la cité. « La culture, à Mont de Marsan comme à Paris, c'est la façon la plus *juste* de vivre *ici*, et cette justice, cette justesse, impliquent une

---

[264] Jean Vilar, *Le Théâtre, service public*, Gallimard, 1986, p.95.
[265] Pour une lecture de Jeanson : Claude Patriat, *La Culture, un besoin d'Etat*, Hachette, 1998, p.114 et suiv.
[266] Francis Jeanson, *L'Action culturelle dans la cité*, Seuil, 1973, p. 26.

expérience de l'homme, profonde, diversifiée ; de cet être aventuré qui se pose à lui-même sur tant de plans la question de son être et de l'être ; qui aspire à la plénitude personnelle, à l'harmonie de ses rapports avec l'univers »[267]. La culture est un civisme, une éthique généralisée, et ce qui différencie les positions des uns et des autres, c'est que l'on raisonne ici au niveau d'une démarche individuelle, là où les revendications se portent à gauche sur un ancrage collectif.

Si la culture est ce qui permet à l'homme d'accéder à une plus ample maîtrise de lui-même en lui donnant des clés de compréhension de son destin et de son existence, dans toutes ses dimensions métaphysiques, et plus concrètement de son appartenance sociale à un collectif avec lequel il partage des conditions et un avenir, alors la culture n'est ni occupation, ni marchandise. C'est l'inverse d'un passe-temps ou d'une occupation pour divertir et détourner l'attention des problèmes du monde. Elle ne se résout pas à un produit à consommer et l'on ne peut accepter d'en sélectionner les propositions. Pour Jeanson, l'action culturelle est l'exact opposé de la diffusion culturelle, de la simple programmation. « Faites venir dans votre ville, 'les tournées Machin' : les uns vous en seront reconnaissants et les autres ne s'en soucieront guère. Efforcez-vous d'y déclencher une action culturelle quotidienne et multiforme : les uns s'en inquiéteront, les autres se cantonneront dans une prudente (et plus ou moins durable) expectative : et quelques jours suffiront à certains pour vous déclarer subversif, alors que d'autres mettront deux ou trois ans à se convaincre de la positivité de vos efforts »[268]. Car l'action culturelle suppose un travail de longue haleine pour des résultats souvent modestes. Seule la foi dans les bénéfices au long terme pour la population peut donner l'énergie de l'action.

L'action culturelle est un moyen pour permettre l'appropriation des formes culturelles. Elle ne vise pas à renforcer l'attitude de consommateurs, mais à éveiller à un investissement véritable : « dans la mesure même où l'opération créatrice est arrachement à cette tentation d'inertie et de passivité dont nous sommes tous plus ou moins atteints, sa mise en rapport avec une population concrète apparaît donc comme une des dimensions fondamentales de toute action culturelle », commente Jeanson[269]. Il n'y a qu'une culture, celle qui fait accéder à la conscience de soi. Parce qu'elle est essentielle pour vivre, il le devient de la partager. L'action culturelle a alors un sens, et ce n'est pas tant la diffusion qui importe, l'accessibilité, contrairement à l'accent mis par Malraux, que le travail d'accompagnement et de réappropriation des propositions par les publics. Pour cela, « le non-public ne saurait être considéré comme un public potentiel, qu'il s'agirait de conquérir pour l'amener à consommer des biens culturels plus nombreux et

---

[267] Pierre Emmanuel, *Pour une politique de la culture*, Seuil, 1971, p.72.
[268] Francis Jeanson, *L'Action culturelle dans la cité*, Seuil, 1973, p. 66.
[269] Francis Jeanson, *L'Action culturelle dans la cité*, Seuil, 1973, p. 52.

de meilleure 'qualité', mais comme l'ensemble des hommes et des femmes que leur naissance, leurs conditions d'existence et les structures de notre société maintiennent plus ou moins en marge des processus réels d'évolution de la Cité : tous ceux, en d'autres termes, qui n'ont pas été mis en mesure ou ne s'estiment pas capables de se comporter personnellement, de façon active, à l'égard de 'la chose publique' »[270]. Il ne s'agit pas seulement de mettre des œuvres en relation avec des publics, mais d'agir grâce à elles avec une population concrète[271]. L'action culturelle est travail d'acculturation, et de conscientisation, de politisation, au sens originel. Jeanson se garde cependant d'une contradiction à laquelle céderont nombre de discours gauchistes, celle de revendiquer de l'Etat le soutien financier pour développer et diffuser une culture subversive qui le conteste. Ce que Druon résuma dans une formule célèbre qui fit scandale. Contradiction analysée par Jacques Rancière qui montre comment l'objectif de produire une conscience apte à transformer le monde et à servir les luttes est ambigü[272]. D'une part, elle théorise une mission de service public où l'Etat devrait fournir des armes contre lui-même, pari guère tenable à terme, par ailleurs elle transforme l'artiste en missionnaire, d'ailleurs trop souvent condamné à jouer à terme devant un public militant ou captif. L'action culturelle demeure malgré tout susceptible d'inquiéter puisque par nature elle mobilise et active les citoyens.

La Déclaration du colloque de Châteauvallon, réunissant les directeurs d'établissements culturels, le 31 mars 1971 s'appuie en grande partie sur ces constatations de Jeanson :

– « L'action culturelle tend à mettre une population en mesure de s'exprimer par des voies individuelles ou collectives dans tous les aspects de sa vie quotidienne.

– Elle propose aux membres de cette population, compte tenu du lieu et du moment et par des moyens spécifiques, d'exercer une réflexion critique sur eux-mêmes et la société.

– L'action culturelle est, de ce fait, l'une des démarches permettant à chacun de s'engager plus consciemment dans une entreprise commune de transformation du monde.

---

[270] Francis Jeanson, *L'Action culturelle dans la cité*, Seuil, 1973, p.152.
[271] Jean Caune note chez Jacques Charpentreau, qui signe en 1966 (Ed. Ouvrières), *L'homme séparé. Justification de l'action culturelle*, une filiation avec Jeanson. L'auteur tentait de concilier une aspiration au changement et un courant humaniste chrétien en faisant de l'action culturelle une exigence de transformation du monde. Par elle, il s'agit de viser à une réunification de l'homme divisé. Voir Jean Caune, *La Culture en action. De Vilar à Lang : le sens perdu*, PUG, 1992, p.179.
[272] Jacques Rancière, « Le compromis culturel historique », in *Les Scènes du Peuple*, Ed. Horlieu, 2003, p.270.

– Tout en assumant d'une manière novatrice l'héritage du passé, l'Action culturelle procède d'une conception dynamique qui l'engage au sein d'une culture en train de se faire.
– La vie culturelle de la nation se manifeste à travers des politiques diverses, mais l'Action culturelle, par la recherche d'une cohérence des activités de création, de diffusion et d'animation, s'affirme comme l'exigence d'une politique culturelle globale »[273].

Contemporain de la crise de l'éducation en 68, Jeanson repère que la culture des élites est en crise, car les héritiers refusent l'héritage. Impossible à préserver seulement pour une caste d'initiés, la culture n'a de sens que réappropriée, c'est-à-dire faite sienne et donc transformée par ceux qu'elle concerne. « Ce que nous devons tenter au contraire c'est le constant dépassement de cette culture de fait vers la participation de tous à une culture en train de se faire. Il y a des biens matériels qui tombent en 'déshérence' : il ne se trouve plus aucun héritier pour les reprendre à son compte. Or c'est très précisément ce qui risque de se produire dans notre cas, vis-à-vis de l'héritage culturel, car nous n'en reprendrons rien du tout si nous nous satisfaisons plus longtemps d'en assumer seuls la reprise »[274]. Critique de la culture bourgeoise, mais pas envers son contenu, plutôt par son élection trop restreinte, Jeanson estime qu'il faut travailler à l'élargissement des destinataires. Moins par la diffusion que par l'appropriation, chacun doit vivre par la culture le rapport existentiel (comme chez Malraux), mais aussi y puiser le sens de l'action collective. « C'est de culture *vivante* qu'il s'agit ici : c'est-à-dire de l'effort des hommes pour donner sens à ce qu'ils font, dans quelque circonstance que ce soit. Et ce n'est qu'en rapport avec cette culture *en actes* que tel ou tel aspect du patrimoine culturel a chance de les concerner vraiment, de leur apporter sur eux-mêmes et sur le monde quelque éclairage plus ou moins significatif »[275].

Comme le manifestent, à la même époque, les écomusées, il s'agit de permettre aux gens de prendre en main leur destin. L'action culturelle vise à une appropriation de la culture par réappropriation, c'est-à-dire par participation active de ceux qu'elle concerne. Visée démocratique, la culture doit être transmise, en impliquant ceux qui en seront destinataires. « Si j'ai choisi l'action culturelle précisément, c'est que je suis pour le moment, de plus en plus convaincu de la nécessité d'une entreprise patiente et progressive de désaliénation, de prise de conscience et d'ouverture aux autres. L'action politique, chez nous, est devenue impuissance : elle passe son temps à sauter à pieds joints par-dessus les problèmes, à les traiter

---

[273] Cité par Urfalino, *L'Invention de la politique culturelle*, Hachette, 2004, p 285.
[274] Francis Jeanson, *L'Action culturelle dans la cité*, Seuil, 1973, p. 134.
[275] Francis Jeanson, *L'Action culturelle dans la cité*, Seuil, 1973, p. 53.

magiquement, à les traiter en l'absence des intéressés eux-mêmes »[276]. Les professionnels doivent se mettre, si ce n'est au service, comme le proposera Hugues de Varine pour les écomusées, du moins en travail constant avec les intéressés[277].

Pour Jeanson, les professionnels doivent servir à multiplier les bénévoles ! Ce sont des animateurs relais pour que les habitants parviennent à l'auto-animation, c'est-à-dire à la capacité de prendre en charge les actions futures. La référence de l'époque est l'autogestion et la désaliénation. Les professionnels doivent être des relais pour former et inciter les initiatives. Avec lucidité, Jeanson devine que les moyens seront toujours insuffisants pour parvenir à ce qu'une équipe permanente, même compétente, parvienne seule à animer une ville. Malgré une professionnalisation exceptionnelle du secteur dans les années 80 et 90, l'avenir lui donne raison. Mais c'est moins par peur d'un manque de moyens, que par conviction que la chose doit être pensée autrement. Parce que l'essence de la culture n'est pas d'être distribuée et consommée, mais agi, vécue et intégrée par les intéressés. « C'est une pensée folle, on ne travaille jamais pour les autres, si ce n'est pas avec eux »[278], écrit Jeanson. Cette idée va se retrouver fortement inscrite dans le concept de développement culturel, qui ne sera pas un développement économique ou territorial, mais d'abord un développement des forces d'action et d'intégration tant au niveau personnel que collectif.

L'action culturelle dévoyée

> « L'animation culturelle ne consiste pas à faire croître inconsidérément les prétentions individuelles, ce qui créerait vite un tohu-bohu de médiocrités ; mais à faire jaillir les esprits comme des sources les uns pour les autres »[279]. Pierre Emmanuel.

À l'époque il est possible de constater une réelle divergence entre les conceptions de droite et de gauche, entre l'offre culturelle qui rend possible la révélation aux grandes œuvres et l'action culturelle comme accompagnement et prise de conscience collective. La première insiste sur le caractère individuel et personnel de la démarche, alors que la seconde y décèle des potentialités de partage et de reliance. Les premières actions de médiation, que l'on n'appelle pas encore ainsi à l'époque, cherchent à rendre accessible un patrimoine jusque-là réservé, par *rencontres* et sensibilisation

---

[276] Francis Jeanson, *L'Action culturelle dans la cité*, Seuil, 1973, p. 150.
[277] Voir *Des Musées en quête d'identité. Ecomusées / Technomusées*, L'Harmattan, 2003. Hugues de Varine, *La Culture des Autres*, Seuil, 1976.
[278] Francis Jeanson, *L'Action culturelle dans la cité*, Seuil, 1973, p. 150.
[279] Pierre Emmanuel, *Pour une politique de la culture*, Seuil, 1971, p.82.

aux démarches artistiques. Cette notion de *rencontre* va se trouver être un vecteur essentiel de l'action culturelle[280]. Ce que l'éducation populaire pratique, Jean Vilar le met en œuvre au cœur même de l'institution, s'attirant les remarques acerbes de certains[281].

Dans un billet d'humeur, le critique parisianiste et bourgeois de l'époque, Jean-Jacques Gautier se moque des rencontres initiées par Vilar visant à désacraliser quelques contenus classiques par rapprochement et mélange des genres. Dans la veine de l'éducation populaire, proche de l'état d'esprit de la mouvance communiste, des formules de théâtre hors les murs près des intéressés sont initiées. Par exemple, lors d'un week-end populaire à Suresnes et à Clichy, un bal avec des membres du TNP ainsi qu'un repas, suivis de rencontres débat entre comédiens et publics, accompagnent le spectacle. Alors que la chose nous semble aujourd'hui naturelle, cela paraît à l'époque extravagant. « Pour les séances d'études, elles peuvent être bonnes ou mauvaises, selon le genre des questions qui s'y posent. Nous touchons là à des problèmes de pédagogie qui n'ont pas grand-chose à voir avec le théâtre vivant. Si une pièce parle suffisamment au cœur, elle n'a pas besoin de conférences ou de commentaires intellectuels : donnez n'importe où une bonne représentation du Misanthrope et vous verrez s'il est nécessaire d'assaisonner le spectacle de considérations didactiques ! Autrement dit, il me semble que le rôle de ceux qui montent des spectacles est moins d'organiser des parlottes que d'éveiller, par la qualité de leur production, la curiosité des foules pour la chose théâtrale. Les théâtres-clubs naîtront ensuite de la passion des individus pour le théâtre, comme les ciné-clubs ont été suscités par les fervents du cinéma »[282]. Ce commentaire de 1952, c'est-à-dire tenu avant les analyses de Pierre Bourdieu est amusant à lire aujourd'hui. Aveuglé par sa propre culture, incapable de considérer les écarts de codes culturels, l'auteur égratigne les actions culturelles de Jean Vilar (mais il défend néanmoins ses pièces et adresse une louange à celles où joue Gérard Philippe).

L'animation culturelle va se déployer durant les années 60 et 70, parallèlement aux travaux de la sociologie de la culture, dévoilant non seulement les inégalités face à la culture, mais aussi les conditions de production de ces inégalités. Elle va s'accompagner d'un changement

---

[280] Notion qui se voit dotée de plusieurs sens, ceux d'interprétation et de médiation ne se superposant que partiellement. Voir Jean Caune, *La Culture en action. De Vilar à Lang : le sens perdu*, PUG, 1992, p.143. Voir aussi l'analyse du rapport animation – médiation : Claude Patriat, « L'Interprétation comme art de l'explication. Quand le bon sens fait parler le génie », *Les Entretiens Denis Diderot*, n°1, Juillet 2001, p. 12-17.
[281] Voir les exemples d'actions culturelles et leurs réussites manifestes et souvent dévalorisées, Laurent Fleury, « Retour sur les origines : le modèles du TNP de Jean Vilar », in Le(s) Public(s) de la culture, sous la dir. de Olivier Donnat et Paul Tolila, Presses de Sciences Po, 2003, p. 123.
[282] « Les conseils », de Jean-Jacques Gautier, dans *Réalités*, janvier 1952.

simultané du contenu à transmettre. Jusque-là l'éducation populaire visait à rendre accessible les grandes œuvres de l'humanité, que l'école sacralisait, en donnant si possible l'accès à une culture vivante, c'est-à-dire en permettant une appropriation et pas seulement une marque de dévotion, ou pire d'indifférence à leur endroit. Selon la première acception de la démocratie culturelle, les populations sont acteurs de l'appropriation de la culture. C'est la conception dominante de Jeanson. Conception exprimée majoritairement dans l'histoire et les textes de l'éducation populaire[283]. Signification reléguée avec la déconstruction de la culture classique.

Sous l'effet d'une démocratie culturelle revalorisant les cultures au sens anthropologique, la culture classique est discréditée au profit d'une expression des cultures populaires. Trop lié au pédagogique, le terme d'éducation populaire est délaissé pour celui d'animation. Celui qui doit conduire vers les savoirs est relégué à être au mieux *au service de*, source de bien des crises. L'idéologie du « tout le monde créateur » finit par s'imposer. Mais « si tout le monde est créateur, à quoi bon des professionnels ? »[284]. L'animation culturelle évolue d'une volonté de transmettre des contenus culturels légitimes à des velléités d'expression de soi. Ce qui était relié et inhérent à une programmation et à une mise en relation avec les œuvres va se scinder entre la création artistique d'un côté et – dans les années 80 une sacralisation des créateurs –, et le secteur socioculturel, finalement dévalorisé[285]. En endossant le rôle de créateur plutôt que d'animateur, les nouveaux professionnels, notamment les metteurs en scène, vont jouer de la surenchère chérissant les œuvres difficiles, qui les éloignent d'autant plus de la capacité à toucher des catégories sociales non-initiées[286]. Surgit à la fin des années 60 une problématique que les pères n'avaient pas même imaginée, signale Philippe Urfalino : l'opposition entre la création et une action orientée vers les publics[287]. En se mettant au service d'une démocratie culturelle, dont les limites sont pour le moins ambivalentes, le secteur engage une opposition qui va devenir fracture.

---

[283] Voir Benigno Cacérès, *Histoire de l'éducation populaire*, Peuple et Culture, le Seuil, 1964.
[284] S'interroge Pierre Ballet-Baz, « Vers une normalisation de l'action culturelle ? », in Vers quelle action socio-culturelle ?, *Esprit*, n°7-8, juillet 1980, p.146.
[285] Ce passage et cette scission du secteur de l'animation culturelle à l'animation socioculturelle sont fort bien analysés par Jean Caune, voir partie 3 et 4 de *La Culture en action. De Vilar à Lang : le sens perdu*, PUG, 1992.
[286] Dominique Schnapper, « Quelques réflexions de profane sur l'Etat-providence culturel », in *Toutes les pratiques culturelles se valent-elles ?*, sous la dir. de Jean-Pierre Sylvestre, Hermès, n°20, 1996, p.52.
[287] Philippe Urfalino, *L'Invention de la politique culturelle*, Hachette, 2004, p.256.

Quel théâtre populaire ?

> « Les classiques au poteau, la Culture aux égouts, les Loisirs aux oisifs… Lavez-vous le cerveau. » La *Nouvelle Compagnie d'Avignon*, 1966[288].

Ce mouvement est théorisé. Les intellectuels en deviennent les porte-parole. Jean-Paul Sartre se fait, dans les années 60, l'écho de cette tendance. Il reproche à Vilar son classicisme et réclame un théâtre populaire non par son public, mais par les œuvres qui y sont jouées[289]. « Ce public suppose des pièces qui aient été écrites pour lui », écrit-il dans la revue *Théâtre populaire* en 1955[290]. « On est passé de la conception 'vilarienne' d'un théâtre civique, unificateur de toutes les classes sociales, à l'idée brechtienne d'un théâtre qui attise les contradictions et veut détruire l'Etat bourgeois », analyse Robert Abirached[291]. Ceux qui le soutenaient jusque-là se mettent à critiquer Jean Vilar, complice de la diffusion de la culture bourgeoise[292]. Est dénoncée une classe de privilégiés imposant sa culture comme le tout de la culture. Le refus de la diffusion d'une culture et d'un langage attribués à la classe cultivée dominante est radical[293]. Cette démagogie s'exprime avec une rare violence à l'époque. La définition que donnait Roland Barthes du théâtre populaire, « un public de masse, un répertoire de haute culture, une

---

[288] Cité par Robert Abirached, « Le Triomphe de la raison », in *La Décentralisation théâtrale. 1968, le tournant*, Tome 3, Actes Sud 2005, p.138.
[289] Romain Rolland avait déjà avancé cet argument en déclarant que « les uns croient au Théâtre. Les autres espèrent dans le Peuple » (*Le Théâtre du Peuple*, Les Cahiers de la quinzaine, 1903, p.12). C'est dans sa lignée que s'inscrit Sartre. Vilar répond à ces critiques en dénonçant le leurre d'une réduction du répertoire à la bourgeoisie (Molière est-il bourgeois ?!), et d'un risque d'enfermement idéologique, d'une division sociale, alors que lui vise à rassembler autour d'un théâtre universel, qui parle à tous, au-delà des classes. « Il n'y a pas de théâtre de métallurgistes possible. Il y a le Théâtre. Voir Jean Vilar, « Du spectateur et du public », dans *Théâtre et collectivité*, Flammarion, 1953, p. 113. Et Jean-Paul Sartre, dans *Théâtre populaire*, n° 15, sept 1955, repris dans « Théâtre populaire et théâtre bourgeois, dans *Un théâtre de situations*, Gallimard, 1975. Références citées par Jean Caune, *La Culture en action. De Vilar à Lang : le sens perdu*, PUG, 1992, p.90-92.
[290] Jean-Paul Sartre, Entretien avec Bernard Dort à propos du TNP, *Théâtre populaire*, n°15, septembre-octobre 1955.
[291] Robert Abirached, « Des Dossiers et des gommes », *Cassandre*, n°48, juillet 2002, republié dans *1995-2005, 10 ans d'action artistique*, Ed. Cassandre – L'Amandier, 2005, p.93.
[292] Voir la réponse argumentée de Jean Vilar qui va jusqu'à affirmer courageusement pour l'époque que tout dans « la culture bourgeoise n'est pas à rejeter en bloc, et sans nuances. Cette attitude est monstrueuse. Elle est fondée, pour l'essentiel, sur une connaissance souvent fallacieuse d'œuvres qui resteront, quoi qu'il arrive, les plus hauts témoignages de l'esprit humain », *Le Théâtre, service public*, Gallimard, 1986, p.233-239.
[293] Jean Caune, « Créateur / animateur », in Robert Abirached, *La Décentralisation théâtrale. Tome 4. Le temps des incertitudes, 1969-1981*, Actes Sud, (1995), 2005, p.69.

dramaturgie d'avant-garde », est oubliée[294]. Le mépris pour la culture dite bourgeoise, prôné essentiellement par les enfants de la bourgeoisie, désarçonne ceux qui ont œuvré jusque-là pour la démocratisation. « Le rejet de la culture passe aux yeux de Vilar pour une 'attitude monstrueuse' », qualifie Jean Caune[295]. Effet d'un nihilisme qui vient de loin (à en croire ce que dit déjà Julien Benda), le rejet va se déployer dans tous les domaines, pour mettre à bas ce qui est y assimilé. Déjà au début du siècle, Romain Rolland enthousiaste envers la nouvelle société socialiste qu'il entrevoit, s'exclame : « Et vive la mort, si elle est nécessaire à fonder la vie nouvelle ! Loin de la retarder, hâtons-la plutôt. Puisse l'art populaire s'élever sur les ruines du passé ! »[296].

Jean-Jacques Gautier conteste dans l'article déjà cité, – et avant Sartre, ce qui prouve que l'idée est déjà dans l'air du temps (en fait depuis Romain Rolland, même si on trouve chez ce dernier l'expression des deux filiations) –, la démagogie qui entend valoriser la culture des intéressés au détriment de la culture classique. Pour l'auteur, le théâtre est bon ou mauvais, il n'est pas lié à des catégories sociales. S'il reconnaît l'intérêt d'aller au-devant de publics éloignés, ce n'est pas en adaptant le répertoire. « Dès que sera close l'actuelle session de l'ONU, M. Jean Vilar s'installera sans doute au théâtre du Palais de Chaillot, où sa troupe donnera des représentations régulières. En outre, elle effectuera périodiquement des tournées dans les salles de la banlieue parisienne. En effet, le problème est le suivant : il existe autour de Paris une énorme masse populaire qui ne va pas au théâtre. Pourquoi ? Parce que, dans les circonstances présentes, le fait de se rendre à une représentation qui a lieu du côté de l'Opéra ou des Champs-Elysées représente pour les banlieusards un déplacement relativement important et une fatigue supplémentaire ; parce que les transports sont coûteux et les places chères ; parce que, après une semaine de travail, l'ouvrier de Puteaux préfère le cinéma du coin de la rue où il va en voisin et sans cérémonie...Enfin parce que – prétendent certains, et c'est là où je commence à n'être pas d'accord – parce qu'on n'offre pas aux populations laborieuses un théâtre de leur goût. J'ai là-dessus une opinion très nette : le goût des individus ne diffère pas suivant leur position sociale. L'ouvrier de chez Renault et le professeur au Collège de France, le citadin et le faubourien, le médecin de province et le pêcheur de sardines, à partir du moment où ils aiment vraiment le théâtre, aiment le même théâtre : celui qui est bon. Ils aiment les bonnes pièces, bien écrites, bien mises en scènes et bien jouées. Le genre leur est indifférent. Il faut rudement mépriser une

---

[294] Roland Barthes, « Pour une définition du théâtre populaire », 1954. Cité dans Chantal Meyer-Plantureux, *Théâtre populaire, enjeux politiques. De Jaurès à Malraux*, Ed. Complexe, 2006, p.269.
[295] Jean Caune, *La Culture en action. De Vilar à Lang : le sens perdu*, PUG, 1992, p.105.
[296] Romain Rolland, *Le Théâtre du Peuple*, Les Cahiers de la quinzaine, 1903, p. 150.

classe sociale pour estimer qu'il est indispensable de lui confectionner une nourriture spéciale. Si Jean-Louis Barrault et Pierre Fresnay pouvaient « mettre les places à 100 francs » les masses prolétariennes fréquenteraient volontiers Marigny et la Michodière. Au bout de quelques temps, elles aussi apprécieraient autant Roussin que Marivaux et Jean Anouilh que Jean Racine, Marcel Aymé que Deval, Claudel et Salacrou. C'est une question d'habitude. Qu'on nous laisse bien la paix avec le fameux théâtre d'expression populaire dont parlait feu M. Delferrière ! »[297]. On notera la perspicacité de l'auteur qui pressent le risque d'enfermement communautaire contenu dans une logique d'adaptation à des publics. Comme pour Vilar (et malgré leur différence d'opinion politique), il n'y a qu'un théâtre, et le théâtre populaire est un théâtre universel[298]. En ne s'adressant qu'à une fraction de la population, on va à l'encontre de l'unité et de l'universalité de l'art, jugeaient déjà les pionniers du théâtre du peuple. Il ne faut pas supprimer « l'art de la classe bourgeoise » pour le remplacer par un autre « art de classe », mentionne Vincent Dubois en analysant les débats sévissant à l'origine du Théâtre du Peuple. Il s'agit plutôt de réunir les conditions nécessaires à l'avènement « d'un art qui s'élève au-dessus des barrières de castes, d'un art de pure humanité, qui captive et prenne aux entrailles le savant aussi bien que le rustre »[299]. Jean Vilar s'inscrit dans cette lignée, celle qui n'entend pas instrumentaliser le théâtre au service d'une doctrine ou d'une idéologie, ou le diluer dans une vision démagogique d'un art populaire idéalisé.

Le critique Jean-Jacques Gautier reprend la critique déjà formulée par Malraux envers une tendance de l'éducation populaire. Ceux qui conservent pour eux les œuvres de haute culture sous prétexte de s'adapter au niveau de leurs interlocuteurs font œuvre de démagogie, si ce n'est d'un mépris de classe : « Tant qu'on partira du principe qu'un homme ne peut aimer véritablement le théâtre s'il n'essaie pas d'être acteur, d'une part, et que, d'autre part, pour le peuple *Ces dames aux chapeaux verts* et *L'Ami Fritz* sont plus accessibles que Corneille, on ne pourra jamais entreprendre une action culturelle qui ne soit dégagée de cet espèce de mépris qui la tue dans son germe. L'exemple de Jean Vilar est ici plein d'enseignements : Vilar n'a jamais voulu tricher avec les goûts du peuple. Il a joué Corneille, Sophocle, Brecht, Claudel. Et le peuple a découvert qu'il aimait mieux cela que les romans de la presse du cœur »[300]. Les mises en garde resteront lettres mortes,

---

[297] « Les conseils », de Jean-Jacques Gautier, dans *Réalités*, janvier 1952.
[298] Emmanuelle Loyer, *Le Théâtre citoyen de Jean Vilar. Une utopie d'après-guerre*, Puf, 1997, p.151.
[299] Article de la RAD, Cité par Vincent Dubois, *La Politique culturelle. Genèse d'une catégorie d'intervention publique*, Belin, 1999, p.57.
[300] Pierre Moinot, *L'Action culturelle*, document cité par Urfalino, *L'Invention de la politique culturelle*, Hachette, 2004, p. 88 et publié dans *André Malraux, Ministre*, La Documentation française, p.377.

la tendance va être suivie par la création contemporaine, celle de la revalorisation des 'cultures illégitimes', ou plus précisément de la dévalorisation de la culture légitime.

La montée en puissance des contre-cultures

> « Le théâtre n'a pas besoin d'être une nouvelle forme. Il doit laisser ça au monde de l'art et à la mode. Il n'a pas besoin de cette légitimité-là. Il ne s'agit pas de créer de nouvelles formes pour le 'printemps-été' de la saison prochaine, mais de regarder sans cesse le geste des artistes passés pour inventer aujourd'hui. »[301] Olivier Py

Sans procéder à une lecture des évolutions esthétiques du 20ème siècle, il faut rappeler combien le point de rassemblement de toutes sera la commune critique de la culture légitime. Généreuse intention qui, de Romain Rolland au Living théâtre, visera à s'adresser d'abord au peuple plutôt qu'aux habitués des parterres des institutions. Le futurisme russe, autour de Vladimir Maïakovski, plein d'espoir dans l'avenir radieux, publie un manifeste en 1912 qui prône une contestation radicale des normes du passé dont il faut absolument s'affranchir pour découvrir de nouvelles potentialités. Grisés par un contexte révolutionnaire qui promet des lendemains qui chantent, ces révolutionnaires jugent l'héritage négligeable devant les horizons nouveaux. L'art doit se « désenbourgeoiser », pour inventer l'art prolétarien où s'affirmera la réalisation d'un véritable mode d'expression du peuple. Un peu rapidement, on estime que l'art n'était jusque-là qu'un simple reflet décoratif du réel, un objet destiné à la contemplation passive. Il devra désormais être plus conséquent pour devenir une arme destinée à changer les modes de vie. L'intention, certes généreuse, fait un sort à une culture dont le sens n'était pourtant pas que décoratif ou occupationnel. Elle visait au contraire à affirmer la puissance de l'esprit humain, quête spirituelle parfois travestie, mais que les nouveaux prophètes jettent un peu rapidement avec l'eau du bain. Le mouvement du théâtre ouvrier proclame un art prolétarien radicalement nouveau. Il s'exprime sous des formes différentes, notamment à Berlin avec Erwin Piscator, et s'il renouvelle la scène moderne, il demeure malgré tout un théâtre narratif, d'autant plus qu'il est prosélyte, porteur d'un message, voire parfois d'une propagande politique.

Selon les tendances, le théâtre devra s'adresser au peuple, dont il éclairera la conscience, ou devra être réalisé avec ses représentants à partir

---

[301] Olivier Py, « La Tentation de l'absolu », Entretien, *Mouvement*, n°39, avril-juin 2006, p.132.

des cultures populaires, dans un désir d'expression de la vitalité de chacun. À ce titre parfois, est faite l'apologie du non-professionnalisme. En 1923, le LEF, Le Front gauche de l'art, avec Meyerhold notamment, expérimente ces formes, mêlant expressions populaires, messages politiques et décors cubo-futuristes[302]. Le nouveau théâtre doit combiner théâtre populaire de rue et avant-garde. Des expériences, en Allemagne, en France, en Italie, vont se multiplier dans les années 20 et 30. Elles affirment un théâtre de masse, si possible avec la participation du public, dont le parangon est *La Prise du palais d'hiver*, pièce montée sur le lieu même de l'action par Nikolaï Evreinov avec six mille participants. Les théâtres amateurs ouvriers vont développer les thèses de l'agit-prop et trouver leur reconnaissance mondiale après la seconde guerre mondiale avec le Berliner Ensemble de Brecht. Les Brechtiens attaqueront de l'intérieur la culture classique. Confondant l'interprétation de la culture populaire, qui a toujours été source d'inspiration de Mozart à Brahms avec ses danses slaves, ils inviteront à identifier la culture à celle de la rue. Un rapport direct doit être présenté, au risque de la naïveté de son expression. Beaucoup de confusions vont en découler. Si des prises de parole seront transmuées au travers d'une médiation artistique, accompagnées par des créateurs, d'autres se contenteront de s'exhiber pour elles-mêmes, dans leur véracité, mais aussi dans leur indigence et irrémédiable pauvreté. Normalement la création participative et les œuvres collectives cherchent à transformer les rapports sociaux. Cependant des glissements vont s'opérer de la volonté d'inciter à l'autonomie à la complaisance narcissique. Plusieurs éléments vont se combiner, message et conscience prolétarienne, envie démocratique d'expression de soi, volonté d'impliquer le spectateur dans le feu de l'action, refus de le conforter dans le refuge de ses rêves pour découvrir et explorer une réalité présente...

Les diverses expressions théâtrales du 20ème siècle partagent le désir d'aller à l'encontre d'une supposée passivité du spectateur. Le Living théâtre exaltera la culture jeune de l'époque, invitant le spectateur à devenir acteur. Armand Gatti exacerbe la lutte des opprimés et propose aux exclus de monter sur la scène pour qu'ils jouent leur vie, en se produisant dans les usines ou les quartiers. S'il s'agit là d'une transmutation, pas d'une simple exhibition, les ambiguïtés sont néanmoins présentes[303]. Théâtre forum ou théâtre laboratoire, s'y inventent de nouvelles dimensions expressives, qui, à s'inspirer de la rue, oublient parfois de s'en émanciper pour aspirer à de nouvelles dimensions. Les situationnistes formulent cette aspiration d'un théâtre sans public, et même sans figurant, où les participants à défaut d'en devenir les acteurs en sont au moins « les viveurs ». Si le théâtre peut alors

---

[302] Nous empruntons pour ce passage à Philippe Chaudoir, *Discours et figures de l'espace public à travers les arts de la rue, La ville en scènes*, L'Harmattan, 2000, chapitre 1.
[303] Voir Robert Abirached, sous la dir. de, *La Décentralisation théâtrale. 1968, le tournant*, Tome 3, Actes Sud 2005.

s'offrir en thérapie, dans la lignée de Paolo Freire, – le Théâtre de l'Opprimée d'Augusto Boal en présente un visage passionnant –, toutes les expériences ne seront pas porteuses d'utopies concrètes. Beaucoup demeureront engluées dans le réalisme ne sachant pas transformer la boue en or. Or, si le travail artistique ne réside pas dans la transsubstantiation par une alchimie de l'interprétation qui permet de donner un autre visage, en révélant une perception invisible pour le commun des mortels, quel est son sens, et même son intérêt ? Sans doute fallait-il les ready-made pour déconstruire le bon goût, l'interroger avec radicalité, en cerner les fondements, inviter à d'autres possibles, mais s'il s'agit d'en rester là et de les répéter indéfiniment, l'art non seulement ne fascine plus, mais il n'intéresse guère. Après avoir perdu sa fonction sacrée, il devient ennuyeux, ce qui peut sans doute lui arriver de pire. Ainsi ses propositions théâtrales où il ne se passe rien de plus que dans la vie ordinaire, ainsi ses propositions plastiques sans esthétique...

Dans sa convergence d'explorations avec les arts plastiques, le théâtre militant évolue vers la recherche de nouvelles expressions artistiques, et trouve souvent une justification dans la provocation contre l'ordre moral et les conventions esthétiques. L'influence des performances, du happening, des évènements ou des actions, des dadaïstes jusqu'à Fluxus en passant par l'actionnisme viennois des années 60, va apporter un renouvellement qui participe de la déconstruction. Dans la lignée de Tzara, – qui dans le *Manifeste dada 1918* lance un appel donnant la prééminence de l'acte sur l'art et les idées et qui prône un travail destructif envers les formes héritées , il s'agit de subvertir toutes les valeurs. En faisant de l'acte de création le moteur de l'intérêt porté aux nouvelles formes, s'établissent le règne de l'événement et la spectacularisation du travail de l'artiste. Il l'emporte sur la réalisation finale. La mise en scène de la démarche prédomine sur le contenu et le résultat. Au nom de la communication avec le public et de sa reconnaissance, de son implication, on dévalorise l'œuvre pour affirmer la prééminence d'une prise de conscience collective. Invocation par ailleurs contradictoire avec la volonté affichée de bousculer le public en allant à l'encontre de ses habitudes mentales (« le violer même », dit-on parfois). La voie est ouverte pour des démarches populistes qui favorisent l'adhésion, et d'autres élitistes qui désarçonnent le public avec leur avant-garde esthétique purement formelle (qui le révolte dans le meilleur des cas, ou le laisse indifférent le plus souvent). Deux tendances également présentes dans les propositions contemporaines[304]. La réalisation cède le pas à la représentation, voire à la spectacularisation.

---

[304] Voir Serge Chaumier, *Arts de la rue : La Faute à Rousseau*, L'Harmattan, 2007.

La critique par les artistes

> « C'est à tort que j'ai parlé ci-devant d'un ministère de la culture, c'est plus précisément de l'enculturation qu'est chargé ce ministère. »[305] Jean Dubuffet

Non seulement les sciences sociales viennent saper le paradigme de Malraux de l'extérieur, en relativisant la culture, mais les artistes l'attaquent de l'intérieur. Déjà, dans *La Crise de la culture*, Hannah Arendt note que le mouvement de l'art moderne est un mouvement d'hostilité envers la société et la culture héritée. La valorisation du fait d'être inculte et ordinaire devance la récupération des produits de la société de masse. Les héritages sont niés, ou recyclés dans une culture de masse susceptible de tout digérer. L'art contemporain, héritier depuis Duchamp des multiples déconstructions de la culture bourgeoise (les surréalistes ayant été les plus assidus à scier les branches de la culture classique), va multiplier les tirs contre la sacralité de l'œuvre et sa capacité de transcendance. Dubuffet en théorise le rejet, dénonçant le conditionnement culturel de l'école et des institutions peuplées « d'officiers de la culture »[306]. Pour l'auteur, il convient de lutter contre « l'enculturation » dont est chargé le ministère, qui impose son idéologie culturelle. Il s'agit de permettre une libération en fondant « des instituts de déculturation, sortes de gymnases nihilistes, où serait délivré, par des moniteurs spécialement lucides, un enseignement de déconditionnement et de démystification »[307]. Provocation d'artiste peut-être, mais qui rend compte de l'esprit d'une époque. Tout l'art du 20ème siècle s'évertue à détruire l'art tel qu'il était conçu jusque-là[308]. « Est-ce probablement du côté des avant-gardes artistiques du siècle dernier et des surréalistes qu'il faudrait rechercher les causes les plus lointaines de l'effacement des repères dont souffre aujourd'hui la 'culture cultivée' : en interrogeant par des voies de plus en plus radicales les limites du 'bon goût' et en s'affranchissant de la recherche du beau, l'art contemporain a été un lieu privilégié de brouillage des frontières entre art et 'non-art' », remarque Olivier Donnat[309].

L'art s'inspire d'abord de la culture populaire, en la transformant, puis il vise à en montrer la légitimité interne, directement exposable. L'équivalence relativiste fait se côtoyer sur un même pied d'égalité les productions populaires et les œuvres des artistes de toute provenance. Loin de l'ancienne dénonciation nazie, comme en 1937, où *L'Art dégénéré* des artistes est

---

[305] Jean Dubuffet, *Asphyxiante culture*, Ed. de Minuit, 1986 (1968), p.114.
[306] Jean Dubuffet, *Asphyxiante culture*, Ed de Minuit, 1986 (1968).
[307] Jean Dubuffet, *Asphyxiante culture*, Ed. de Minuit, 1986 (1968), p.115.
[308] Hannah Arendt, « La Crise de l'éducation », in *La Crise de la culture*, Gallimard, Folio, 1972, p.248.
[309] Olivier Donnat, *Regards croisés sur les pratiques culturelles*, La Documentation française, 2003, p.23.

exposé aux côtés des créations des malades mentaux, c'est désormais, prenant un contre-pied certes salutaire, que tous peuvent prétendre sans distinction à être reconnus comme artistes. En réaction aux positions réactionnaires, tout est devenu légitimement artistique. Mieux, c'est la culture de consommation, médiatique ou de masse qui bientôt a les louanges de ceux qui devraient en être les pourfendeurs. Le pop art établit une convergence revendiquée entre la société de consommation et les « produits » de l'art[310]. Par dérision peut-être, mais l'alibi de la dénonciation va être tellement resserré qu'il en devient suspect, – surtout quand les effets ne provoquent rien d'autre qu'une inflation des cours du marché de l'art. La légitimation est manifeste. Le public d'abord surpris prend finalement pour acquis que les biens de la consommation sont également des œuvres. « Aux expériences auratiques de l'authenticité se substituent des expériences de la distraction engendrées par la consommation d'œuvres reproductibles et faites pour être reproduites », écrit Yves Michaud[311]. Tout est œuvre, rien n'échappe, le design est là pour nous le rappeler.

L'obsession de la désacralisation, par les artistes comme par les professionnels de la culture, repose sur un malentendu préjudiciable à la culture elle-même. Sous prétexte de rendre accessibles les œuvres aux publics les plus éloignés, les passeurs de culture s'emploient à faire tomber de leur piédestal les productions des artistes[312]. Or, si la médiation doit permettre la familiarité et l'appropriation par chacun, elle doit proposer aux publics de s'élever vers les œuvres, pour mieux les comprendre et les apprécier, non de faire en sorte de désacraliser l'art et les institutions. Les temples de la culture qui imposaient jusque-là le respect, parce que contenant le meilleur de nous-mêmes et des sociétés, se transforment en lieu de vie. Or, la démocratisation ne devrait pas être synonyme de banalisation ou de désenchantement. Si la culture n'est plus sacrée, elle n'est plus désirable. Dès lors, à quoi bon se cultiver plutôt que de faire autre chose, du sport ou de se faire bronzer sur une plage ? Si la culture est de l'ordre de l'ordinaire, le désir d'y accéder est désamorcé. En se désacralisant, les œuvres deviennent des produits, qu'il n'est pas plus intéressant de consommer que d'autres. Parce que les œuvres ne sont justement, en principe, pas équivalentes, parce qu'elles nous permettent d'accéder à une compréhension de l'existence, à une immanence, elles sont chargées d'une valeur et elles réclament une précaution. Parce qu'elles permettent d'accéder à autre chose que ce que nous offre la vie quotidienne, elles sont dignes de respect, voire de dévotion. Le sacré est à la fois repoussant et attirant, mais

---

[310] Jean Baudrillard, *La Société de consommation*, Denoël, 1970, p.176 et suivantes.
[311] Yves Michaud, *L'Art à l'état gazeux. Essai sur le triomphe de l'esthétique*, Stock, 2003, p. 117.
[312] Contradiction que l'on peut pointer chez Malraux lui-même avec son idée généreuse mais discutable de favoriser l'accessibilité aux chefs d'œuvres avec des reproductions présentées en province, projet finalement non réalisé.

c'est son mystère qui attise et la foi et le désir. En désacralisant les œuvres, mais aussi les lieux qui les contiennent, la banalisation s'accompagne de l'anéantissement du désir d'y accéder[313]. En sorte que les gens de culture se sont eux-mêmes suicidés en souscrivant à cette idéologie. Le temple de la culture est alors consommé, mais au même titre qu'un magasin de grande distribution. Ce que pointait Jean Baudrillard en remarquant une « néo-culture généralisée, où il n'y a plus de différence entre une épicerie fine et une galerie de peinture, entre *Play-Boy* et un *Traité de Paléontologie* »[314].

Croire que la sacralisation de l'art et de ses lieux d'expression est équivalente au principe de l'art pour l'art, au fait que l'artiste travaille isolé pour lui-même, sans se soucier des publics est faux. C'est confondre les espoirs de Jean Vilar qui entend faire accéder le plus grand nombre aux œuvres primordiales de l'humanité et au sacré qu'elles recèlent, et le travail de quelques metteurs en scène contemporains – dont nous tairons le nom –, qui se soucient d'abord de faire reconnaître leur génie. Le sacré et l'ésotérisme sont deux phénomènes à part entière, non superposables, bien qu'apparentés. Il est utile de conserver une aura de mystère dans le sacré, ce qui ne veut pas dire que tous ne peuvent y communier. C'est justement le mystère qui est attirant, parce qu'intrigant. La démocratisation véritable vise à convertir à ces charmes, pas à les anéantir pour les rendre accessibles. Exigence qui a été troquée au profit d'une profanation artistique. Œuvre sans sacré d'un côté, œuvre ésotérique de l'autre. Un clivage de plus en plus profond se manifeste entre une démarche de désacralisation qui génère démagogie et banalisation, et par ailleurs une production exigeante, mais déconnectée de toute réception. Deux extrêmes, qui nourrissent la consommation ou l'indifférence polie de la part des publics. Dichotomie observée couramment aujourd'hui. Malraux n'avait-il pas fait œuvre de visionnaire en assignant aux maisons de la culture de réconcilier les formes, notamment d'empêcher que deux cultures se développent de manière séparée : une culture basique, celle du divertissement, déjà très en vogue aux Etats-Unis, et une culture ésotérique en compensation ? « Si la culture basique n'est pas refoulée, elle suscitera en compensation une culture ésotérique. Empêcher qu'une culture ésotérique ne réponde à une culture caricaturale, qui le fera, sinon les maisons de la culture ? », interroge le ministre lors de son discours à la maison de la culture d'Amiens, en 1966.

---

[313] Corollaire de cette évolution, les efforts, que la collectivité acceptait de faire, notamment en terme financier pour cette part précieuse d'elle-même, même modestes, sont mis en cause. Les arbitrages budgétaires peuvent se faire désormais au vu des retombées et de la rentabilité attestée, en comparaison avec d'autres secteurs. L'idée de plus en plus courante est que ce sont ceux qui utilisent qui doivent payer, comme pour tout autre service, et non plus la collectivité tout entière qui se trouve concernée.
[314] Jean Baudrillard, *La Société de consommation*, Denoël, 1970.

Le double sens de la notion de « démocratie culturelle »

> « L'art populaire ne doit pas être un art au rabais, art spécial pour le peuple, mais l'art tout court, mis à la portée du peuple. »[315] Joseph Paul-Boncour

Le sens donné par les tenants de la démocratie culturelle, à savoir l'implication et la participation des populations, ne connaîtra qu'une fortune de courte durée. Il s'agit de travailler avec la population et pas seulement pour elle, estimait Francis Jeanson[316]. Seul le ministère de Jacques Duhamel en reconnaîtra de façon éphémère l'hypothèse[317], certainement sous la pression qui existe dans le début des années 70. Les CAC, Centre d'Action Communale, plus proches de l'action locale en seront l'expression. La notion de démocratie culturelle y trouve alors pleinement son sens dans la mesure où elle est au service du développement culturel[318]. Pas au sens économique, tel qu'on l'entend aujourd'hui, mais dans l'objectif de mobiliser chacun à la prise en compte de la culture, de s'en faire le porte-parole et le relais. En quelque sorte de favoriser une autogestion de l'acculturation ! Jacques Rigaud pense que « le développement culturel doit ou devrait engager chacun de nous »[319], alors que les partis de gauche oscillent entre dénonciation et recours à un Etat interventionniste et salvateur. Tous admettent que l'Etat doit être le guide pour inciter et soutenir les initiatives[320]. Mais celui-ci aura tendance à se substituer plutôt qu'à accompagner. Une vision technocratique en résulte avec des professionnels travaillant pour et sans les intéressés. Demeurera la démocratie culturelle au sens de l'expression de soi, et non de l'implication des populations dans les processus d'acculturation.

Si l'animation culturelle et sociale porte en germe cette volonté d'implication des acteurs dans l'appropriation et l'acquisition des bagages culturels, de façon à prolonger l'action de l'école durant toute la vie, le sens

---

[315] Joseph Paul-Boncour, *Art et démocratie*, Paul Ollendorff, 1912. Cité dans Chantal Meyer-Plantureux, *Théâtre populaire, enjeux politiques. De Jaurès à Malraux*, Ed. Complexe, 2006, p.100.
[316] Francis Jeanson, *L'Action culturelle dans la cité*, Seuil, 1973, p. 154.
[317] Voir le texte de Jacques Duhamel sur l'action et le développement culturel, dans Francis Jeanson, *L'Action culturelle dans la cité*, Seuil, 1973, p. 174-176.
[318] Voir Claude Patriat, *Les Cahiers d'Art + Université + Culture*, n°14, février mars 1997, p. 3 et 4.
[319] Jacques Rigaud, « Faut-il redouter l'intervention de l'Etat ? », Dialogue avec Jack Lang le 3 mars 1976, publié dans *Culture Publique*, T.3, L'Art de gouverner la culture, Sens&Tonka-Mouvement, 2005, p. 21.
[320] Ambition pour laquelle l'Etat doit être entièrement mobilisé, dans un souci de rénovation et de modernisation. Le *Fonds d'Intervention Culturel*, proposé par la commission du VIème plan autour de Pierre Emmanuel, mis en œuvre par le ministère Duhamel sera un outil, hélas temporaire, pour conduire des actions transversales innovantes et soutenir le développement culturel. Voir Pierre Emmanuel, *Pour une politique de la culture*, Seuil, 1971, p. 194.

dévoyé conduit à en offrir des portraits caricaturés engluant « le socio-cul » en pourvoyeur d'occupations bon marché et de piètre qualité. L'ambition d'origine est pourtant loin de l'occupationnel, et s'avère un vecteur d'inventivité sociale. « Dans l'optique d'une entreprise d'action culturelle, la fonction de l'animateur est d'inventer et de mettre en œuvre les moyens d'une culture commune, au sein d'une collectivité donnée d'importance locale ou régionale. C'est une fonction créatrice dans la mesure où elle tend à provoquer l'apparition de rapports nouveaux entre les membres de cette collectivité », écrit Jeanson[321]. Comme cette conception de l'implication des intéressés se conjugue dans le temps avec la revalorisation des cultures d'origine, les animateurs deviennent, non des passeurs qui conduisent vers d'autres horizons, mais des agents d'un enfermement sur soi-même. L'utopie des militants de l'action culturelle qui s'étaient battus pour professionnaliser le secteur se dévoie dans des animations culturelles et sociales oublieuses de l'artistique[322]. Les maisons de quartiers et les maisons de jeunes de la culture dépourvues de moyens présentent alors des offres trop souvent médiocres.

La démocratie culturelle, potentiel d'émergence des pratiques libératrices pour l'individu, s'enferre dès lors que le refus de la hiérarchisation des expressions est le maître mot. L'animateur ne juge pas de la valeur esthétique des pratiques. « A ce jeu, le socio-culturel a perdu très tôt le combat de la valeur artistique des pratiques culturelles. Pour résumer méchamment : peinture sur soie et macramé ; le tout culturel, la confusion des genres, la banalisation culturelle », relève un observateur critique[323]. En se discréditant, le secteur de l'animation affaiblit durablement l'éducation populaire. Celle-ci se replie sur des missions de consolidation du lien social en péril, notamment dans les périphéries des grandes villes, à la fin des années 90, ou encore en simple diffuseur de spectacles.

Belle idée qui invite chacun à être acteur de sa culture, c'est-à-dire à la construire peu à peu comme le faisait l'honnête homme curieux de chaque chose, et à participer à une aventure collective en s'insérant dans des interrelations qui ouvrent sur l'altérité, la démocratie culturelle se recouvre d'un flou qui lui est dommageable. Non contradictoire au départ avec la démocratisation culturelle, elle est d'abord entendue comme un moyen pour y parvenir. Elle implique médiation et réappropriation. Bientôt le terme s'oppose à la démocratisation, synonyme d'une tentative colonialiste sur les autres cultures. La démocratie culturelle devient l'expression par chacun des formes de sa culture d'origine. Démocratisation et démocratie culturelle en

---

[321] Francis Jeanson, *L'Action culturelle dans la cité*, Seuil, 1973, p. 197.
[322] Ce souci qui doit conduire par l'artistique vers autre chose, et à ne pas s'enfermer dans un ghetto, est bien souligné par Virginie Milliot, « Cultures, villes et dynamiques sociales », in le dossier *Culture et Recherche*, n°106-107, déc. 2005, p.32-35.
[323] Docteur Kasimir Bisou, « Diversité culturelle et politiques publiques, la fausse conversion française », 13 juin 2005, p. 13, sur www.foruma.fr/article.php3?id_article=290&var_recherche=diversite+culturelle

viennent à être contradictoires, alors qu'elles devraient être imbriquées, la démocratie culturelle servant la démocratisation[324]. « C'est dans ce contexte d'analyse que certains ont préféré parler de 'démocratie culturelle' plutôt que de 'démocratisation culturelle', pour signifier que les liens entre la culture instituée et les classes cultivées avaient pour effet d'établir des hiérarchies de valeur disqualifiant la culture des 'autres', quels qu'ils soient », écrit Claude Rouot[325]. Le glissement dans les perceptions et les conceptions s'opère progressivement avec les changements de générations, de celle des militants d'après guerre à celle des années 68. Toute une génération d'animateurs doute de devoir diffuser la culture des cultivés, plutôt que de favoriser la contre-culture[326]. Beaucoup demeurent ambivalents et confus dans la valorisation de l'un ou l'autre pôle. Même Francis Jeanson, dans *L'Action culturelle dans la Cité*, développe une conception ouverte et généreuse, intelligente de la démocratie culturelle, mais sans échapper parfois à des interprétations ambiguës[327].

Dès lors la tension entre animation et création artistique va aller s'accentuant. L'animateur, l'artiste et l'habitant ne sont pas embarqués pour le même voyage. « La cœxistence d'une stratégie d'accès à la culture – qui vaut comme partage de l'héritage – et d'une stratégie de participation à la culture – qui vaut comme intervention limitée à la gestion du temps libre – sera l'objet d'une tension qui prendra plusieurs figures. Toutes ces figures d'ailleurs se modèleront autour de la place et de la nature du phénomène expressif : diffusion de l'objet artistique ou expression de la créativité des groupes ; activité de sensibilisation à l'œuvre ou apprentissage des langages artistiques ; accès aux valeurs du patrimoine consacré ou émergence de micro-cultures… les multiples formes de cette opposition ne font qu'illustrer deux modalités de la relation de l'individu au phénomène culturel, l'accès et la participation, qui renvoient à deux approches distinctes de la culture », écrit Jean Caune[328].

---

[324] Même si des tentatives de réunification de ces différents champs existent, à l'instar des rencontres des cultures urbaines proposées par la Grande Halle de la Villette, qui tentent de marier expression de soi, démocratie culturelle et exigence artistique. La synthèse est toutefois difficile à trouver dès lors qu'une confusion existe sur le sens de ces actions, mêlées généreusement dans le tout culturel.
[325] Claude Rouot, « La Diversité au sein des politiques du ministère de la culture : rappel historique », dossier *Culture et Recherche*, n°106-107, déc. 2005, p.24
[326] Philippe Poirier, *L'Etat et la culture en France au XXème siècle*, LGF, 2000, p. 130.
[327] Ainsi Jeanson signe et influence la Déclaration de Villeurbanne en 68.
[328] Jean Caune, *La Culture en action. De Vilar à Lang : le sens perdu*, PUG, 1992, p. 160.

CULTURE SAVANTE, CULTURE POPULAIRE ET CULTURE DE MASSE, UN MARIAGE D'AVENIR

> « La culture n'obéit plus à un prototype, un modèle. Devenant multiforme et informelle, elle ne propose plus un schéma défini à la parole et à l'action, aux rêves et aux passions, aux travaux et aux loisirs. Allant dans tous les sens, elle devient du coup insignifiante, désignifiante. Elle ne donne plus de réponse au dire et au faire : elle n'est plus formation, elle devient information et communication. » Kostas Axellos[329], *Le Jeu du monde*.

Il faut, pour être exact, rendre compte d'une évolution concomitante qui voit les cultures populaires se réduire peu à peu et disparaître pour être remplacées par les cultures de masse[330]. Cette évolution n'est pas sans conséquence sur le rapport à la culture en général. Alors que les traditions paraissent bousculées par la modernité, la révolution industrielle, les techniques, l'exode rural et le développement urbain sans précédent depuis deux siècles, des personnalités soucieuses d'en conserver témoignage ou de les préserver se mobilisent un peu partout sur le territoire. Malgré tout, nombre de coutumes, de savoir-faire, de langages et de croyances disparaissent. Même si l'historien démontre que les faits culturels n'ont cessé d'évoluer et de se transformer – car ce qui nous paraît constituer une identité est souvent relativement récent dans ses formes connues, contrairement à ce que laissent à penser beaucoup de musées –, un certain rapport de l'individu à son bagage culturel s'en trouve modifié. Moins vécue que déléguée (par exemple au musée), cantonnée à des circonstances particulières (les habits traditionnels mis une fois l'an pour le 15 août), mythifiée d'autant que l'on s'éloigne d'un rapport réel, surjouée parfois pour son entourage ou pire pour des touristes qui en sont consommateurs,

---

[329] Kostas Axellos, *Le Jeu du monde*, Ed. de Minuit, 1969, p.339, cité par Armand Mattelart. *Diversité culturelle et mondialisation*, La Découverte, 2005, p.51.
[330] Ce que remarque dès 1974 Maurice Crubellier, *Histoire culturelle de la France, XIX-XXe*, Armand Colin, 1974.

l'identité devient une sorte de carte de visite, qui donne lieu à des fossilisations et des mises en scènes, des représentations d'elle-même[331].

Une grande partie de ce qui constituait les cultures populaires se transforme en parodie, davantage qu'en contenu investi par les individus. Non sans liens avec l'évanouissement de la notion même de peuple, qui est de plus en plus diversifiée et de moins en moins assimilable à une classe sociale identifiée, comme le remarque Fabienne Brugère[332]. Les cultures médiatiques tendent à se substituer à ce qui auparavant était transmis par le milieu. Au lieu de résulter de la création collective d'une communauté, la culture de masse est produite par le marché et consommée, même si des réinvestissements et des personnalisations savent se faire jour[333]. Il ne s'agit pas de nier les réappropriations, les sociabilités, les résistances ou les détournements, bien connus depuis Bastide, Hoggart et de Certeau. Il n'est pas contradictoire de penser le produit de la culture de masse comme standardisé, stéréotypé et en même temps approprié et réinvesti avec des nuances différentes[334], d'autant plus qu'une duplicité populaire permet de ne pas être dupe de ses intentions commerciales. Si la culture de masse donne lieu par réaction à des contre-cultures, elle lamine malgré tout une culture vivante préexistante.

Pensons au registre des chansons populaires qui s'est amenuisé au point de disparaître. Même l'hymne national n'est plus connu par cœur que par une minorité de Français, au point que plusieurs ministres s'en sont émus ! Les répertoires de chansons traditionnelles ont été laminés par les produits de l'industrie culturelle. Des études ont montré que dans les années 1900, lors des rencontres familiales, des joutes opposaient les participants qui étaient en mesure de chanter entièrement près de 70 chansons chacun ! Qui est capable aujourd'hui de chanter plus de cinq chansons par cœur ? Quelles sont-elles ? La plupart du temps des chansons éditées par l'industrie du disque, consacrées par la mode du moment, édictées par les télévisions et les radios. Le plus souvent ce sont quelques bribes de phrases qui sont ânonnées. Faut-il multiplier les exemples ? Dans ce domaine comme dans d'autres, les savoirs ont été remplacés. La culture télévisuelle constitue aujourd'hui le gros des références des jeunes adultes. Il existe même des clubs de « gloubiboulga » pour célébrer le culte de Casimir ! La tendance est mondiale, et la déculturation semble encore plus flagrante au Japon ou aux

---

[331] Serge Chaumier, « L'Identité, un concept embarrassant », in Nouveaux musées de société et de civilisations, dans *Culture et musées*, sous la direction de Jacqueline Eidelman, n°6, Actes Sud, 2005.

[332] Fabienne Brugère, « Le musée entre culture populaire et divertissement », *Esprit*, mars avril 2003, p. 93.

[333] Voir le très beau texte de Robert Redeker, « Les Masques de l'anti-élitisme », in *Culture publique, La Culture en partage*, Opus 4, Sens&Tonka, 2005, p.283.

[334] Voir les analyses d'Edgar Morin, *Les Stars*, Seuil, 1972. *L'Esprit du temps*, Grasset, 1962, notamment la première partie « L'Intégration culturelle ».

Etats-unis. Les cultures populaires traditionnelles sont confondues dans une culture de masse portée par les industries culturelles.

En décomplexant les personnes de s'adonner à des goûts peu distingués, et en leur laissant entendre qu'une culture en vaut bien une autre, qu'il n'y a pas de honte à admirer ceci plutôt que cela, la voie est tracée pour que la démocratie culturelle se transmue peu à peu en médiocratie culturelle. La télévision joue évidemment un rôle de premier plan, les séries et autres émissions de télé-réalité alimentant la décérébration généralisée. Robert Redeker mentionne que si le cœur de la culture de l'élite se trouve dans le livre, et celui de la culture populaire dans l'oral, c'est à coup sûr dans la télévision que se trouve celui de la culture de masse[335].

La France abonde dans une contradiction, présente d'une autre manière également Etats-Unis. Dans ce pays, la culture a été longtemps subdivisée en *high* et *lagh* culture. Il n'était nullement question de les confondre[336]. Peu à peu ce modèle s'est également effacé aux Etats-Unis[337], notamment sous l'effet de l'évolution des esthétiques qui revalorise comme savantes les formes de distraction. Structurellement, il y avait la culture pour les élites et les loisirs pour le peuple. Ce problème de mot est tout à fait crucial. La terminologie confond en France ce qui était jusque-là disjoint, d'où de sérieuses conséquences. La haute culture – celle qu'entendait Malraux –, définit les choses de l'esprit. Elle implique raffinement et recherche de perfection spirituelle. La basse culture, en revanche, regroupe l'ensemble des divertissements et des loisirs inventés par les industries culturelles. D'où le classement du cinéma dans cette catégorie de biens industriels et marchands et l'incompréhension récurrente que cela provoque lorsque la France entend faire valoir la clause d'exception culturelle (rebaptisée diversité culturelle, sous pression de l'idéologie relativiste[338]). En séparant clairement ce qui est de l'ordre du loisir divertissant de ce qui est des choses sérieuses de l'esprit, on risque moins les dérives, alors plus contrôlées[339]. Ceci n'empêche pas les

---

[335] Robert Redeker, « Les Masques de l'anti-élitisme », in *Culture publique, La Culture en partage*, Opus 4, Sens&Tonka, 2005, p.288.

[336] Rappelons que de 1915 à 1951, la constitution américaine considère qu'étant donné le caractère de masse de son public, le cinéma ne peut être placé sur le même plan que la littérature ou le théâtre et il n'est en conséquence pas protégé par le Premier amendement de la Constitution des Etats-Unis qui garantit la liberté d'expression, d'où la censure possible (et fréquente). Jacques Portes, « L'Horizon américain » in * Jean-Pierre Rioux et Jean-François Sirinelli, *La Culture de Masse, en France de la Belle Epoque à aujourd'hui*, Fayard, 2002.

[337] Frédéric Martel, *De la Culture en Amérique*, Gallimard, 2006.

[338] Mais c'est bien cette concession relativiste, conception dominante dans le monde anglo-saxon, que la France admet en passant au concept de 'diversité culturelle'. Voir Serge Regourd, *De l'exception à la diversité culturelle*, Problèmes politiques et sociaux, n°904, septembre 2004.

[339] Il faut rappeler qu'à l'origine, les Etats-Unis ont participé d'un véritable désir de culture, comme le soutient Neil Postman, et que cela a été annihilé par une déconstruction patiente de la culture humaniste pour lui substituer la culture de divertissement. Voir *Se Distraire à en mourir*, Flammarion, 1986, p.61.

échanges. La haute culture a toujours cherché des sources d'inspiration dans la culture anthropologique, mais en la transformant et en lui donnant une interprétation qui la transcende. Ainsi, les Danses hongroises de Johannes Brahms ou les photographies de Walker Evans. La culture de divertissement, elle, cherche à s'emparer des œuvres de haute culture pour les transformer en produits à consommer, comme le démontre suffisamment le cinéma hollywoodien. Manœuvre contre laquelle mettait en garde déjà Hannah Arendt.

Demeurant optimiste, Jean-Pierre Rioux perçoit deux formes de culture qui coexistent et perdurent, même si l'on peut se demander si les confusions n'en viennent pas à menacer véritablement celle qu'il nomme humaniste. « Les eaux mêlées du « tout culturel », devenues plus torrentielles depuis les années 1970, semblent n'avoir pas encore emporté le vieil espoir français de distinguer hautement, au nom de l'Homme, deux formes de culture toujours concurrentes et pourtant nullement incompatibles. L'une, massive, offre et même exhibe le tout-venant culturel. Individualiste, prometteuse d'émotion et de divertissement en bonne servante du désir, plus audiovisuelle qu'écrite, industriellement produite et massivement consommée, évoluant sans cesse au gré des modes et des passions, elle est directement puisée aux viviers de la médiation et de la communication modernes. L'autre, progressiste, institutrice de la personne, fille de tous les langages qui vont au devant de l'Autre, reste de revendication humaniste et très française, puisqu'elle produit du sens et non de simples signes marchands, qu'elle fidélise aux valeurs et non pas à l'éphémère. Elle promet le partage et l'ouverture, reprend les héritages et convoque le temps, assied la primauté de la personne sur l'individu et donne texture au lien social. Ce distinguo ne recoupe pas celui qu'on a souvent et si arbitrairement posé entre une culture des élites et une culture des masses »[340]. La culture populaire et la culture médiatique ne sont pas une seule et même chose. Demeure qu'il est permis de s'interroger sur le devenir de la culture classique, de plus en plus étranglée par le divertissement.

Expression ou délégation de soi ?

> « Ceux qui se laissent induire, par la respectabilité croissante de la culture de masse, prendre une chanson populaire pour une œuvre d'art moderne parce qu'une clarinette y fait des couacs, et qui croient qu'un triple accord mêlé de *dirty notes* est atonal, ont déjà capitulé devant la barbarie. L'art tombé au niveau de la culture subit le châtiment d'être irrésistiblement confondu

---

[340] Jean-Pierre Rioux, « Résistances », in Jean-Pierre Rioux et Jean-François Sirinelli, sous la direction de, *La Culture de Masse, en France de la Belle Epoque à aujourd'hui*, Fayard, 2002, p.300.

avec ses propres déchets, plus il développe cette monstruosité. »[341] Theodor W. Adorno

La culture de masse que l'on se plaît trop à amalgamer avec la culture populaire s'en distingue par son véhicule[342]. La culture de masse suppose un média qui colporte et impose ses modalités, aux risques souvent dénoncés d'uniformisation. La culture médiatique passe par la délégation à autrui du choix de la mise en forme. Si le répertoire de chansons peut-être dit « populaire », – quels que soient ses attaches, ses influences et ses liens avec la musique savante –, elle devient une culture médiatique dès lors que des industries culturelles prennent en charge la sélection des ritournelles et leur diffusion. Il y a collusion entre la culture médiatique, portée par des médias, et la culture de consommations de loisirs, ne serait-ce que par les intérêts financiers qui sont à l'œuvre dans l'un et l'autre champ et qui en confondent les influences. De toutes les façons, les logiques sont les mêmes. Ce qui importe à la société des loisirs n'est aucunement l'acculturation, mais la consommation. « La société de masse, au contraire, ne veut pas la culture, mais les loisirs (*entertainement*) et les articles offerts par l'industrie des loisirs sont bel et bien consommés par la société comme tous les autres objets de consommation »[343]. Ils servent, poursuit Hannah Arendt à passer le temps, le temps vide, qui n'est pas le temps de l'oisiveté où nous sommes libres et disponibles pour la culture. Pour cela, elle exige un renouvellement rapide et frénétique de ses produits.

Si culture populaire et culture de masse semblent liées par leurs ressorts, elles sont en réalité des expressions sans commune mesure. « La culture populaire trouvait sa synthèse dans un mot : expression. La culture de masse n'est ni expression ni émancipation, mais consommation », remarque justement Robert Redeker[344]. Ainsi, le son et lumière réalisé par une association de bénévoles peut s'inscrire comme un renouvellement de l'expression de la culture populaire, mais le parc d'attractions qui en propose un, s'inscrit dans une culture du loisir, le plus souvent porté par des industries culturelles, c'est-à-dire par une culture de consommation[345]. La

---

[341] Theodor W. Adorno, *Prismes. Critique de la culture et société*, Payot, 2003, p.129.

[342] Edgar Morin note : « Culture de masse, c'est-à-dire produite selon les normes massives de la fabrication industrielle ; répandue par des techniques de diffusion massive ; s'adressant à une *masse* sociale, c'est-à-dire à un gigantesque agglomérat d'individus saisi en deçà et au-delà des structures internes de la société (classes, famille, etc ». *L'Esprit du temps*, Grasset, 1962, p. 12.

[343] Hannah Arendt, *La Crise de la culture*, Gallimard, 1972, p.263.

[344] Robert Redeker, « Les Masques de l'anti-élitisme », in *Culture publique, La Culture en partage*, Opus 4, Sens&Tonka, 2005, p.285.

[345] Notons que cette distinction est contestée par Bernard Lahire. Dans une note, Lahire se moque de ceux qui cherchent à séparer culture populaire et produits de l'industrie du loisir, en définissant ce qui est « fait par le peuple », de ce qui est « fait pour le peuple ». L'auteur estime que cette séparation relève du mythe de « l'authenticité culturelle ». « On pense qu'en

culture de masse est véhiculée par les médias alors que la culture de divertissement l'est par les industries culturelles, les deux se rejoignent et elles se renforcent l'une l'autre pour laminer les formes de cultures populaires. Le tout se commuant de plus en plus en une *culture monde*, largement mondialisée du fait du partage planétaire et de la prolifération - dilatation de la même culture pour tous et partout[346]. Ce qui caractérise la culture et plus certainement la culture populaire c'est de s'inscrire dans une tradition, un territoire, des origines sociales et communautaires. Au contraire, les produits proposés par les industries culturelles sont déterritorialisés, ils sont le plus souvent issus d'une créativité inscrite dans un temps et un espace particuliers, mais ils sont séparés de leur origine, souvent remodelés, pour être vendus à ceux qui ont les moyens de se les offrir, où qu'ils se trouvent[347]. La confusion fréquente entre la culture populaire et la culture commerciale n'est pas le fruit du hasard, c'est une des impostures du marché de les confondre, souligne Frédéric Martel[348]. Cette confusion délibérée, dont l'emblème est la 'pop culture', a permis de légitimer ainsi comme choix populaire une culture purement commerciale.

Bref, la culture populaire ne peut avoir d'expressions que locales, alors que la culture de masse ou médiatique est par définition expansionniste. L'une sous-entend participation active et implication, c'est-à-dire création des formes d'expression de soi, de sa culture d'appartenance ou de sa sensibilité, alors que l'autre suppose délégation et marchandisation. « Ce que les hommes découvrent entre eux est différent de ce que leur proposent des systèmes d'intérêts qui ne les concernent pas », tranche Jean Duvignaud[349]. La différence est, par exemple, de taille entre l'écomusée réalisé par association d'intéressés qui participent à l'élaboration et la réalisation d'un

---

matière culturelle ce qui est 'produit' par les individus eux-mêmes est plus significatif que ce qu'ils 'consomment' ». Or écrit-il, on ne demande pas aux personnes de fabriquer leur vêtement ou leur voiture pour analyser ce qu'ils consomment. La consommation n'étant pas un acte passif, il n'y a pas lieu de ne pas appliquer la même règle à la culture que pour tout autre produit. Lahire revendique ainsi clairement de définir la culture comme une marchandise comme une autre, sans spécificité particulière. Or, si la culture n'est pas une marchandise, c'est justement qu'elle ne peut pas être consommée. C'est confondre, éventuellement ses moyens d'expression, ses supports (le livre, l'exposition, etc.) et son contenu. En se jouant sur le registre du symbolique, la culture invite à une transformation individuelle et collective, à un enrichissement, pas à un épuisement de ses ressources. C'est justement là une caractéristique de l'industrie culturelle que de proposer la consommation de produits, alors que la culture vise et relève d'autres logiques. Différence bien pointée par Hannah Arendt. La comparaison est donc sans fondement. Bernard Lahire, *La Culture des individus. Dissonances culturelles et distinction de soi*, La Découverte, 2004, p. 64

[346] Jean-Pierre Rioux et Jean-François Sirinelli, sous la direction de, *La Culture de Masse, en France de la Belle Epoque à aujourd'hui*, Fayard, 2002.

[347] Jérémy Rifkin, *L'Age de l'accès. La Révolution de la nouvelle économie*, La Découverte, 2000, p.181.

[348] Frédéric Martel, *De la Culture en Amérique*, Gallimard, 2006, p.552.

[349] Jean Duvignaud, « Modèles et recyclages », in *Cassandre*, n°40, mars 2001.

projet et un produit culturel pensé par un cabinet spécialisé pour la plus grande joie des touristes, mais aussi des habitants qui y viendront consommer des images de soi. C'est cette mutation, de la première à la seconde situation, qui s'empare de nombre de lieux aujourd'hui, avec un passage de la structure bénévole à l'entreprise commerciale salariée. Il n'est d'ailleurs pas anodin de noter que l'on promeut alors, comme par effet compensatoire, la mise en situation du visiteur comme acteur de sa propre visite, et les stratégies d'interactivités. Quelle que que soit la réussite de l'une ou l'autre des réalisations, elles ne sauraient être assimilées. S'il semble à première vue y avoir un « public populaire » et même parfois des propositions culturelles semblables, il n'en demeure pas moins que l'on passe sensiblement d'une culture populaire à une culture de masse par le mode d'activation.

Une des confusions, qui semble constante entre ces termes, produit l'occultation d'une métamorphose. Si la culture médiatique tend à envahir tous les domaines de l'existence et si la culture de consommation propose toujours plus de tentations à ses ouailles, il ne faut pas en conclure qu'il y a seulement changement de formes. La culture populaire fait les frais de cette émergence. Même si les ethnologues s'attachent à décrire les spécificités et démontrent que l'uniformisation du monde est un mythe, des particularités locales prenant le pas sur les standardisations, cela se fait dans un certain cadre et avec des limites tangibles[350]. Surtout, il s'agit le plus souvent de la déclinaison de la culture médiatique, que les intéressés s'approprient, et qu'ils orchestrent en autant de registres et de variations, ce qui ne vaut pas création. Si on a démontré que tel film trouvait des succès pour des raisons différentes dans divers pays, en fonction des identifications et des appartenances, il demeure que le film est un support unique. Même si telle émission de télé réalité est produite selon le degré de permissivité et les inclinaisons du pays d'accueil, les variations ne doivent pas occulter les matrices et les structures qui demeurent imposantes. Même si chaque société retranscrit, adapte, reconstruit, réinterprète, « reterritorialise », « resémantise », comme le rappelle Armand Mattelart, à des degré divers, « le cœfficient d'internationalisation » est certes variable, mais les signes transnationaux sont largement partagés[351]. Globalement et malgré quelques foyers de résistance, la culture populaire tend à disparaître dans ses expres-

---

[350] Il est ainsi convenu de prendre le contre pied de la dénonciation de l'uniformisation en invoquant la diversité qui résulte des usages. Cependant les sophismes ont des limites. « Même si tout le monde circule dans les mêmes voitures, s'habille de manière identique, consomme les mêmes musiques, les mêmes images et les mêmes informations, cela ne signifie nullement une homogénéisation des cultures. Au contraire, plus les modes de vie se ressemblent, plus les différences culturelles prennent d'importance – notamment dans les symboles et les signes inattendus », écrit Dominique Wolton, non sans goût du paradoxe. *L'Autre mondialisation*, Champs Flammarion, 2003, p. 53.
[351] Armand Mattelart. *Diversité culturelle et mondialisation*, La Découverte, 2005, p.68.

sions et à être remplacée par une culture de masse[352]. Encore une fois industrialisation ne veut pas dire qu'il n'y a pas adaptation à des marchés et logiques de réceptions différenciées de la part des publics[353]. Cet argument souvent utilisé pour réfuter les dénonciations alarmistes nous semble assez hypocrite et un peu court.

Appropriation et réinterprétation, transsubstantiation

> « L'industrie des loisirs est confrontée à des appétits gargantuesques et, puisque la consommation fait disparaître ses marchandises, elle doit sans cesse fournir de nouveaux articles. Dans cette situation, ceux qui produisent pour les mass media pillent le domaine entier de la culture passée et présente, dans l'espoir de trouver un matériau approprié. Ce matériau, qui plus est, ne peut être présenté tel quel ; il faut le modifier pour qu'il devienne loisir, il faut le préparer pour qu'il soit facile à consommer. »[354] Hannah Arendt

Il ne s'agit pas de prétendre à un système cloisonné entre des formes de cultures, que tout séparerait. Bien au contraire, la culture populaire, au sens anthropologique, sert de vivier à l'inspiration des créateurs. Cependant, ceux-ci ne font pas que la reproduire dans une version plus ou moins éloignée de l'original. La haute culture s'est toujours ressourcée à la culture populaire[355], mais ce qui se joue, c'est l'interprétation qui vient renouveler les formes. Une transsubstantiation s'opère. Mozart, pas plus que Chopin ou Brahms, ne dédaigne les airs populaires, cela ne signifie pas que ces compositeurs les intègrent sans autre forme de procès. La musique qui les inspire et la musique qu'ils élaborent ne sont pas pour autant équivalentes ! Il est possible de multiplier les exemples pour attester combien les cultures populaires nourrissent l'inspiration des créateurs. Mais on ne saurait tirer de cet argument que toutes les expressions culturelles se valent, d'où qu'elles émanent, comme on le sous-entend parfois. L'argument de l'inspiration des créateurs comme faire valoir de l'entière légitimité et de l'égale dignité des cultures populaires avec la culture savante est un raccourci absurde[356].

Frédéric Martel démontre que ce n'est pas le genre en soi qui est en cause (le jazz, la country, le rap ou le hip-hop plutôt que le classique), mais que l'intérêt réside dans le dialogue qui permet de produire de nouvelles

---

[352] Sur l'uniformisation culturelle et la réalité de la diffusion de la culture américaine, voir Jérémy Rifkin, *L'Age de l'accès. La Révolution de la nouvelle économie*, La Découverte, 2000, p.238.
[353] Joël Roman, « Héritiers, parvenus et passeurs », *Esprit*, mars avril 2002, p. 143.
[354] Hannah Arendt, *La Crise de la culture*, Folio, Gallimard, p. 265.
[355] Joël Roman, « Héritiers, parvenus et passeurs », in *Esprit*, mars-avril 2002, p.140.
[356] Par exemple, Jacques Rigaud, *Libre culture*, Le Débat, Gallimard, 1990, p.408.

formes. Si chaque minorité produit les siennes au risque de s'enfermer dans une culture identitaire communautaire, là où la culture devient intéressante pour tous c'est quand elle transcende justement ses appartenances pour proposer de nouvelles visions. Les Etats-Unis par leur passé et leur mentalité réussissent particulièrement ce métissage, particulièrement fécond pour la réussite des propositions artistiques et leur reconnaissance mondiale. « Ce sont surtout les passages, les dialogues, l'hybridation, ce qu'on appelle en américain le 'crossover' et la 'cross-culture' entre ces minorités, qui font le dynamisme d'ensemble »[357]. Ainsi la diversité culturelle ne signifie pas enfermement, mais au contraire et positivement invention de nouvelles formes.

Les cultures populaires ne sont évidemment pas seulement reproduction du même dans un système mécanique où tout serait joué par avance. Richard Hoggart a montré les duplicités, les « consommations nonchalantes », les inerties de résistances. Michel de Certeau a insisté sur les pratiques populaires de braconnage, de bricolage, les capacités de détournement et de réaffectation de sens. Les « arts de faire », les ruses, les réemplois, les créativités quotidiennes conduisent l'utilisateur à ne pas obtempérer aux attentes. Les traditions ne sont identiques qu'en apparence, l'examen montre leurs réinventions perpétuelles, intégrant de nouvelles donnes tout en reproduisant de mêmes valeurs. La culture savante sert bien souvent de référence et d'inspiration. Mais ces jeux d'allers-retours ne conduisent pas pour autant à l'équivalence des registres. C'est justement parce qu'il y a écart, appropriation et réinterprétation, qu'il y a changement et approfondissement.

Les deux cultures ne sont pas réductibles à une seule et même chose, sous prétexte qu'il y a invention dans les deux cas de figures. C'est ce qui fait la différence entre la transformation et l'adaptation des formes de la culture populaire sous l'effet de l'évolution des modes de vie et de l'acclimatation à un environnement, – où les choses sont transmises avec des déformations et des réappropriations différenciées –, et le travail mûri d'un créateur qui propose une vision nouvelle sous l'effet de l'inspiration résultant d'un long travail de conception et de recherche intellectuelle et artistique. Celui-ci cherche ce qui se fait de mieux, pas seulement au niveau technique dans sa discipline, mais pour l'âme humaine. Les deux registres produisent des formes attachantes et parfois admirables, mais l'une tient de la reproduction et de l'occupation quand l'autre vise l'émancipation et la transcendance. S'il y a changement dans les deux cas de figure, c'est inconsciemment dans un cas et par une démarche volontaire dans l'autre, même si de l'inconscient peut s'y exprimer. L'une est collective, alors que l'autre ressort plutôt de l'individuel.

Ce n'est que par la perte de repères et le ravalement sous le signe de l'équivalence qu'il devient difficile de distinguer ce qui est de l'ordre de

---

[357] Frédéric Martel, *De la Culture en Amérique*, Gallimard, 2006, p.498-499.

l'élévation de l'esprit de ce qui résulte du simple divertissement, de l'occupationnel ou de la tradition. Certes, les limites sont difficiles à tracer, et il est plus facile de renoncer à le faire[358], mais il faut alors s'interroger sur le prix à payer de cet abandon[359]. Si l'art est indéfinissable et qu'il est périlleux de s'attacher à le délimiter, on peut néanmoins convenir que ce que l'Occident a baptisé ainsi, à un moment de l'Histoire, supposait une émancipation de l'objet de ses raisons d'être fonctionnelles. Une statue de la vierge ne devient objet d'art que parce qu'elle est mise à distance de ce pour quoi elle a été réalisée, à savoir être un objet de culte. Le musée d'art consacre un nouveau statut, un état artistique en annihilant les anciennes fonctions, sans quoi on nourrit une confusion qui fait que tout peut être considéré comme art sans limitation aucune. Si l'art ne dispose pas d'une existence pour lui-même, alors toute production est susceptible d'en être. Aujourd'hui l'art est d'autant plus menacé par une logique du divertissement qui recouvre tout que les artistes eux-mêmes ont cédé avec délice à produire des œuvres qui se distinguent mal des productions du marché ou des activités commerciales ou de loisirs[360]. Mode, design, artisanat ou objets du quotidiens, rituels ou comportements, tout se transforme et acquiert une légitimité artistique après avoir été considéré comme pleinement culturel. La création fraye avec la mise en scène spectaculaire volontiers racoleuse qui se joue de l'événementiel et des coups médiatiques. Si bien que ce sont de moins en moins les pratiques populaires qui sont réintégrées par les œuvres savantes, que l'industrie du divertissement qui les confond dans des allers-retours entre culture de masse et création artistique au point qu'il devient difficile d'en distinguer les contours.

Jean-Pierre Rioux peut constater avec raison que « une étude plus poussée des autres genres et de la palette des pratiques révélerait aussi bien que les frontières entre 'haute' et 'moins haute' culture ont été singulièrement poreuses, que le jeu des emprunts a toujours été prisé, que la liberté de choix des thèmes et des productions fut arborescente après maintes greffes réussies, que la création a pu respirer partout »[361]. Reconnaître les inspirations croisées ne revient pas pour autant à nier les différences dans les démarches. Les effets de transferts et de contamination, d'échanges et de

---

[358] Comme Jacques Rigaud, *Libre culture*, Le Débat, Gallimard, 1990, p.406.
[359] Les publics qui disposent de suffisamment de culture classique ne s'y trompent guère. Ce n'est pas parce que Balzac est publié en feuilletons dans les mêmes supports que des romanciers moins prestigieux que les lecteurs les assimilent sans distinction. C'est au contraire parce que l'on fait la différence que les grands auteurs sont honorés, comme l'est Victor Hugo par le peuple de Paris lors de son enterrement. Anne-Marie Thiesse vérifie l'importance de leur prestige auprès des lectrices de la Belle époque. Anne-Marie Thiesse, *Le Roman du quotidien. Lecteurs et lectures populaire à la Belle Epoque*, Le Chemin vert, 1984.
[360] Voir par exemple l'éditorial de André Rouillé, « Le Divertissement contre l'art » (11 mai 2006), ou « Ce que Nuit blanche fait à l'art » (12 octobre 2006), sur *www.paris-art.com*.
[361] Jean-Pierre Rioux et Jean-François Sirinelli, sous la direction de, *La Culture de Masse, en France de la Belle Epoque à aujourd'hui*, Fayard, 2002. p.445.

métissages, pour complexes qu'ils soient dans leurs ressorts et leurs effets, sont à présent occultés par une vaste récupération généralisée des œuvres des créateurs, comme des mœurs, coutumes et inventivités populaires, par le système marchand qui s'en nourrit. La culture de masse se réapproprie les contenus de la culture savante comme ceux issus des cultures populaires, en les ravalant à de semblables objets à consommer. « Il est donc juste et vrai de dire tous les traits profondément séculiers, laïcisés, reproductibles, consommables et divertissants de la culture de masse. Elle est bien une culture narcissique, d'adhésion et d'opinion ; une culture de voyeurs qui consomment le monde au présent, avec des nourritures du tout-venant »[362].

Une dissolution s'actualise de toutes les formes antérieures, dans une culture de consommation qui avale et digère tout. La culture de masse menace autant les cultures populaires que la grande culture et la confusion et l'amalgame ont permis l'accélération des dissolutions[363]. « La disparition de la distinction entre art 'noble' et art 'populaire' se manifeste dans toutes les sphères de la culture, puisque l'on voit aussi bien Pavarotti chevaucher les sommets du hit-parade que des 'punks' interpréter de la musique classique. Les musées sont eux-mêmes emportés par cette vague populiste visant à renverser l'élitisme », écrit Fiona MacLean[364]. Ce qui importe, ce n'est pas de maintenir des séparations, – puisqu'on peut admettre qu'elles évoluent et que tout se transforme, comme les cultures l'ont toujours faite –, mais de distinguer les forces qui élèvent l'esprit de celles complaisantes qui le cajolent. Cette distinction devrait être retenue, malgré toute les difficultés à identifier les critères d'appréciation. S'il n'y a qu'une culture, il faut néanmoins repérer ce qui la distingue du loisir, du divertissement, des mœurs ou des coutumes. Si on ne veut pas tout admettre dans la culture, au risque d'en faire disparaître le sens, il faut distinguer ce qui suppose exigence et élévation de soi de ce qui conduit à la facilité et au rabaissement de l'esprit. Seul moyen de ne pas confondre *Les Affinités électives* et *L'Ile de la Tentation*. Si l'on veut bien admettre encore des hiérarchisations, même si le principe est devenu politiquement incorrect.

L'industrie du plaisir

> « Les multinationales de la communication, qui disposent de réseaux couvrant la planète entière, sont à l'affût des ressources culturelles des diverses régions du monde pour pouvoir les exploiter et les 'repackager' sous forme de marchandises cultu-

---

[362] Jean-Pierre Rioux, *idem*, p.445.
[363] Patrick Mignon, « De Richard Hoggart aux *cultural studies* : de la culture populaire à la culture commune », *Esprit*, mars-avril 2002, p. 161.
[364] Fiona MacLean, « Le passé est à vendre : réflexion sur le marketing des musées », *Publics et musées*, n°11-12, janvier 1997.

relles et de biens de consommation destinés à l'industrie du loisir. » Jeremy Rifkin, 2000[365]

« L'industrie du plaisir » ne désigne pas pour Walter Benjamin les fruits défendus commercialisés par des dames spécialisées dans des lieux réservés, mais plus innocemment la marchandisation et l'exploitation des loisirs de chacun. Car les industries du spectacle ne sont pas une nouveauté de notre époque, et Benjamin voyait dans les expositions universelles, notamment celle de 1867, un signe symptomatique du développement de ce secteur[366]. Avec 15 millions d'entrées à Paris, 16 millions en 1878, 50 millions en 1900, c'est un formidable engouement pour ce qui participe déjà de la confusion entre l'exposition et le parc. Si les parcs sont de création américaine, comme celui que met en scène Franz Kafka dans « Le Théâtre de la nature d'Oklahoma »[367], ils s'exportent rapidement de par le monde. Liés dès l'origine à l'industrie du cinéma, susceptible de bien manier la création des décors, ils connaîtront un formidable développement, notamment avec Disney dans les années trente, parallèlement aux films hollywoodiens. Ce n'est pas nécessairement un instrument d'abêtissement dans la mesure où les industries culturelles sont, dans un premier temps, mises à contribution pour vulgariser des contenus jusque-là inaccessibles. Liées à la reproductibilité technique, elles sont possibilité d'accès pour un plus grand nombre.

Origine de la culture de masse, la reproductibilité, dont participe déjà l'impression du livre – et surtout le développement du livre de poche, bon marché, mais produit à moindre finition –, va se déployer véritablement avec l'image. Se développent, au 19ème siècle, les spectacles grand public. Ceux de Buffalo Bill en sont des emblèmes célèbres, mais aussi des productions plus exportables. Livres, journaux et imagerie participent de l'élaboration d'une culture de masse embryonnaire. La diffusion des journaux permet une démocratisation, un accès aux formes de la culture savante vulgarisée, comme la radio ou le disque permettront un accès à la musique, et le cinéma ou la télévision à une information *a priori* plus fiable. Cependant, « le pli a été pris d'inclure la presse, la radio, la télévision, et maintenant la 'toile' d'Internet dans les industries culturelles, sans trop s'interroger sur le sens que prenait dans ce cas le mot culture », constate Maryvonne de Saint Pulgent[368]. On confond ainsi le canal de diffusion et son contenu, le medium et le média.

Le rôle du journal populaire est par exemple contradictoire : il est outil d'acculturation en même temps que risque idéologique. Il prolonge l'activité de lecture initiée par l'école républicaine, comme la télévision dans ses

---

[365] Jérémy Rifkin, *L'Age de l'accès. La Révolution de la nouvelle économie*, La Découverte, 2000, p.14.
[366] Walter Benjamin, « Paris, capitale du XIXème siècle », in *Œuvres*, T3, Gallimard, 2000.
[367] Franz Kafka, « Le Théâtre de la nature d'Oklahoma », *L'Amérique,* Folio Gallimard.
[368] Maryvonne de Saint Pulgent, *Le Gouvernement de la Culture*, Gallimard, 1999, p. 293.

débuts qui, malgré les critiques qu'on lui adresse, semble permettre un prolongement de la culture savante. La culture de masse se nourrit des contenus en les rabaissant, comme le signale Hannah Arendt, mais elle participe aussi ce faisant d'une acculturation généralisée. Si l'école de Francfort développe une analyse critique des nouveaux médias et de leurs contenus idéologiques, les effets sont pourtant contrastés. Pour Jean Caune, c'est moins la diffusion massive des produits culturels qui pose problème que les conditions de production des œuvres et les mécanismes de leur circulation. Celles-ci répondent aux logiques du marché, incitant à des productions en vertu de normes strictement économiques, avec une volonté de plaire à un spectateur moyen, plutôt que de valoriser une diversification de supports et des publics visés[369]. Ce qui pose problème, ce n'est pas la diffusion massive de biens culturels, au travers du livre de poche ou du DVD. La culture de masse est une forme dégradée de la culture, non par sa diffusion massive, mais par le fait qu'elle utilise et recycle des objets artistiques, notamment ceux légués par la tradition, en les traitant comme des produits de consommation destinés à occuper des loisirs[370]. C'est dans ce sens qu'il faut lire la critique de Hannah Arendt.

Habermas distingue ainsi « le facilitateur économique », qui vise à mettre à portée de bourse les biens culturels, et « le facilitateur psychologique », qui en adaptant les contenus aux demandes tend à les dévaloriser. « Dans la mesure où la culture devient une marchandise, non plus seulement dans sa forme, mais dans son contenu même, elle s'aliène ceux de ses aspects dont la compréhension suppose une certaine formation – processus où l'assimilation 'réussie' élève à son tour la capacité même d'assimiler ». Ainsi la culture classique suscitait un certain effort, mais visait à une autoproduction d'enrichissement de l'individu. Au contraire, « la commercialisation des biens culturels entre dans un rapport de proportionnalité inverse avec leur difficulté, non pas du seul fait de leur standardisation, mais bien parce que ces produits sont préfabriqués de sorte qu'ils sont déjà prêts à être consommés, c'est-à-dire qu'ils offrent la garantie de pouvoir être assimilés sans préalables exigeants, sans laisser non plus, il est vrai, de marques sensibles. Entrer en commerce avec la culture exerce l'esprit, tandis que la consommation de la culture de masse ne laisse aucune trace et procure ce genre d'expériences dont les effets ne sont pas cumulatifs, mais régressifs »[371]. Par cette critique, une opposition doit se manifester entre les deux formes. Or il paraît que tout concourt à présent à mixer dans un même élan ce qui élève l'esprit et ce qui l'occupe. Ainsi les opérateurs culturels peuvent parler sans aucun scrupule de produits culturels, de

---

[369] Jean Caune, *La Culture en action. De Vilar à Lang : le sens perdu*, PUG, 1992, p.291.
[370] Jean Caune, *Pour une éthique de la médiation. Le sens des pratiques culturelles*, Pug, 1999, p.133.
[371] Jürgen Habermas, *L'Espace public*, Payot, 1992, p.174.

consommation, de clients et de cible de clientèle pour développer leurs propositions[372].

La conjonction historique de deux critiques va faciliter les confusions et le passage à une culture de consommation, à l'abandon de la vision classique d'émancipation par le savoir. La première va se porter dans les années 60 à la fois sur la dénonciation de la culture savante considérée comme bourgeoise et la seconde sur la culture de masse, qui lui est pourtant en tout point opposée. Nombre de discours confus vont pratiquer l'amalgame entre la culture classique et les supports médiatiques de la culture de classe. En rejetant un peu vite la culture classique, et en court-circuitant ainsi sa démocratisation pour le peuple, un système avantageant les industries culturelles est mis en place. Dans les années 70, on parle « d'entreprises de conditionnement des esprits », plutôt que d'industries culturelles, pour souligner l'opposition entre culture vraie et conditionnement de la conscience, son aliénation par les produits de la société de consommation[373]. La définition de la « vraie culture » est confuse et évolutive, selon les auteurs, les dates et les milieux d'énonciation, « classique » pour les uns ou « prolétarienne », pour les autres.

« La plus petite culture commune »

> « Les temps d'aujourd'hui ne sont guère favorables et pas seulement au théâtre : à la culture en général. Face à la culture de l'audimat, de la rentabilité, nous assistons à la naissance d'une 'lumpenculture', une culture par ouï-dire, une similiculture devant laquelle il est grand temps de réagir : apporter une vraie réponse – aussi et surtout à ceux qui l'attendent et ne le savent pas ! – à une vraie question. » Lucien Attoun[374]

La culture de masse prend prétexte de la démocratisation des contenus pour s'en nourrir. « La culture se trouve détruite pour engendrer le loisir », prévient Hannah Arendt, qui estime que l'héritage classique se trouve menacé par cette récupération généralisée[375]. « Bien des grands auteurs du

---

[372] Or la culture est d'abord un rapport à la nature, à l'humain, au social, pas une marchandise... précise Michel Schneider, *La Comédie de la culture*, Seuil, 1993, p.138
[373] Voir par exemple, dans la lignée de l'école de Francfort, Hans Magnus Enzensberger, *Culture ou mise en condition ?* 10/18, UGE, 193.
[374] Lucien Attoun, « Un théâtre ouvert sur la vie », in Robert Abirached, *La Décentralisation théâtrale. Tome 4. Le temps des incertitudes, 1969-1981*, Actes Sud, (1995), 2005, p.140.
[375] Nous sommes en cela dubitatif sur la lecture d'Arendt proposée par Jean Caune. L'action culturelle est bien un antidote à la culture de masse, dans la mesure où la caractéristique de celle-ci est de favoriser la circulation marchande et la consommation de la culture en produits réifiés, alors que l'action culturelle vise justement à ce que la culture ne soit pas consommée,

passé ont survécu à des siècles d'oubli et d'abandon, mais c'est encore une question pendante de savoir s'ils seront capables de survivre à une version divertissante de ce qu'ils ont à dire »[376]. Les auteurs portés à l'écran par le cinéma ne sont pas les seuls concernés. Ce qui était sensibilité au monde, à la beauté et conservation d'un héritage précieux, se mue en produits dont les investissements sont susceptibles de générer des rentabilités. La reproduction, mais surtout la consommation effrénée, fait disparaître l'aura, ou pour le dire autrement la grâce, qui éveille la sensibilité face à l'œuvre.

Pour en prendre mesure, rappelons ce qui offusque Georges Duhamel quand la musique est utilisée comme remplissage de bandes-son cinématographiques. Il le juge sévèrement à son époque alors que la chose est devenue à présent totalement invisible, car allant de soi. Assis au cinéma, Duhamel s'amuse à fermer les yeux et à deviner l'utilisation stéréotypée des musiques qu'il aime tant. « Voilà : c'est une sorte de pâte musicale anonyme et insipide. Elle passe, elle coule. Elle est truffée de morceaux connus, choisis probablement pour leurs rapports momentanés au « texte » cinématographique. Les fiancés doivent traverser l'écran, car, de cette mélasse musicale, surgit tout à coup la marche nuptiale de Lohengrin. Dix mesures, pas plus. Par quel miracle s'enchaînent-elles soudain à la symphonie militaire de Haydn ? C'est, sans doute, que l'écran vient de vomir un défilé d'infanterie. Ouvrons l'œil et vérifions. De la cavalerie maintenant ! J'aurais dû m'en douter : voici le premier allegro de la symphonie en la de Beethoven. Puis, de nouveau, la filandreuse pâte intermédiaire. (…/…) Toutes ces œuvres que nous avons, dès l'adolescence, balbutiées avec notre cœur plus encore qu'avec nos lèvres, tous ces chants sublimes qui furent, à l'âge des grandes amours, notre pain, notre étude et notre gloire, toutes ces pensées qui représentaient la chair et le sang de nos maîtres, on les a dépecées, hachées, mutilées. Elles passent, maintenant, comme de honteuses épaves, sur ce flot de saindoux tiède. Et il n'y a personne pour crier au meurtre. Moi-même, je ne crie pas, je ne souffle pas mot. Tout ce que j'aimais… Le robinet de musique est ouvert »[377]. Description ironique d'une instrumentalisation qui ne fait que s'amplifier depuis 1934 et qui concerne à présent tous les secteurs. Les œuvres sont utilisées en guise de remplissage de temps à occuper. La consommation des œuvres comme des produits, c'est cela la perte de l'aura.

Un véritable humanisme, construit sur une relation précieuse et unique aux œuvres et aux savoirs, est remplacé par l'occupation et le divertissement dans une circulation toujours plus accélérée. « La société est essentiellement une société de consommateurs, où le temps du loisir ne sert plus à se

---

mais à ce que l'individu se l'approprie. Jean Caune, *La Culture en action. De Vilar à Lang : le sens perdu*, PUG, 1992, p.22.
[376] Hannah Arendt, *La Crise de la culture*, Gallimard, Folio, 1972, p. 266.
[377] Georges Duhamel, *Scènes de la vie future*, Fayard, 1934, p. 27.

perfectionner ou à acquérir une meilleure position sociale, mais à consommer de plus en plus, à se divertir de plus en plus »[378], écrit Harendt. Les exigences culturelles particulièrement manifestes dans les débuts de la radio comme de la télévision[379] laissent place à un système qui se complaît à produire la « plus petite culture commune », la PPCC, pour reprendre l'expression de Jean Baudrillard. Car « le résultat est non pas, bien sûr, une culture de masse, qui, à proprement parler, n'existe pas, mais un loisir de masse, qui se nourrit des objets culturels du monde », énonce de façon visionnaire Hannah Arendt[380]. Les collages de bribes d'œuvres et d'expressions culturelles de MTV dans un enchaînement sans fin et sans sens sont le parangon de cette consommation frénétique et boulimique[381].

Changement de paradigme quand la consommation est devenue un mode actif de relation aux objets, aux œuvres, mais aussi à la collectivité et au monde, et sur lequel se fonde à présent tout notre système culturel[382]. Car ce rapport aux œuvres est également appliqué au patrimoine, aux paysages, comme aux traditions culturelles et aux rituels, transformant le monde en un vaste « parc d'attractions universel », pour reprendre l'expression de Sylvie Brunel[383]. La consommation nécessite une production incessante d'authenticité que le monde ancien fournit pour alimenter une vaste entreprise de produits qui se neutralisent les uns les autres. Course effrénée qui transforme un rapport au monde en un rapport aux choses. Dans le sillage de Arendt, Baudrillard parle du recyclage des valeurs culturelles en objets à consommer. Pour l'auteur, ce qui importe ce n'est plus la diffusion des objets culturels (Van Gogh exposé dans les grands magasins ou Kierkegaard vendu à 200 000 exemplaires), c'est la consommation de signes symboliques qui situe l'individu dans un champ de références. Ce changement de registre, du sens des œuvres, et du cycle des significations inlassablement réinvesties, impose une succession infinie au travers d'un système de communication généralisée.

L'hypothèse va loin : les mégastructures culturelles seraient moins des diffuseurs de culture que des supermarchés dont la fonction est de se débarrasser de l'antique conception humaniste de la culture, exigeante, aux apprentissages nécessairement longs et studieux. Ainsi, la critique de Beaubourg par Baudrillard comme centre de liquidation de la culture : « Il

---

[378] Hannah Arendt, *La Crise de la culture*, Gallimard, Folio, 1972, p.270.
[379] Christian-Marc Bosséno, « Les Répertoires du grand écran », in Jean-Pierre Rioux et Jean-François Sirinelli, sous la direction de, *La Culture de Masse, en France de la Belle Epoque à aujourd'hui*, Fayard, 2002, p. 296.
[380] Hannah Arendt, *La Crise de la culture*, Gallimard, Folio, 1972, p.270.
[381] Par analogie, on pensera à la définition donnée des films pornographiques par Patrick Baudry, des films que l'on peut regarder dans tous les sens, sans début ni fin, sans récit linéaire, des collages de séquences. *La Pornographie et ses images*, Armand Colin, 1997.
[382] Jean Baudrillard, *La Société de consommation*, Denoël, 1970.
[383] Sylvie Brunel, *La Planète disneylandisée. Chroniques d'un tour du monde*, Ed. Sciences Humaines, 2006, p.276.

faut donc partir de cet axiome : Beaubourg est un *monument de dissuasion culturelle*. Sous un scénario muséal qui ne sert qu'à sauver la fiction humaniste de la culture, c'est un véritable travail de mort de la culture qui s'y fait, et c'est à un véritable travail de deuil culturel que les masses sont joyeusement conviées. Et elles s'y ruent. C'est là l'ironie suprême de Beaubourg : les masses s'y ruent non parce qu'elles salivent vers cette culture dont elles seraient frustrées depuis des siècles, mais parce qu'elles ont pour la première fois l'occasion de participer massivement à cet immense travail de deuil d'une culture qu'elles ont au fond toujours détestée »[384]. Le lieu serait un gigantesque trompe-l'œil où sous prétexte de se cultiver, il s'agit de mieux détourner le sens de cet acte.

La machine fonctionne pour elle-même, ou mieux contre elle-même[385]. « Beaubourg est ainsi pour la première fois à l'échelle de la culture ce qu'est l'hypermarché à l'échelle de la marchandise : *l'opérateur circulaire parfait*, la démonstration de n'importe quoi (la marchandise, la culture, la foule, l'air comprimé) *par sa propre circulation accélérée* ». Les propositions se chassent les unes les autres pour alimenter une vaste entreprise de consommation et de gestion des flux, à l'image des expositions temporaires dans les centres d'art, des ritournelles à la radio, comme des produits éditoriaux sur les rayons des librairies. Rappelons que pour Renzo Piano et Richard Rogers, l'ambition était d'en faire un centre d'information et de divertissement[386]. « Beaubourg reflète l'idéal de la culture dominante mise à la portée des masses, rendue techniquement consommable pour les masses. Le musée entre dans l'ère du spectacle », conclut François Mairesse[387]. Ce qui est nouveau, ce n'est finalement pas la culture de masse, elle est en réalité ancienne, c'est la confusion des registres dans lesquels nous sommes plongés.

Tout pour le plaisir : idéal de l'éducation non contraignante

> La culture est « ce qui reste à connaître quand on ne vous a rien enseigné. » Jean Vilar[388]
>
> «La culture n'est pas un bien que l'on consomme pour se remettre des fatigues du travail. La culture est un arrachement : non un divertissement, ni une distraction sinon au sens fort d'un écart, d'une mise à distance qui vous rend à vous-même,

---

[384] Jean Baudrillard, *Simulacres et simulation*, Galilée, 1981, p.100.
[385] Un conservateur se demande : « Beaubourg fait-il écran au monument ? », *Esprit*, février 1987, p.35.
[386] Dominique Poulot, *Musée et muséologie*, La Découverte, 2005, p.69.
[387] François Mairesse, *Le musée, temple spectaculaire*, PUL, 2002, p.132.
[388] Cité par Jean Caune, *La Culture en action. De Vilar à Lang : le sens perdu*, PUG, 1992, p.101.

fait accéder le 'moi' à l'universalité du 'soi', et vous ouvre, par l'intermédiaire des œuvres, à l'ordre du monde. »[389] Danièle Sallenave

Il faudrait, pour bien prendre la mesure des changements intervenus dans le domaine culturel, traiter de l'évolution du rapport aux savoirs et des méthodes pédagogiques qui se sont développées depuis trente ans. Comme l'a diagnostiqué avec lucidité Hannah Arendt, dès les années 30, la crise de l'école et la crise de la culture sont indissociables. En dévalorisant l'apprentissage des contenus au profit de l'expérience d'apprentissage, les nouveaux pédagogues ont développé après mai 68 un nouveau rapport à la culture. Il ne s'agit pas d'apprendre, mais d'apprendre à apprendre, conseille-t-on dans les manuels de pédagogie[390]. Mais est-ce la même chose de réciter Racine par plaisir et d'aller le chercher quand on en a besoin sur Internet ? La culture, n'est-ce pas justement de ne pas avoir qu'un rapport instrumental aux choses de l'esprit ? Et d'ailleurs, comment pourrait-on savoir que l'on en a besoin si on ne le connaît pas ? Pour aller vite, cette nouvelle éthique pédagogique a conduit à valoriser les techniques immédiates au détriment des résultats différés.

Pour le dire autrement, François Dubet constate que le culte du savoir, pilier de la IIIeme République, a laissé place à l'exigence du plaisir. Apprendre en s'amusant demeure le maître mot de bien des services éducatifs. Or, c'est une idée tout à fait nouvelle, que l'on ne retrouve aucunement auparavant chez les théoriciens de l'éducation depuis l'Antiquité[391]. Une idée courante, qui sévit particulièrement dans les milieux muséographiques, est de remettre en question la distinction entre éducation et distraction, sous prétexte que le plaisir n'est pas dénué de réflexions (et réciproquement)[392]. Le problème est que parfois le plaisir parvient après un long et pénible labeur[393]. C'est cette attente qui est devenue insupportable. Le plaisir doit être immédiat et rien ne saurait le reléguer. Philosophie pédagogique généreuse, dont on n'a pas fini de mesurer les conséquences. Hannah Arendt faisait remarquer que supprimer la distinction entre le travail et le jeu, au profit de ce dernier, conduit à enfermer l'enfant dans l'infantile en lui refusant la possibilité de s'affranchir[394]. Le monde de l'enfance devient alors un

---

[389] Danièle Sallenave. *Le Don des morts. Sur la littérature*, Gallimard, 1991, p.92.

[390] Théorisé particulièrement chez Louis Legrand. Baptisé andragogie, ce concept rend compte de la participation des intéressés à la définition des contenus et des méthodes d'éducation. Sur ces questions voir Jean-Louis Harouel, *Culture et contre-cultures*, Puf, 1994, chapitre 4.

[391] Voir Neil Postman, *Se Distraire à en mourir*, Flammarion, 1986, p.195.

[392] Ainsi Fiona MacLean, « Le passé est à vendre : réflexion sur le marketing des musées », Publics et musées, n°11-12, janvier 1997.

[393] Comme le soulignait avec acuité Alain dès 1932, *Propos sur l'éducation*, PUF, 1965, p.4.

[394] Hannah Arendt, « La Crise de l'éducation », in *La Crise de la culture*, Gallimard, Folio, 1972.

absolu. L'adulte est de moins en moins porté à prendre en charge la responsabilité du monde, rôle pourtant nécessaire pour éduquer des enfants.

Jusque-là l'apprentissage était synonyme d'effort et de renoncement, d'abdication même. L'homme cultivé était synonyme de celui qui ne se complaît pas dans la facilité. La culture est lutte contre la démagogie, refus du risque d'affadissement de l'esprit. Les sirènes du laisser-aller conduisent à consommer les produits de ce que Malraux nommait « les usines de rêves productrices d'argent ». Jean-Louis Harouel cite une enquête sur l'école qui constate que les élèves préfèrent Coppola à Stendhal[395]. Pour l'auteur, cela n'est guère étonnant, à partir du moment où un film de Coppola se regarde sans y penser, et s'avère distrayant, alors que lire Stendhal suppose d'avoir fait l'apprentissage de la lecture, puis de s'astreindre à entrer dans le style et le propos de l'écrivain, ce qui suppose un minimum d'effort pour y parvenir. Pour Harouel, c'est précisément le fait d'apprendre à préférer Stendhal à Coppola qui définit la Culture. On ne se cultive pas en s'amusant, « cela exige de l'effort, de la concentration, de la persévérance, de l'esprit critique et du raisonnement », écrit Neil Postman dans *Se Distraire à en mourir*[396]. La *société de consommation* a repris cette idée de plaisir immédiat, idée libertaire à l'origine (que l'on trouve par exemple théorisée chez Marcuse), de vivre par plaisir plutôt que par ascèse. Formidable héritage de la contre-culture qui nourrit un nouveau capitalisme culturel.

Pour Jeremy Rifkin, dans la nouvelle économie, tous les secteurs de la vie sont susceptibles d'être commercialisés, sous forme d'expériences qui privilégient le ludisme, le divertissement, le festif, auquel on peut ajouter l'événementiel et l'interactivité. Nous retrouvons ces dimensions dans maints exemples de l'évolution du secteur culturel. « Le passage de la production industrielle au capitalisme culturel entraîne une transition non moins significative de l'éthique du travail à une éthique du jeu. L'ère industrielle a vu la transformation du travail en marchandise ; aujourd'hui, ce sont les activités de type ludique qui sont transformées en marchandise : toutes sortes de ressources culturelles, comme les arts, les fêtes, les mouvements sociaux, les activités spirituelles et communautaires, et même l'engagement civique, peuvent être consommées sous forme d'activité récréative payante », écrit Rifkin[397]. Transformation des activités sociales et individuelles sous forme ludique et marchandisation des activités ludiques se complètent. « La lutte entre la sphère culturelle et la sphère marchande pour le contrôle exercé sur l'accès à et le contenu des activités ludiques sera l'un des axes de définition de la nouvelle ère », poursuit l'auteur.

---

[395] Jean-Louis Harouel, *Culture et contre-cultures*, Puf, 1994, p.106. Cite Hamon et Rotman, *Tant qu'il y aura des profs*, Seuil, 1984, p.313.
[396] Neil Postman, *Se Distraire à en mourir*, Flammarion, 1986.
[397] Jérémy Rifkin, *L'Age de l'accès. La Révolution de la nouvelle économie*, La Découverte, 2000, p.14.

S'il est une trahison des clercs, c'est d'avoir laissé croire que le divertissement valait l'art et ainsi de dédouaner le public de ne pas faire d'effort. « Du même coup, c'était tranquilliser ce foisonnant public demi-cultivé qui n'attend qu'un mot, qu'un geste, qu'une excuse pour se livrer sans remords à ses appétits »[398]. Le rôle des intellectuels comme caution au divertissement est manifeste durant toute la seconde moitié du dernier siècle. Comme le dit déjà Georges Duhamel, notre culture est construite sur l'effort et le travail qui permettent l'avancée spirituelle. Or c'est l'idée même de quête qui est discréditée. « Inconcevables contradictions d'une pensée qui prône l'effort, qui glorifie l'effort et songe à le supprimer. Comme si l'effort n'était pas la mesure même de l'être ! »[399]. Duhamel note bien la contradiction des sociétés modernes, dont le socle est l'effort et le travail et qui en même temps visent à les supprimer partout.

Les intellectuels sont à présents si éloignés de cette conception d'une culture, synonyme d'effort et d'élévation au-dessus des plaisirs faciles, qu'ils en viennent même à s'étonner quand ils la rencontrent. Ainsi, à la fin de son introduction, Bernard Lahire note que chez chaque individu il y a un effort pour dominer les aspects illégitimes, une lutte de soi contre soi. « Une domination d'un soi légitime sur la part illégitime de soi », un contrôle, une maîtrise de ce qu'il y a d'illégitime en soi qui engendre le sentiment de supériorité distinctive par rapport à ceux dont on n'imagine qu'ils n'ont aucun contrôle et aucune maîtrise d'eux-mêmes. « Seuls les efforts personnels (de formation, d'entraînement, de sélection soutenue, de maintien d'un haut niveau de culture, etc.) font de l'ascète culturel (comme de tout autre ascète) cet être différent qui a le sentiment de s'élever au-dessus des simples profanes, censés vivre dans la facilité et le relâchement permanents, et de *valoir* mieux qu'eux »[400]. Domination de soi et domination d'autrui sont donc indissociablement liées, conclut l'auteur. Qu'en terme savants ces choses-là sont dites ! Mais c'est en principe le travail même de l'homme cultivé, de l'honnête homme – et que l'auteur semble découvrir –, qui consiste à s'efforcer à ne pas déchoir[401]. Ce qui ne signifie d'ailleurs pas que le lettré tienne à conserver le fruit de ses efforts seulement pour lui-même, dans un immonde égoïsme distinctif. En général, ce sont les mêmes qui se sont battus pour partager les savoirs dans les clubs et réseaux de diffusion de

---

[398] Georges Duhamel, *Scènes de la vie future*, Fayard, 1934, p. 31.
[399] Georges Duhamel, *Scènes de la vie future*, Fayard, 1934, p. 121.
[400] Bernard Lahire, *La Culture des individus. Dissonances culturelles et distinction de soi*, La Découverte, 2004, p.30.
[401] Ainsi est-il étonnant de constater l'étonnement (feint ?) de Lahire à propos de Duhamel qui voue une passion au 'triomphe de l'esprit' : « Duhamel conçoit l'art comme une pratique exigeante, qui suppose pour être appréciée une véritable 'conquête', (une 'haute lutte', une 'épreuve', un 'effort') et qui, pour ces raisons-là, 'élève au-dessus de soi même' ». C'est en effet dans toute la tradition classique de la conception de la culture ! Lahire, *La Culture des individus*, p.91.

la culture, les maisons d'édition, et toutes les formes d'éducation populaire... Simplement, l'homme de culture sait que le plaisir est parfois différé, que se cultiver impose souvent souffrance et rigueur. Travail aujourd'hui dévalorisé par le tout culturel qui amalgame plaisir divertissant et ascèse culturelle[402]. Ce n'est donc pas un hasard si les élèves prodiges qui obtiennent les premiers prix dans les conservatoires de musique sont de plus en plus d'origine asiatique[403]. Pour les autres, guette la déculturation[404].

Deux risques : l'enfermement dans l'héritage ou son ignorance

> « Il faut travailler sinon par goût, au moins par désespoir, puisque tout bien vérifié, travailler est moins ennuyeux que s'amuser ». Charles Baudelaire[405].

Évidemment, l'effort n'était pas, dans la tradition classique, cultivé pour lui-même, – c'est là une des perversions protestantes –, l'effort culturel était d'abord une façon de se surpasser, et ce faisant de mieux vivre. Aussi le culte du savoir n'était pas gratuit, il signifiait émancipation et immanence. La conscience savait ce qu'elle devait aux Lumières. « Il y avait chez mes grands-parents un respect de l'enseignement authentique, car celui-ci était en connexion charnelle avec leur existence »[406], écrit Allan Bloom. C'est pour cette raison que l'apprentissage visait d'abord à s'appuyer sur les œuvres du passé et ensuite à tenter de les dépasser, non pour les renier, mais pour les parfaire. Dépasser ses maîtres était le vœu immodeste d'un disciple. Depuis Fontenelle en 1688, on conçoit que « un bon esprit cultivé est pour ainsi dire composé de tous les esprits des siècles précédents »[407]. Aussi la culture signifiait d'abord héritage et respect de ce que les temps nous avaient légué. Certains vont même jusqu'à penser que la culture est d'abord définie par

---

[402] Au point que Emmanuel Zilberberg s'interroge sur le spectacle sportif comme forme de spectacle vivant (sic !) et estime que « dans la classification d'ailleurs difficile que l'on peut établir entre divertissement et éducation, ces spectacles se placeraient résolument du côté du divertissement ». Quand même ! « Accroître la différenciation tarifaire des spectacles vivants : les leçons du Yield management », dans Jean-Michel Tobelem, *La Culture mise à prix*, L'Harmattan, 2005, p.51.
[403] « Sur les 21 candidats à l'épreuve de prix du Conservatoire national de musique de Paris, le jury a décerné cinq 'mentions très bien à l'unanimité' : elles sont allés à deux japonais, deux Coréens, et un Taïwanais ». À l'Ecole normale de musique de Paris, il y a 450 élèves asiatiques sur 1200... « Les Musiciens asiatiques bousculent le Conservatoire », Nathaniel Herzberg, *Le Monde*, 7 juillet 2005.
[404] Henri Pena-Ruiz, *Qu'est-ce que l'école ?*, Folio Gallimard, 2005, p.143.
[405] Charles Baudelaire, « Mon Cœur mis à nu », in *Baudelaire, œuvres complètes*, L'Intégrale, Seuil, 1968, p.632.
[406] Allan Bloom, *L'Ame désarmée. Essai sur le déclin de la culture générale*, Julliard, 1987.
[407] Fontenelle, *Digression sur les anciens et les modernes*, 1688, cité par Jacques Charpentreau, *La Culture populaire en France*, Ed. Ouvrières, 1962, p. 11.

cela, ce qui est une vision restrictive et sans doute dangereuse. « Est document ou pratique expressive ce qui demeure enfermé en son temps et en son lieu, est œuvre ou art ce qui s'évade vers le durable et l'universel », écrit Michel Schneider[408], dans la lignée de Hannah Arendt : « Seul ce qui dure à travers les siècles peut finalement revendiquer d'être un objet culturel »[409]. Aussi l'éducation est pour la philosophe nécessairement tournée vers l'héritage du passé, pour le revendiquer afin un jour espérer le dépasser. Conception qu'il est permis de nuancer : ce n'est pas l'ancienneté qui fait la valeur, ce que soutient trop aisément une vision réactionnaire, c'est au contraire parce que l'œuvre dispose d'une puissance qu'elle a traversé les siècles, comme le précise justement André Malraux[410]. « La culture ne s'hérite pas, elle se conquiert », dit le ministre, signifiant combien elle suppose non pas une simple transmission, mais une véritable appropriation par un travail d'acculturation et de mise en mouvement. Ni héritage, ni consommation, la culture est activation, d'où le sens de l'action culturelle.

La culture est ainsi composée de deux mouvements : ce qui nous est transmis et comment on le transforme. De ce mouvement ne tend à subsister aujourd'hui que le second point. Seul paraît culture ce qui est contemporain. La création a supplanté la mémoire dans la définition de la culture[411]. Le spectateur peut le constater suffisamment dans la programmation des théâtres qui ignorent superbement les classiques s'ils ne sont pas mis à la sauce contemporaine[412]. Ils survivent si les metteurs en scène peuvent y promouvoir leur œuvre. En revanche, le public doit patienter pour se forger une culture classique, à présent peu transmise[413]. Même si Vilar a déploré à son époque la trop grande réduction du théâtre aux classiques[414], il estimait malgré tout que ses missions étaient justement d'éduquer le public aux chefs d'œuvre (dont celui-ci d'ailleurs se délectait), mais ceux-ci semblent être devenus rébarbatifs. À présent, la culture signifie surtout innover, provoquer des ruptures, créer *in extenso*, sans se préoccuper de connaître et de

---

[408] Michel Schneider, *La Comédie de la culture*, Seuil, 1993, p. 71.
[409] Hannah Arendt, *La Crise de la culture*, Gallimard, Folio, 1972, p.260. Voir aussi Jean-Louis Harouel, *Culture et contre-cultures*, Puf, 1994.
[410] « Ce n'est pas parce que les valeurs de l'esprit que nous défendons sont anciennes qu'elles sont défendables. Ce n'est pas parce que la tragédie grecque est ancienne qu'elle est la tragédie grecque : c'est parce qu'elle a survécu », cité dans *Les Affaires culturelles au temps d'André Malraux*, La Documentation française, 1996, p.308.
[411] Marc Fumaroli, *L'Etat culturel. Essai sur une religion moderne*, De Fallois, Le Livre de poche, 1992, p. 20.
[412] Le rapport Latarjet rappelle que sur 1300 créations aidées en deux ans, 75% sont des œuvres écrites depuis moins de 10 ans. *Pour une débat national sur l'avenir du spectacle vivant, Compte rendu de mission*, Avril 2004, p.15.
[413] Seuls 18,5% des spectacles de compagnies subventionnées dans les années 2000 relèvent de la tradition du texte théâtral. Françoise Benhamou, *Les Dérèglements de l'exception culturelle*, Seuil, 2006, p.65.
[414] Voir en particulier Jean Vilar, *Le Théâtre, service public*, Gallimard, 1986, p.68-71.

transmettre les expériences passées. De même en matière de patrimoine, la mémoire est indispensable pour lire les monuments qui sans cela se résument à de beaux décors dans lesquels peuvent se déployer des logiques expérientielles pour les convertir en terrain propice aux sensations[415].

Les théoriciens et les intellectuels ont conduit une attaque en règle de l'école, puis de l'université, contre l'enseignement des Classiques[416]. Allan Bloom remarque que « les étudiants n'imaginent pas un instant que la littérature ancienne puisse leur apprendre quoi que ce soit sur les relations qu'il souhaitent avoir ou qu'il leur sera permis d'avoir. Aussi réagissent-ils par indifférence »[417]. Au mieux matière scolaire, l'héritage culturel ne les aide plus à vivre, à puiser l'inspiration et à trouver un sens à leur existence. « Dans l'état actuel des choses, les étudiants disposent d'images puissantes de ce qu'est un corps parfait et ils ne cessent de viser à sa réalisation concrète. Mais, dépourvus de toute orientation littéraire, ils n'ont plus la moindre image d'une âme parfaite et, de ce fait, la leur ne l'est pas. Ils n'imaginent même pas que l'on puisse imaginer une chose pareille »[418]. C'est là une des ruptures majeures entre la culture classique et celle qui se développe aujourd'hui. Il est probable que « le recul absolu de la culture consacrée chez les moins de 35 ans », constaté par les enquêtes sociologiques n'empire à l'avenir[419]. Les adolescents ne manifestent guère d'appétence à retenir les références classiques, y compris celles encore enseignées en lycée. La culture classique est en lambeaux au profit d'une valorisation des nouvelles cultures, plus branchées. Pascal Lardellier déplore également les effets « des exposés-Google », qui fabriquent un pseudo-culturel à bon marché[420].

Se forger une âme prend du temps. Or, tout pousse, et notamment les nouvelles technologies, à accélérer les rythmes de vie. La *rentabilité*, *l'immédiateté*, la *vitesse*, sont valorisées au détriment de la lenteur, pourtant nécessaire à la culture. Kundera a fait l'éloge de la lenteur. En effet, comment lire Proust ou la *Comédie Humaine* rapidement ? « Il faut du temps

---

[415] Françoise Choay, *L'Allégorie du patrimoine*, Seuil, 1992, p.172.
[416] « Un enseignement disciplinaire des Classiques a stérilisé pour toujours le goût de millions de Français », écrit Pierre Emmanuel, *Pour une politique de la culture*, Seuil, 1971. Il est possible de multiplier les exemples des prises de positions semblables, compréhensibles dans leur époque, mais oh combien exagérés. Combien de Français ont aussi eu accès par l'école à quelque chose qu'ils eussent sans quoi à jamais ignoré ?
[417] Allan Bloom, *L'Ame désarmée. Essai sur le déclin de la culture générale*, Julliard, 1987, p. 71.
[418] Allan Bloom, *L'Ame désarmée. Essai sur le déclin de la culture générale*, Julliard, 1987, p. 72.
[419] Olivier Donnat, *Les Français face à la culture. De l'exclusion à l'éclectisme*, La Découverte, 1994, p.136. Voir depuis les émois suscités par *Les Pratiques culturelles des Français à l'ère numérique*, La Documentation française, 2009.
[420] Pascal Lardellier, *Le Pouce et la souris. Enquête sur la culture numérique des ados*, Fayard, 2006, p.145.

pour écrire un livre, il en faut aussi pour le lire, du temps pour discuter de son contenu », c'est ce temps qui fait de plus en plus défaut, regrette Neil Postman[421]. Mais qui a aujourd'hui le luxe de la lenteur ? Ni les chercheurs, ni les artistes qui doivent parfois enchaîner des résidences d'une semaine à trois mois. Mieux, on lit même des éloges de « l'inlecture », qui frappe jusqu'au monde universitaire, domaine des lettrés par excellence[422]. « Inutile d'apprendre par cœur, il y a l'ordinateur ! ». La technique remplace la mémoire. Mais n'est-elle pas pourtant inhérente à la culture, comme le pense Régine Robineau ?[423] La culture nécessite un *travail long d'apprentissage*, la *lenteur* et la *mémoire*. Trois conditions qui sont remises en cause, par l'école, par la technique et par l'audiovisuel. Malgré l'augmentation du nombre de bacheliers et l'augmentation du nombre de titres publiés, la population n'est pas davantage portée sur le livre, qui ne constitue même plus une référence obligée des classes dites cultivées.

S'adresser à un peuple d'enfants

Pour Bloom, l'idée que la population actuelle est mieux éduquée, résulte d'une confusion entre éducation littéraire et éducation technique, et d'une ambiguïté sur le sens du mot éducation. « Un informaticien doté d'une haute formation n'a pas besoin d'avoir appris davantage de choses sur la morale, la politique ou la religion que le plus ignorant des hommes »[424]. Ainsi, il n'est pas évident que le jeune cadre dynamique dispose d'une sagesse plus profonde que l'écolier rural d'autrefois. Ce sont aujourd'hui les demandes du marché qui organisent ce qui est important et ce qui ne l'est pas. Sans pour autant confondre le savoir et la culture (selon la mise en garde de Jean Guéhenno, pour qui un homme du peuple peut être plus cultivé qu'un singe savant), la culture consiste d'abord en une certaine disposition à la connaissance. C'est l'inquiétude du vrai et du juste, la curiosité, « une exaltation permanente de l'esprit » qui caractérise la culture[425]. Depuis Montaigne en passant par Rousseau, il est rappelé que la culture vise à apprendre à réfléchir, pas à se gorger de connaissances. Toutefois, celles-ci, si elles ne sont pas vides de sens, servent à développer un esprit critique qui sans cela s'épuise. Si les connaissances ne font pas la culture, prétendre être cultivé sans connaissances est un leurre. Il n'est pas certain que l'époque ne se prive pas de l'une et de l'autre des dimensions. Sans rentrer dans les polémiques sur le niveau de culture générale qui monte ou qui baisse, selon

---

[421] Neil Postman, *Se Distraire à en mourir*, Flammarion, 1986, p. 97.
[422] Pierre Bayard, *Comment parler des livres que l'on n'a pas lus ?*, Minuit, 2007.
[423] Régine Robineau, *La Mémoire saturée*, Stock, 2003.
[424] Allan Bloom, *L'Ame désarmée. Essai sur le déclin de la culture générale*, Julliard, 1987, p. 62.
[425] Jean Guéhenno, *Caliban parle*, Grasset, 1928, p. 163.

les essayistes ou les sociologues, on peut surtout s'interroger sur le sens et les définitions que les uns et les autres donnent à ce terme, et dès lors, il n'est pas certain que leurs positions soient aussi contradictoires qu'il n'y paraisse. Les masses sont davantage cultivées qu'autrefois, simplement la culture s'est évaporée. « La culture pour tous restera un rêve daté, dissipé dans l'évanouissement de ce 'peuple' qui la rendait populaire », écrit Jean-Pierre Rioux[426].

« L'enseignement paraît moins destiné à transmettre une connaissance qu'à effacer toute distinction entre connaissance et non-connaissance, pour mettre en œuvre, *par l'absurde*, l'égalité démocratique », constate Benoît Duteurtre[427]. Ainsi les apprentis artistes au Conservatoire ou en Ecole des Beaux-arts ne font que poursuivre une logique déjà en œuvre pour tous dans l'enseignement secondaire. Affirmer sa personnalité et sa capacité créatrice plutôt que de passer par l'apprentissage des règles et des codes, ne plus faire ses Académies pour un jour s'en libérer et peut-être innover, voilà le nouveau credo. Désormais l'innovation doit précéder toute chose, et les réformes successives de l'enseignement depuis trente ans n'ont fait qu'amplifier les choses. L'acquisition des techniques étant beaucoup plus fatigante et austère, de même que l'histoire de la discipline, il s'agit de placer le plaisir au centre de toute action, prétendument parce qu'il sera moteur d'acquisitions futures. L'idéologie d'une création subversive et en opposition à toute norme vient nourrir la résistance envers toute forme de discipline. La complaisance pour soi-même vient en opposition avec les nécessaires lutte et souffrance qu'impose toute démarche d'acquisition ambitieuse. Les conventions et les techniques sont envisagées comme nécessairement oppressives et aliénantes et l'idéal désigné est de permettre l'affranchissement des règles avant même leur apprentissage. La culture et l'excellence des savoir-faire forgés par le temps, et la chaîne de transmission des maîtres aux élèves désireux d'apprendre pour un jour peut-être les surpasser est désormais rompue. La sociologie nous informe que la culture n'est plus qu'un ensemble de symboles arbitraires et les artistes du 20ème siècle se sont plus à déconstruire l'édifice prétendant que l'art d'un enfant ou d'un autodidacte valait bien celui du plus grand maître. Cette idéologie nouvelle entrée dans l'esprit de tous conduit à produire une école qui permet à chacun de se payer de la fausse monnaie de ses rêves, s'imaginant savant parce que diplômé. La diminution des compétences d'enseignants de moins en moins formés masque avantageusement une dégradation généralisée[428].

---

[426] Jean-Pierre Rioux, « Résistances », in Jean-Pierre Rioux et Jean-François Sirinelli, sous la direction de, *La Culture de masse, en France de la Belle Epoque à aujourd'hui*, Fayard, 2002
[427] Benoît Duteurtre, *Requiem pour une avant-garde*, Les Belles Lettres, 2006, p.269.
[428] Sur les innombrables essais publiés sur le système scolaire, on pourra se reporter à Philippe Nemo, *Le Chaos pédagogique. Enquête Sur L'enseignement Des Collèges Et Des Lycées De La République*, Albin Michel, 1993, ou Maurice T. Maschino, *L'Ecole, usine à chômeurs*, Robert Laffont, 1992.

Jouer à s'en ravir l'âme

> « En bref, il s'agit pour commencer de vouloir bien considérer le théâtre non plus comme une exploitation commerciale, mais comme une religion de l'homme. D'éloigner du temple tous ceux qui pendant des années n'en ont été que les marchands. De vouloir bien admettre que le charme du théâtre ne ressort pas de la distraction, mais de la croyance. Et ceci admis, d'éliminer, avec le sourire de Saint-Just, tout ce qui est bas, bête ou adroit. »[429] Jean Vilar

L'argument du temps libre ne saurait être suffisant pour expliquer la demande croissante vis-à-vis des parcs de divertissement. Le temps libéré par le travail pourrait être consacré à se cultiver plutôt qu'à se divertir, notamment du fait de l'élévation du niveau de diplôme général de la population. Au contraire, ce sont les valeurs accolées au fait de se cultiver qui ont changé. « Une forme sournoise de compétition entre loisirs ludiques et loisirs de culture est sans doute lancée et se joue lors des arbitrages du public sur son temps libre. Cet arbitrage se fait souvent en faveur de l'amusement », explique Claude Origet du Cluzeau[430]. Ce qui n'est guère surprenant puisque cela nécessite moins d'effort. Il y a dans le spectacle offert par le cinéma, la télévision, ou dans les spectacles sportifs, une composante ludique. La culture du loisir développe le jeu, avertit Edgar Morin. L'exigence ludique s'impose partout. « Un des aspects du divertissement moderne est cet épanouissement du jeu 'en tant qu'activité qui a sa fin dans le plaisir qu'on éprouve, et nulle part ailleurs' »[431], dit Edgar Morin en citant Montherlant.

Après avoir infantilisé les enfants en réalisant des propositions ciblées uniquement destinées à une classe d'âge, au travers de la bande dessinée, de la littérature dite pour enfant, des émissions et dessins animés, un cran supplémentaire est franchi. À présent, ce sont les produits pour enfants qui concernent l'ensemble de la population. Si Harry Potter représente le parangon de cette évolution, la tendance existe dans les expositions, dans les monuments historiques, mais aussi au cinéma. Les dessins animés sont vus par des adultes qui ne prennent plus prétexte d'accompagner le petit-neveu ou de faire découvrir les salles obscures au petit dernier. Kirikou ou le dernier Disney peu importe, l'indigence des scénarios devient force de vente. Les films animaliers avec de gentils pingouins qui s'ébattent sur une banquise complètent la tendance. L'idéal d'Hollywood de produire des films

---

[429] Jean Vilar, *Le Théâtre, service public*, Gallimard, 1986, p.504.
[430] Claude Origet du Cluzeau, « Ça n'aurait jamais dû marcher », in Revue *Les Cahiers Espaces*, n°58, novembre 98.
[431] Edgar Morin, *L'Esprit du temps*, Grasset, 1962.

pour un âge mental de neuf ans pour tous est en passe de se réaliser. La démocratisation peut enfin être clamée !

Rappelons qu'André Malraux, visionnaire, avait mis en garde contre la tendance à l'infantilisation qui guettait, du fait d'un ravalement des exigences, portée notamment par les usines de rêves encouragées par la facilité, pente naturelle de l'homme. « Jamais pareille soumission à l'infantilisme n'aura proposé à tous les hommes de la terre un peuple de rêves qui ne signifient rien au-dessus de quinze ans. Les rêves n'ont pas d'âge ? Ils peuvent appartenir à une enfance qui est le pôle secret de la vie, ou à une enfance qui en reste le balbutiement. Pour la première fois, les rêves ont leurs usines, pour la première fois l'humanité oscille entre l'assouvissement de son pire infantilisme et la Tempête de Shakespeare »[432]. Menace accrue du fait des techniques et de la mondialisation.

Les recettes de la bêtise

> « Pour appâter ce public, nous ne céderons pas au choix d'œuvres faciles. Le sirop laisse des nausées. Nous tenterons cependant de ne pas aller à lui avec des œuvres absconses, encore que la littérature d'aujourd'hui y cache et découvre parfois ses joyaux. Il nous faudra cependant défendre des œuvres difficiles. »[433] Jean Vilar

Malraux n'était pas dupe. Même s'il ne soupçonnait sans doute pas combien son rêve de démocratisation culturelle allait dériver vers l'alimentation d'un système de production et de consommation de biens culturels. Il devine, et son époque n'en est pas avare, qu'il est facile de gagner les suffrages des masses en leur offrant des divertissements faciles et en flattant le goût pour les choses les plus vulgaires. Il faut opposer, dit-il, les usines du rêve productrices d'argent et les usines de rêve productrices d'esprit, un peu comme les Etats-Unis le font entre haute et basse culture. « Ces usines si puissantes apportent les moyens du rêve les pires qui existent, parce que les usines de rêve ne sont pas là pour grandir les hommes, elles sont là très simplement pour gagner de l'argent. Or, le rêve le plus efficace pour les billets de théâtre et de cinéma, c'est naturellement, celui qui fait appel aux éléments les plus profonds, les plus organiques et, pour tout dire, les plus terribles de l'être humain et avant tout, bien entendu, le sexe, le sang et la mort »[434]. Le cinéma s'adresse aux masses, et les masses aiment le

---

[432] « Inauguration de la maison de la culture de Grenoble, 13 février 1968 », dans *André Malraux, Ministre*, La Documentation française, p.314.
[433] Jean Vilar, *Le Théâtre, service public*, Gallimard, 1986, p.146.
[434] André Malraux, *La politique, la culture, Discours, articles, entretiens* (1925-1975), présenté par Janine Mossuz-Lavau, Gallimard, 1996.

mythe, en bien et en mal. Or « les foules sont loin de préférer toujours ce qu'il y a de meilleur en elles », se désole Malraux qui se demande si l'on doit faire confiance aux foules. Sans doute serait-il étonné aujourd'hui de constater que ce ne sont plus seulement les marchands qui cherchent dans la démagogie ou le populisme, et dans les pulsions les plus bestiales, des recettes pour faire de l'audience. La cour d'honneur d'Avignon elle-même ne boude pas la délicieuse et sulfureuse voie de faire sensation en exploitant le filon du sexe, du sang et de la mort, pas plus que les installations des musées d'art contemporain, et encore moins les succès éditoriaux. À présent usines productrices de rêves et usines productrices d'esprit se trouvent intimement mêlées, les premières étant souvent prédominantes, et ayant plutôt le dernier mot sur les secondes.

Dans la veine de Malraux, Antoine Bernard craignait que les nouvelles techniques de communication ne nourrissent les pulsions les plus basses, une vision animale ou infantile du monde[435]. Contre ce risque d'une nouvelle aliénation de la masse, en place des valeurs traditionnelles désormais taries, il importe, pour le directeur de cabinet du ministre, d'aider le peuple à s'élever plutôt que de le conforter dans les plaisirs faciles dans lesquels il est commode de se laisser aller. Devant la surenchère des produits télévisuels les plus vils, qui peut encore se moquer d'une telle mise en garde, et d'une pareille utopie ?

La France n'a pas eu la prudence de maintenir une séparation claire entre les registres. Avec le développement de la culture de masse, et de ce que Malraux appelait les industries du rêve, le ministère ne sait plus où donner de la tête et poser des critères de légitimité. Les industries culturelles, que Jack Lang a reconnues de plein droit dans son domaine de compétence, phénomène amplifié par Jacques Toubon, viennent brouiller les cartes. Évidemment, la séparation est plus théorique qu'aisée, de nombreux secteurs sont aux frontières de la création et de la marchandisation. S'il est légitime d'intervenir pour le prix du livre de manière à maintenir une diversité et empêcher les jeux d'un libéralisme destructeur, en revanche, le compte de soutien sollicité pour des films à gros budgets pose problème. Est-ce le rôle de l'Etat de soutenir les productions de type hollywoodien, comme *Les Visiteurs*, *L'Ours*, ou *Indochine* sous prétexte de faire concurrence aux majors américains ? Les Etats-Unis ont alors raison de protester contre des subventions qui a leurs yeux faussent le libre jeu de la concurrence et du marché (même si l'on sait que l'argument est fallacieux et hypocrite. Peut-il y avoir libre concurrence sur des marchés inégaux ?). Si le système d'aide français au cinéma est remarquable et judicieux, il a permis jusque-là le maintien d'un cinéma, contrairement à d'autres pays. Le système atteint ses limites dès lors qu'il s'agit du maintien d'un secteur économique et non de

---

[435] Antoine Bernard, « Réflexion sur la politique culturelle », *Revue de la Défense nationale*, juin 1969. Publié dans *André Malraux, Ministre*, La documentation française, 1996, p.435.

valeurs à défendre. Dans ce cas, rien ne distingue véritablement le cinéma de l'aéronautique. Les Américains ne s'y trompent pas qui tentent à présent d'attaquer le système de l'intérieur en demandant d'en profiter également.

L'industrie du rêve n'est pas que divertissante. Elle a des implications réelles, tant économiques qu'idéologiques. Si l'audiovisuel est le premier poste pour les exportations et donc pour les rentrées de devises des Etats-Unis, d'où le combat incessant de ce pays contre l'exception culturelle, au nom du marché concurrentiel, il ne faudrait pas en conclure qu'il n'y a là qu'une affaire de sous. Il y a des valeurs à défendre, et ce ne sont pas celles de la diversité culturelle. Ce sont celles d'un modèle américain, d'une suprématie qui impose sa vision au monde. L'exportation des westerns a permis la vente de jeans après la guerre, c'est ainsi que les modes de vie s'uniformisent sur le standard américain. Les capitaux à Hollywood peuvent bien être japonais, cela importe peu. Marcel Rioux remarque que les industries de l'âme produisent non pas des biens matériels, mais des biens symboliques, et à la suite de Marx note que l'impérialisme culturel est le dernier stade de l'impérialisme. Car au-delà des conquêtes militaires, politiques ou économiques, il représente la conquête des esprits. « La domination culturelle est plus insidieuse que les autres : pas de guerre, pas d'occupation du territoire ; pas de représailles économiques : que des images, des sons, des livres, des chansons et des danses »[436]. Ces biens symboliques sont des produits fournis par les industries du divertissement, ils nous engagent à consommer toujours davantage. René Teboul qui amalgame généreusement fréquentation des musées, tourisme, sport et télévision, constate que les loisirs et les consommations sont devenus les deux facteurs structurants de développement économique du monde occidental[437].

---

[436] Marcel Rioux, « Remarques sur les industries de l'âme », in *Questions de Culture*, n°7, Québec, 1984.
[437] René Teboul, *Culture et loisirs dans la société du temps libre*, Ed de l'Aube, 2004.

AU SUPERMARCHE CULTUREL

Compétition généreuse de toutes les cultures

> Line Beauchamp, ministre de la culture et de la communication du Québec, interrogée sur les *Journées de la culture* :
> « *- Certains critiques s'élèvent devant le fait que cet événement ressemble à un fourre-tout mélangeant lecture de poèmes et tressage de paniers en paille*
> -Pourquoi les gens rouspètent-ils contre les paniers en paille ?
> *-Parce que certains considèrent que cela n'a rien à voir avec la culture*
> -Ah bon ! Pourtant, il y a des artisans qui peuvent faire toutes sortes de très belles choses avec de la paille
> *-Est-ce que c'en fait pour autant des œuvres de culture qui nous permettent de définir notre rapport au monde ?*
> -Hummmh… Je crois que les journées de la culture forment un outil formidable de démocratisation de la culture et dans ce sens , il ne faut pas avoir d'œillères (…)
> *- Avec une définition aussi large que celle des Journées de la culture, est-ce que ça ne risque pas de provoquer une certaine confusion dans les esprits sur ce qu'est la culture et sur le rôle qu'elle devrait jouer dans nos vies et nos manières d'appréhender le monde ?*
> - Pour moi, les artisans professionnels reconnus par le conseil des métiers d'art participent de façon très précieuse à la construction de l'identité d'un peuple. Ça j'en suis absolument convaincue.
> *- Mais en quoi cela organise-t-il notre rapport au monde ?* »[438]

Les ministres en exercice dans les années 70 ont maintenu peu ou prou l'héritage de Malraux, tout en ouvrant plus largement leur action au développement culturel et à la prise en compte de la démocratie culturelle. C'est Jack Lang qui transforme radicalement le concept de culture. Ceci lui

---

[438] La Ministre du patrimoine canadien Lizza Frulla répond de son côté à la question : - *Pouvez vous me donner simplement votre définition de la culture ?* -« En faisant la politique culturelle du Québec, nous avons évité de définir la culture. Si on lui donne un sens anthropologique, ce peut être ce qu'on mange, comment on se vêt… C'est très difficile de dire qu'elle est la signification même du mot « culture ». Est-ce qu'on définit la culture comme étant l'expression culturelle qui nous semble constituer notre identité par les arts ? Ça peut être une définition », Interview dans *Voir*, 23 septembre 2004, p.7.

fut beaucoup reproché, et il est peu utile d'insister. Philippe Urfalino distingue trois grandes périodes du ministère : l'action culturelle avec Malraux, le développement culturel avec Duhamel et le vitalisme culturel avec Lang[439]. En donnant à la culture revendiquée par le ministère une connotation plus anthropologique que malrusienne, Lang a accéléré la confusion entre haute et basse culture, culture de l'esprit, culture de masse et culture populaire. « À la conception cohérente de la culture de Malraux reposant sur une division stricte entre arts majeurs et arts mineurs, a succédé une situation ambiguë où le discours faisait la part belle à des formes d'expression artistiques nouvelles ou considérées jusqu'alors comme mineures », constate Olivier Donnat[440]. Lang ne fait que se plier à une tendance qui l'a précédé et à laquelle tout invite. Ainsi le très sérieux *Rapport du Commissariat général du plan,* en novembre 1982, se hasarde-t-il à donner des indications pour redéfinir la culture. La « culture cultivée », indique-t-il, ne doit bénéficier d'aucun privilège. « Elle est certes le dénominateur commun des catégories sociales les plus favorisées. Elle ne doit pas avoir la prétention d'être seule à laisser des traces dans la mémoire collective ». Plus encore, il appartient à l'Etat de « créer les conditions nécessaires à l'émergence des cultures autres, aujourd'hui considérées à tort comme mineures. Mettre la culture « au pluriel » et « au quotidien », c'est donner à des groupes ou à des catégories sociales qui ne se reconnaissent pas dans la culture « cultivée », le moyen d'affirmer leur identité culturelle et, par là, d'apporter leur propre contribution à une culture nationale débarrassée de tout préjugé hiérarchique, respectueuse du droit à la diversité »[441]. Une lecture travestie de la pensée de Bourdieu sur les cultures d'appartenance et la fabrication de la légitimité, et surtout l'influence de la pensée de Michel de Certeau, sert de caution à l'argumentaire. Porte ouverte à la remise en cause de la culture au sens d'élévation de l'esprit (rabattue à la culture d'un groupe parmi d'autres), c'est aussi une reconnaissance des identités, dans leur diversité, que la nation doit prendre en compte et reconnaître. L'affirmation de l'expression de soi, sans hiérarchie des valeurs, complète et exprime la tendance. Comme le note justement Marc Bélit, on passe d'une conception héroïque, d'une fonction métaphysique de l'art et de l'universalisme des Lumières à une conception anthropologique, dans les conceptions politiques jusqu'au très sérieux Commissariat au plan[442].

S'il pressent le risque d'un enfermement de chacun dans sa culture, le texte recommande néanmoins de soutenir les actions qui autorisent les

---

[439] Philippe Urfalino, *L'Invention de la politique culturelle*, Hachette 2004.
[440] Olivier Donnat, « La question de la démocratisation dans la politique culturelle française », Revue *Modern et Contemporary France,* Volume 11, N°1 , Février 2003, p 6.
[441] Republié dans *Culture publique* T3, *L'art de gouverner la culture*, Sens &Tonka, Mouvement, 2005, p.35.
[442] Marc Bélit, *Le Malaise de la culture. Essai sur la crise du modèle culturel français*, Séguier, 2006, p.59.

« exclus de la culture » à « découvrir leur propre identité culturelle, à l'assumer et à l'exprimer sous diverses formes ». L'Etat ne doit pas avec une attitude condescendante paternaliste penser que les « cultures 'autres' n'ont de valeur que dans la mesure où elles constituent une étape sur la voie de la culture dont il est le garant traditionnel ». Au contraire d'un désir de partage, l'Etat ne doit pas conduire les masses ignorantes vers la culture dont elles sont dépourvues, car c'est faire là œuvre de colonialisme, sous-entend la commission, mais elle doit leur permettre au contraire d'exprimer leur propre culture. Bref, que les illettrés continuent à s'exprimer avec 300 mots et les lettrés à lire Corneille. Chacun sa culture ! Dès lors que cette politique fait office d'axe ministériel, toute incantation à la démocratisation est une hypocrisie. Mieux, il convient même de décourager ceux qui prétendraient s'emparer de la « haute culture », précise le texte. Celle-ci est encore « affectée d'un coefficient de prestige qui la rend aux yeux d'une large part de la population désirable et interdite. Désirable, puisqu'elle a réussi à se faire passer pour la seule culture et à discréditer toutes les autres formes d'expression ». En effet, cela a été la mission depuis deux siècles des hommes éclairés, de l'école républicaine et de l'éducation populaire de la rendre désirable ! Le temps est venu où elle doit cesser de l'être.

Il eût été possible de faire un autre choix. Par exemple, de remettre en question les jugements qui conduisent à déconsidérer telle ou telle manifestation susceptible de participer à la bonification de l'Homme, de critiquer les tendances bourgeoises à s'approprier la culture et à en clore la définition à son seul pré carré. Il eût été possible aussi d'y intégrer de nouvelles formes qui participent également d'une élévation de l'esprit. Mais ce n'est pas à ce titre que la critique est faite. Ce qui compte, c'est de « mettre la culture au pluriel », sans jugement de valeur. Le texte, qui reflète au niveau national ce que l'UNESCO porte au niveau international, précise que les groupes sociaux sont « ignorants du caractère culturel de leurs usages, de leurs goûts, de leurs pratiques ». Il convient de les pourvoir en fierté en les inscrivant dans le champ d'action du ministère. Dès lors, pourquoi ne pas parler du ministère des cultures ? Ce serait plus clair. Il n'est pas anodin de constater que le paragraphe se termine en constatant que ce nouveau développement culturel est « indispensable au développement économique ». C'est en effet le motif qui prédominera bientôt comme moteur d'action[443].

---

[443] La critique n'est certes pas nouvelle, puisque ce qui est accentué ici dans le texte pour le IXème plan, est déjà présent dans le Vème plan avec « le passage à une conception qui tourne partiellement le dos à celle de Malraux. Celui-ci faisait de la culture un moyen de donner un sens à la vie. Avec le Vème plan, elle n'est déjà plus qu'un élément qui contribue à l'établissement d'une pratique sociale participative et de plus en plus directement un moyen au service du développement économique », constate Jean Caune, à partir de l'étude de Jacques Ion, Bernard Miège et Alain Noël Roux publié en 1974 (*L'Appareil d'action*

Jacques Duhamel introduit une conception plus anthropologique de la culture, englobant la culture primaire, avec notamment les mass média, la publicité, le cirque mais sans que ceci implique financement. Un pas supplémentaire est franchi avec Lang. Les exemples sont connus : la bande dessinée, les musiques rock et l'ensemble des musiques actuelles, les tags et arts urbains, puis les arts de la rue vont progressivement intégrer le champ d'intervention du ministère[444]. Si la reconnaissance des pratiques liées à la culture populaire – les arts et traditions populaires ou les sites patrimoniaux liés à des activités industrielles, commerciales ou sociales traditionnelles –, peut être envisagée, il est en revanche plus délicat d'intégrer globalement ce qui relève des coutumes ou des productions au sens ethnographique. Ainsi la mode, le design, la publicité[445], ou encore la gastronomie rebaptisée art de la table, les « arts du jardinage », la magie, posent question. Car le problème ne réside pas en ces domaines particuliers, dont on peut toujours justifier l'intérêt qu'on leur porte, la question est la limite à poser à cette inflation[446]. Les métiers d'art, les nouvelles technologies, mais aussi les pratiques sportives, peuvent également prétendre à faire partie de la culture et des arts, si bien que l'on ne voit plus très bien ce qui peut arrêter l'extension indéfinie des champs d'intervention du ministère, jusqu'à ce qu'il n'enfle en un super ministère couvrant tous les autres.

Le droit à sa culture

> « Il aurait pu apparaître aux tenants du « tout culturel », s'ils avaient été plus logiques, que dès lors que tout était culture, rien ne l'était et que, par conséquent, point n'était besoin d'un ministère pour gérer cette inexistence. »[447] Michel Schneider

---

culturelle, Ed Universitaire) cité dans *La Culture en action, De Vilar à Lang : le sens perdu* PUG 1992, p.140.

[444] Maryvonne de Saint Pulgent, *Le Gouvernement de la culture*, Le débat Gallimard 1999, p.82.

[445] « Oui, les arts culinaires, la mode, la bande dessinée, la publicité… sont des arts à part entière », écrit l'ancien directeur de cabinet de Jack Lang qui théorise cette conception. Jacques Renard, *L'Elan culturel : la France en mouvement*, PUF, 1987, notamment p.52.

[446] Philippe Coulangeon ouvre curieusement une petite synthèse relative à la sociologie des pratiques culturelles en affirmant qu'il ne s'inscrit pas dans une conception anthropologique de la culture, il y inclut malgré tout le jardinage, le bricolage et les nouvelles technologies sous prétexte que ces pratiques participent à la définition d'un style de vie. S'il laisse de côté les pratiques sportives ce n'est pas, précise t-il, par principe, mais pour des raisons pratiques parce que ce champ est trop étendu et réclame un traitement à lui seul. L'ouvrage s'intéresse ensuite à l'analyse des pratiques télévisuelles. *Sociologie des pratiques culturelles*, La Découverte 2005, p.4.

[447] Michel Schneider, *La Comédie de la culture*, Seuil,1993, p.10.

La critique *du tout culturel* a déjà été faite. Effectivement pourquoi les limites seraient-elles posées ici plutôt qu'ailleurs ? Au Canada, la définition de la culture englobe des pratiques récréatives, à ce titre considérées comme culturelles : ainsi les pratiques sportives, la pratique du Skidoo, la chasse, le camping ou la cueillette des champignons. Ce qui n'est pas faux du point de vue anthropologique[448]. Tout est culture (y compris la génétique qui est comme le reconnaissent les spécialistes en partie modelée par son environnement). A quand des subventions de soutien du Ministère de la Culture aux ramasseurs de champignons qui sauvegardent des savoir-faire, des techniques et d'importantes traditions ? Du reste, le mot connaît l'inflation que subit également celui de patrimoine, puisque tout le devient, y compris l'immatériel et la mémoire des hommes. La dissolution même du sens du mot patrimoine s'y actualise pareillement.

« Il ne doit pas y avoir de hiérarchie entre 'art mineur' ou 'art majeur', entre 'art noble' et 'art roturier. Toutes les formes d'art et de culture et en particulier celles de la vie même, notre manière de vivre, notre manière d'aimer, notre manière de nous habiller, notre manière d'habiter, c'est cela aussi le droit à la beauté », soutient Jack Lang devant ses pairs à Mexico en 1982[449]. Si le ministère s'intitule encore Ministère de la Culture, il est légitime de s'interroger, à l'image du débat qui a fait rage à France Culture, sur l'adjonction d'un s. Pourquoi pas un ministère des cultures ? A quand la reconnaissance du ministère des loisirs ? « Le passage des Arts et Lettres aux Affaires culturelles, des Affaires culturelles aux Loisirs Culturels, des Loisirs culturels au soutien des cultures, culture jeune, culture Rock, culture rap, culture tag, a été la campagne de Russie de l'esprit français », ironise Marc Fumaroli[450]. Le mot culture est devenu un énorme conglomérat composé de « cultures » toutes équivalentes entre elles, poursuit l'auteur. Le but recherché est alors de populariser le concept pour que chacun s'y identifie. « L'intuition de Jack Lang a été qu'en élargissant le champ culturel consacré par l'Etat, on pouvait *élargir en même temps le public de la 'culture' au-delà*

---

[448] Ainsi un article paru en 2002 dans *Télérama* sur la fracture culturelle constatait avec un brin de condescendance que si les banlieusards n'aimaient pas tellement fréquenter les sorties culturelles légitimes (opéra, théâtre, concert), en revanche, « ils aiment les retrouvailles avec agapes, les fêtes de fin d'année… » Et le journaliste de poursuivre : « À Audincourt, le foot, la mémoire des métaux, les fanfares ouvrières. Toutes ces activités sont culturelles ? Évidemment ! Au sens large. Mais ils ne le savent pas. Longtemps, le ministère et les professionnels de l'art l'ont ignoré aussi, malgré le credo de Jack Lang, en 1981 : 'Tout est culturel' ». Même le foot apparemment. À Audincourt, tous les habitants ont « une discipline, une technique, certains font de la musique, ou peignent ou sont prêts à s'intéresser au patrimoine local. C'est l'art officiel qu'ils dédaignent ou dénigrent. Trop sacré, trop royal pour des roturiers ».
[449] Jack Lang, *Intervention à la conférence mondiale des ministres chargés de la Culture*, Mexico, 27 juillet 1982, cité par Philippe Poirier, 2006.
[450] Marc Fumaroli, *L'Etat culturel Essai sur une religion moderne*, De Fallois Le livre de poche, 1992, p.61 et p.228.

des élites cultivées au sens traditionnel, et du même coup populariser le concept de culture », souligne Augustin Girard[451]. La démocratie des cultures est en adéquation avec le nivellement égalitariste décrit par Alexis de Tocqueville[452]. La culture recouvre en réalité aujourd'hui la gamme des styles de vie et des modes de distraction possibles[453].

« Les significations les plus diverses courent en effet sous le nom de culture, qui désigne à la fois les loisirs et les œuvres de l'esprit, ce qui est et ce qui vaut, le processus et le résultat, le travail du sens et les mœurs spontanées. Il se charge de malentendus plus graves encore, si on lui accole un adjectif : populaire, dominante, prolétarienne ou bourgeoise naguère, rive droite ou zoulou aujourd'hui. Car que vise-t-on alors ? le contenu de l'art ? ou bien l'appartenance sociale de celui qui le fait ou le reçoit ? Et ce n'est pas en atomisant la notion (publics-cibles, segments socioculturels), ni en la globalisant (culture mondiale) qu'on supprimera l'abstraction dangereuse du mot culture », écrit Michel Schneider[454]. Le problème est que ceux qui ont contesté l'élargissement du concept de sa définition classique à la définition anthropologique l'ont fait en recourant à de mauvais arguments. Ceci a desservi la critique, qui malgré tout demeure fondée. Ainsi Alain Finkielkraut, Jean-Louis Harouel ou Marc Fumaroli, dans la veine d'Alan Bloom, sont tombés, chacun à sa façon dans le piège réactionnaire d'opposer la culture classique, qui serait la vraie culture, aux formes populaires. Ils ont pris pour cible des expressions nouvelles : le rock, la bande dessinée, ou les arts de le rue en les disqualifiant *a priori*. Conception conservatrice puisqu'elle fige la culture alors que celle-ci a toujours été en mouvement, intégrant heureusement de nouvelles formes. Position qu'avait déjà un Georges Duhamel en disqualifiant le jazz ou le cinéma. Dès lors, la réfutation est aisée. Jacques Rigaud, par exemple, peut se plaire à mettre en pièce ces auteurs, sans répondre à la question de fond qui, elle, demeure irrésolue[455]. Arguant de la diversité des formes de vie, Jacques Rigaud se

---

[451] Augustin Girard, « Les Politiques culturelles d'André Malraux à Jack Lang », in *Toutes les pratiques culturelles se valent-elles ?*, sous la dir. de Jean-Pierre Sylvestre, Hermes, n°20, 1996, p.35.
[452] Alexis de Tocqueville, *De la Démocratie en Amérique*, Laffont, 1991.
[453] Jean Louis Harouel *Culture et contre-cultures,* Puf, 1994, p.18.
[454] Michel Schneider, *La Comédie de la culture*, Seuil, 1993, p. 66.
[455] On lira la critique au vitriol de Jacques Rigaud, *Libre culture*, Le Débat, Gallimard, 1990, p. 395 et suivantes. Jacques Rigaud assimile abusivement Marc Fumaroli dont la position aristocratique est indéniable et Alain Finkielkraut dont le souci est autre, non de perdre son statut de privilégié, mais de préserver un héritage de gauche auquel il tient, et qui entend maintenir une volonté républicaine de démocratisation. Répliquant davantage par l'insulte et la dérision, Rigaud ne répond pas aux arguments de fond qui demeurent pourtant réels : le nivellement des pratiques et des œuvres sur un même registre dont nous avons des exemples chaque jour plus nombreux.

réfugie dans un vitalisme et une bonhomie généreuse qui évite de trop préciser le concept de culture[456].

Soulignant le piège qui menace toute critique du nivellement culturel, et sans prendre garde à ne pas toujours y tomber, Alain Finkielkraut a pointé le nœud du problème : « Soyons clair : cette dissolution de la culture dans le tout culturel ne met fin ni à la pensée ni à l'art. Il ne faut pas céder au lamento nostalgique sur l'âge d'or où les chefs d'œuvre se ramassaient à la pelle. Vieux comme le ressentiment, ce poncif accompagne, depuis ses origines, la vie spirituelle de l'humanité. Le problème auquel nous sommes, depuis peu, confrontés est différent, et plus grave : les œuvres existent, mais la frontière entre la culture et le divertissement s'étant estompée, il n'y a plus de lieu pour les accueillir et pour leur donner sens. Elles flottent donc absurdement dans un espace sans coordonnées ni repères. Quand la haine de la culture devient elle-même culturelle, la vie avec la pensée perd toute signification »[457]. Ce qui compte ce n'est pas de tracer une limite disciplinaire, dont on prouvera toujours le caractère absurde et incongru. Il faut s'extraire de cette vision dualiste pour ramener le débat sur l'analyse qualitative. Comme l'écrit Henri Gouhier, « il n'y a pas de mauvais genres : il n'y a que des mauvaises œuvres »[458]. Ce qui importe, c'est la qualité de celles que l'on soutient et leurs effets sur l'esprit humain. S'agit-il d'une vision nouvelle, d'un enrichissement à la compréhension de l'homme, à son rapport au monde, est-ce que la proposition conduit à une élévation de soi ou à un supplément d'âme ? Quels sont ces effets ? Participe-t-elle d'un développement de la conscience individuelle ou collective ? Certes l'évaluation est difficile, subjective et oh combien ! discutable. Mais c'est la discussion justement qui importe et qui crée de ce fait l'interprétation qui anime l'œuvre et l'insère dans un contexte social. Il est donc permis de tracer d'autres frontières, qui passent par la reconnaissance des effets de l'œuvre et non par son inscription dans tel ou tel registre.

Il existe des œuvres géniales qui renouvellent la vision, issues du jazz, du rock ou de la bande dessinée, comme de la musique classique. Mais il existe aussi des choses moins grandioses, qui ont davantage à voir avec l'occupationnel, le divertissement, voire le commercial, et qui de ce fait devraient être tenues à la marge de ce qui relève du champ de la culture. Il en est dans le rock comme dans la musique classique ! Toutes les partitions d'Haendel sont-elles d'égale importance ? N'y a-t-il pas des œuvres plus ou moins capitales ? Chacun le reconnaîtra. Pourquoi dès lors ne pas s'atteler à cette évaluation difficile, changeante parce qu'elle est toujours affaire

---

[456] Comme le souligne Marc Bélit en relisant l'ouvrage de Jacques Rigaud, *La Culture pour vivre*, Gallimard, 1975. Voir Marc Bélit, *Le Malaise de la culture. Essai sur la crise du modèle culturel français*, Séguier, 2006, p.114.
[457] Alain Finkielkraut, *La Défaite de la pensée*, Gallimard, 1987, p.143.
[458] Henri Gouhier, *L'Essence du théâtre*, Plon, 1943, p.131.

d'interprétation ? Travail jamais achevé, toujours à recommencer, que chaque époque doit réaliser. Ainsi existe-t-il des possibilités de découvertes. Travail que conduit d'ailleurs chaque spécialiste dans son domaine, les historiens d'art pour la peinture, comme les musicologues pour les partitions. Renoncer à l'évaluation et à la hiérarchisation, c'est éviter de se tromper, mais c'est aussi couper court à tout débat. Toute production est ainsi galvaudée jusqu'à devenir un produit. C'est aussi nourrir l'indifférence à l'endroit de chacune dès lors que tout est possible. Ce sentiment de bon sens est mis à mal avec la reconnaissance de toute expression comme digne d'intérêt parce que qualifiée de culturelle, qu'elle émane d'un artiste, d'une tradition folklorique, ou d'une industrie culturelle. Dès lors, plus aucun critère d'évaluation ne paraît pouvoir s'appliquer pour déterminer la valeur artistique d'une proposition. Sensiblement différent le débat sur l'art et celui sur la culture se rejoignent quand le paradigme partagé est celui du refus de la hiérarchisation. La critique du tout culturel dénonce ainsi cette inflation à tout faire entrer dans le champ, quelle qu'en soit la valeur. La pensée politiquement correcte inclut même couramment les nouveaux lieux, squats, friches, lieux dits intermédiaires, dans les arts urbains, comme s'il s'agissait là par nature d'une « émergence artistique » qu'il faudrait soutenir sans discrimination et sans juger de la qualité de leur éventuelle production[459]. C'est confondre pratiques sociales et activités artistiques dans une même catégorie « culture ».

Jacques Rigaud refuse de trancher, mais l'argument peut évidemment se retourner contre lui-même. « Il y a quelque pédantisme à distinguer ce qui est culture de ce qui ne l'est pas. Je serais tenté de renvoyer dos-à-dos ceux qui s'empressent de donner une sorte de bénédiction culturelle à des modes, à des divertissements, à des pratiques qui caractérisent la sensibilité d'un moment, et ceux qui, s'attribuant un pouvoir d'homologation culturelle, rejettent dans les ténèbres extérieures tout ce qui leur paraît indigne d'une si auguste qualification. Je ne dis pas que les uns et les autres aient tort ; ils expriment deux conceptions de la culture : l'une, anthropologique ou ethnologique, s'étend à l'ensemble des mœurs, des mentalités, des comportements d'une société ou d'une époque ; l'autre, historique, normative et, d'une certaine façon, institutionnelle, limite la culture aux activités les plus hautes de l'esprit humain. L'ambiguïté du mot 'culture' fait qu'il s'applique aussi légitimement aux deux conceptions »[460]. Les deux définitions sont en effet possibles, mais ce qui est en jeu dans la discussion, c'est la politique du ministère de la culture, pas le champ de recherche des

---

[459] Ainsi, Marie-Christine Bordeaux tente-t-elle de trouver une solution à cette aporie, dans le refus d'une opposition, peu convaincante. « Pour une conception anthropologique de la culture », in *La Démocratie culturelle, une exigence sociale*, Actes de la rencontre du 5 octobre 2004, Profession Banlieue, p.8.

[460] Jacques Rigaud, *Libre culture*, Le Débat, Gallimard, 1990, p.406.

ethnologues ! Il est assez étonnant de voir un ancien haut responsable du ministère refuser de trancher ! « Dans notre optique qui privilégie l'action et la pratique, ce débat est assez stérile », conclut l'auteur après avoir renvoyé, seulement en apparence, dos-à-dos les tenants des deux discours. C'est justement parce qu'il faut privilégier l'action et la pratique, qu'il est impossible de ne pas trancher ! Comment le ministère pourrait-il décider de soutien et de subvention sans trancher ? Nous ne voyons pas comment cela s'avère possible. En refusant de trancher, ce sont les habitudes institutionnelles qui financent globalement la culture classique qui prédominent, mais ces logiques sont inévitablement remises en cause dès lors que les évidences héritées de l'histoire s'estompent. Déjà, de nombreuses voix s'élèvent pour réclamer une autre répartition des crédits, et qui ne peut – dès lors que l'on est dans une logique anthropologique et non d'élévation de l'esprit – que se déterminer en fonction de l'audience. Or, il n'est pas certain que Rigaud, défenseur en son temps de l'action et du développement culturel, y trouve alors son compte.

« L'histoire des cultures montre la vanité de décider de ce qui est culture et de ce qui ne l'est pas, mais aussi la superficialité de l'amalgame du 'tout culturel'. Il faut admettre la dynamique de la culture, ce lent processus sélectif de son enrichissement par intégration, imprégnation, renouvellement », poursuit Rigaud[461]. Pensée pleine de bonhomie et de générosité, à laquelle nous ne pouvons que souscrire, mais quand un directeur de centre culturel doit réaliser une programmation, ou acquérir des œuvres d'art pour la collectivité, ne doit-il pas se doter d'une certaine idée de ce qu'est la culture ? Il est possible de se tromper, ce dont l'histoire jugera, ceci personnalise d'ailleurs un lieu par les choix réalisés, mais est-il possible de ne pas choisir ? Sauf à abonder dans une non-prise de risque en achetant et en programmant tout, sans exclusive, ou en faisant semblant de le faire tant que les finances le permettent. Est-ce ainsi que l'on bâtit une politique culturelle ? Serait-elle même intéressante et au nom de quoi la défendre, plutôt que de laisser faire le marché ? L'argumentation de Rigaud conduit *in fine* à l'abandon des missions d'intervention publique dans la culture. Car le tout culturel a plusieurs effets pervers, comme donner légitimité à tous ceux qui entendent revendiquer une activité professionnelle dans le milieu. « Sont ainsi suscitées des vocations 'culturelles' parmi des groupes ou des activités pour lesquelles les profits symboliques et matériels d'une telle qualification n'étaient, sans cette politique, pas pensables. En retour, rien ne vient limiter l'étendue des sollicitations possibles : comment en effet mettre des frontières tout en prétendant œuvrer à l'abolition des frontières ? », constate Vincent Dubois[462]. Le rapport Latarget a ainsi noté la

---

[461] Jacques Rigaud, *Libre culture*, Le Débat, Gallimard, 1990, p.407.
[462] Vincent Dubois, *La Politique culturelle. Genèse d'une catégorie d'intervention publique*, Belin, 1999, p.282.

multiplication des compagnies, et le secteur culturel est devenu un vaste champ où toutes les initiatives peuvent prétendre à demander aides et soutiens publiques. Ceci ajouté à la mise en question de l'art par les courants artistiques au 20ème siècle et le plus grand flou gouverne. Or l'inflation ne peut conduire qu'à aggraver une crise déjà menaçante.

Jacques Duhamel reconnaissait que la notion de culture évoluait et que cela était problématique pour l'action publique, mais néanmoins indispensable. « La mutation culturelle que nous constatons se traduit par une remise en question généralisée de la notion de culture qui a perdu son ancienne clarté pour devenir insaisissable », avertit l'auteur en 1972. Toutefois, la nécessité de reconstruire sans cesse cette définition n'est pas reniée, car même si la tâche est difficile, cela lui semble incontournable. « De là provient une première difficulté pour l'élaboration d'une politique culturelle : comment établir une politique dans un domaine qui n'a pas été préalablement défini, cerné, circonscrit ? », s'interroge le ministre[463]. Devant la difficulté, les successeurs renoncent. Jack Lang affirme qu'« il n'appartient pas à un ministre de fixer parmi les diverses acceptions de la notion de culture, notion d'ailleurs récente, un concept qu'il privilégie : ethnologique lié aux façons de vivre, sociologique lié à l'usage du temps libre, éducatif lié à la transmission du savoir, ou même étroitement esthétique, lié à une théorie des arts et des muses… »[464]. Il est assez fabuleux qu'un ministre refuse de délimiter le champ de ses compétences, qui dès lors sont susceptibles de recouvrir très largement celles des autres ministères. Dans les faits, il en va autrement, et l'administration sait ce qu'elle doit prendre en charge. La définition est donc effective, mais avec toute la tartufferie et les errances que cela permet. « Loin de m'inquiéter de l'inflation du mot 'culture', je m'en réjouis », poursuit Lang, répondant ainsi aux essayistes de l'époque, qui percevant néanmoins les contradictions qu'une absence de définition risque fort de porter, rabat sa générosité à soutenir « tous ceux dont la recherche exprime une exigence de beauté », réintroduisant de ce fait *in fine* un concept que l'art moderne et contemporain avait, de son côté, durablement discrédité.

En passant du secrétariat des beaux-arts au ministère des affaires culturelles, le ministère s'est enferré dans une confusion originelle entre l'art et la culture. De Malraux, qui considère que la culture c'est la rencontre avec l'art, et qui la réduit trop à servir celui-ci, à Lang, qui refuse de la définir et parle finalement d'accès à la beauté, jusqu'à Jean-Jacques Aillagon, qui

---

[463] Jacques Duhamel, « Discours à la première conférence des ministres européens de la culture, Helsinki, 9 juin 1972 ». Cité dans *Jacques Duhamel, Discours et écrits*, La Documentation française, 1993, p.189.
[464] Jack Lang, « Le Signe du succès », *Commentaire*, n°48, hiver 1989-1990, p.710.

déclare « la culture, c'est ce qui fait œuvre »[465], le ministère confond art et culture dans un même élan. Il ne semble pas qu'une réelle articulation soit réfléchie. Or, cet amalgame est dommageable. Il privilégie les créateurs et la création, au détriment de la mise en relation avec des publics. La mise en place d'une politique culturelle s'identifie dès lors à la question de la création. Elle ne saurait s'y réduire. Claude Patriat souligne une distinction essentielle en montrant que l'enjeu est justement la mise en œuvre des procédés de médiation qui favorisent l'appropriation de ce qui n'est jamais donné *a priori*. Si le rapport entre l'art et la culture est souvent obscur, en mettant l'un au service de l'autre, « on finit par oublier qu'il y a toujours un écart, une tension, voire une contradiction entre le processus de création, affirmation d'une présence singulière dans l'espace social, et la culture ». La façon dont cette proposition artistique est reçue, ce qu'elle produit et favorise chez des individus ou dans une population est cette mise en culture de l'art qui lui donne son sens. Dès lors, « le fondement même de toute politique culturelle réside dans la résolution de cette tension, de cet écart entre l'art et la culture. La médiation retrouve là son sens étymologique, en accomplissant son travail de réduction d'un conflit. Or l'affirmation du primat de la création, de l'action créative, opérée dans un contexte de soumission au marché, aboutit à contredire toute médiation véritable, en faisant pénétrer la logique marchande au cœur même du processus artistique »[466].

Chacun pour soi

> « La culture se satisfait de divertissements festifs, de bégaiements patrimoniaux, de gâteaux de riz aux formes nouvelles, de quinzaines commerciales, comices agricoles pour dandys, de défilés de modes conceptuels, mais elle a besoin, pour alibi majeur, de l'art. L'art et surtout l'art plastique, gardons à la conscience que le plastique est un produit dérivé du pétrole. » Olivier Py[467]

La culture est devenue un mot-valise, «un mot fourre-tout » écrit Roger Planchon dès 1981, lors de la présentation de saison du TNP[468]. Le *tout*

---

[465] Cité par Catherine Clément, *La Nuit et l'été. Quelques propositions pour les quatre saisons*, repris dans *Culture publique, La Culture en partage*, Opus 4, Sens&Tonka, 2005, p.255.
[466] Claude Patriat. « Détail d'un requiem pour une politique culturelle défunte », in *Toutes les pratiques culturelles se valent-elles ?*, sous la dir. de Jean-Pierre Sylvestre, Hermès, n°20, 1996, p.82-83.
[467] Olivier Py, « Evangile des enfants sans pères », in *L'Art peut-il se passer de commentaire(s) ?*, MACVAL, 2006, p.114.
[468] Roger Planchon, cité dans *Culture publique* et dans Jean Caune, 1992.

culturel légitimé par Jack Lang a entériné des confusions déjà présentes auparavant, mais jamais revendiquées comme politique. En ouvrant le champ de la culture institutionnelle, c'est-à-dire soutenu éventuellement par le ministère, à de nouvelles pratiques, il y a eu une double reconnaissance. Les deux tendances, reconnaissance des cultures populaires d'un côté et ouverture aux industries culturelles de l'autre, ne répondent pas au même principe. Toutefois leurs effets sont liés dans le temps et ont engendré les collusions auxquelles nous sommes actuellement confrontés[469]. Les exemples se déclinent à l'infini, et ce qui était discuté il y a vingt ans, est à présent accepté sans sourciller, voire revendiqué. Au regard de l'action culturelle conduite il y a trente ans ou des missions revendiquées à la fondation du ministère, les phrases les plus étonnantes sont lues, entendues, reprises, sans que cela ne produise plus de réactions. Ainsi dans une contribution à la réflexion pour le renouveau du Parti Socialiste, Anita Weber, ancienne responsable au ministère, après avoir ausculté les questions culturelles tranche : « La culture n'est pas seulement un divertissement, elle est ce par quoi une société révèle son identité profonde »[470]. Oscillant entre une vision festive et une approche identitaire, qui évoque toujours sans le savoir quelque peu *Les Déracinés*, le lecteur est enfermé dans une dichotomie réductionniste, alors que la culture ne devrait justement être ni l'une ni l'autre. Il s'agit, pour l'auteur, de proposer une rénovation en évitant les impasses de la marchandisation ou d'une culture fossilisée, mais il semble difficile d'éviter les écueils en recourant aux outils du naufrage.

L'extension des champs de compétence du ministère ne pose pas de problème, si ce n'est philosophique, en temps d'euphorie budgétaire. Ce n'est pas la même chose dans les périodes de restriction. Comme le remarque Olivier Donnat, dans les années 80, « l'augmentation exceptionnelle des crédit a permis de faire feu de tout bois »[471]. Il n'en est plus de même. La multiplication des demandes d'aides, combinées à la hausse inéluctable des coûts pour l'existant, comme l'a montré la loi de Baumol, et l'extension infinie de la notion de culture, conduisent à une crise de répartition des financements, mais aussi à une confusion dans la lisibilité de l'action du ministère. Si bien que des voix s'élèvent pour en réclamer ni

---

[469] « Cette pénétration de la logique marchande dans la logique de service entraîne logiquement un cycle d'expansion du champ de la culture : le 'tout culturel', dans lequel certains lisent une défaite de la pensée, n'est que la confirmation formelle du primat de la marchandise qui ne se légitime pas à l'aune de critères sociaux. Et cette interpénétration sera d'autant plus forte qu'aucun verrou de sécurité ne sera réellement mis en place », écrit Claude Patriat. « Détail d'un requiem pour une politique culturelle défunte », in *Toutes les pratiques culturelles se valent-elles ?*, sous la dir. de Jean-Pierre Sylvestre, Hermes, n°20, 1996, p.82.

[470] Anita Weber « Culture : Etat et collectivités. La décentralisation culturelle, pourquoi donc ? », in *Culture toujours ... et plus que jamais !*, coordonné par Martine Aubry, Ed de l'Aube, 2004, p.82.

[471] Olivier Donnat, « La Question de la démocratisation dans la politique culturelle française », *Revue Modern et Contemporary France*, Volume 11, n°1, Février 2003, p. 5.

plus ni moins que la suppression ! Le contexte de décentralisation aidant, beaucoup estiment que les collectivités territoriales peuvent faire aussi bien, à moindre coût. Alors que le ministère avait pour vocation de maintenir une exigence et de freiner la propension des collectivités et des acteurs locaux à intégrer des activités plus sociales que culturelles dans la compréhension de la culture, Jack Lang a engagé l'Etat à semer lui-même la confusion. Si la propension à intégrer de nouveaux secteurs est ralentie du fait d'une stagnation des crédits, le ver est dans le fruit. La cohérence est perdue. Il n'y a plus de justification (autre qu'historique) à maintenir des aides ici plutôt que là. Si de façon structurelle les grandes masses budgétaires n'ont pas été bouleversées, toutes les raisons sont rassemblées pour qu'elles le soient à l'avenir. « D'où les difficultés croissantes au fil du temps à gérer la tension suivante : comment justifier le maintien de priorités budgétaires qui au bout du compte ne sont pas très différentes de celles des années 60 à partir du moment où on reconnaît la diversité de la vie artistique et de ses modes d'expression et où on refuse de légitimer une quelconque hiérarchie des valeurs ? », demande avec pertinence Olivier Donnat[472]. Les nouveaux acteurs culturels ne s'y trompent pas. Ainsi les arts de la rue, après avoir été soutenus par les collectivités locales, frappent à la porte du ministère pour avoir droit aux aides. *Le Temps des arts de la rue* en consacre la légitimité sans échapper à l'ambiguïté[473].

Après avoir déconstruit l'utopie démocratique de diffusion du savoir et d'élévation du niveau général de la population, les élites peuvent désormais, convaincues de l'égale légitimité de toutes les cultures, porter la critique contre ce qui reste de crédits dévoués à la culture savante. « Aujourd'hui, on ne peut plus penser comme l'a fait Jean Vilar que les élites de la civilisation occidentale devaient 'éduquer' le peuple laissé sans culture en le mettant en contact avec les œuvres les plus célèbres du patrimoine culturel. D'une part, parce que chaque groupement social génère sa propre culture, qui est d'autant plus censurée par les dominants qu'elle diffère de la leur, et d'autre part, parce que l'on sait aujourd'hui qu'il est hasardeux de décréter pour les autres ce qui est bon pour eux. Les sciences sociales ont su montrer la violence que véhiculaient ces présupposés à l'apparence généreuse, mais au fond méprisants, ou tout au moins ignorants et parfois même pervers. Ainsi le festival d'Avignon n'est pas une manifestation pour le peuple. La réalité est qu'un réseau de décideurs politiques et directeur du festival, artistes désignés, sponsors, fonctionnaires du ministère de la culture et journalistes parisiens, capitalistes, publicistes... récupèrent cette mystification populiste pour utiliser l'argent des masses à leur profit (*sic*). Ils produisent ainsi une forme de caste, et s'autoproclament l'élite artistique, avec la complaisance

---

[472] Olivier Donnat, « La Question de la démocratisation dans la politique culturelle française », *Revue Modern et Contemporary France*, Volume 11, n°1, Février 2003, p.6.
[473] Serge Chaumier, *La Faute à Rousseau, Réflexion sur les arts de la rue*, L'Harmattan, 2007.

de certains médias », écrit non pas une représentante du Front National comme il serait permis de le croire à première lecture, mais une sociologue, très certainement pétrie de bonne conscience gauchiste[474]. Malgré ce raisonnement (qui si on le pousse à terme conduit à s'interroger sur la raison d'être de l'instruction publique), ces intellectuels ne manqueront pas de placer leurs enfants dans les meilleures écoles et de leur faire pratiquer maintes disciplines artistiques. Ils peuvent de ce fait réserver la culture savante à leurs pairs, tout en prêchant un discours de tolérance, de générosité et même d'admiration envers les modes de vie populaires élevés au rang d'égale dignité.

Mais plus sérieusement, la renonciation à une volonté quelque peu éducative pour justifier de l'action de l'Etat en matière culturelle touche aux fondamentaux. Vincent Dubois montre combien c'est l'argument d'une mission éducative qui permet de justifier une intervention des pouvoirs publics dès le 19ème siècle, alors que la chose était loin d'être évidente[475]. Face aux discours libéraux qui prônent une intervention minimum, ou à la conception aristocratique d'une culture réservée, telle que Marc Fumaroli pourra la redécouvrir après les années Lang, les porteurs d'une culture pour tous plaident pour l'élévation du niveau de la population et la sensibilisation à l'art pour forger une nouvelle conscience. Renoncer à l'action éducative sous prétexte de non-imposition culturelle, c'est du même coup ouvrir la porte à la mise en question des financements publics. Les industries culturelles peuvent fort bien se charger de pourvoir, et sans doute mieux que l'Etat, aux divertissements et distractions du peuple. S'il ne s'agit que de loisirs, alors le marché peut subvenir avec efficacité à la chose. Il n'est pas anodin de constater que la critique de l'action publique se développe depuis les années 90 de façon concomitante à l'abandon d'une conception acculturante de la culture, ce au profit d'un souci d'expression et de diversité culturelle.

Des pratiques culturelles aux pratiques de loisirs

> « Après avoir vu des universitaires appelant à détruire l'Université, la France pourra peut-être s'enorgueillir bientôt d'une élite cultivée prônant l'inculture de masse. Dans les deux cas, l'essentiel était de rester entre soi. L'élitisme n'est pas toujours où on le dit. » Michel Schneider[476]

---

[474] Nancy Midol, « Socialité festivalière et démocratie participative », in Paul Rasse, *Le Théâtre dans l'espace public Avignon Off*, Edisud, 2003, p.97.
[475] Vincent Dubois, *La Politique culturelle. Genèse d'une catégorie d'intervention publique*, Belin, 1999, p.74.
[476] Michel Schneider, *La Comédie de la culture*, Seuil, 1993, p.85.

Il fallait ajouter à l'amalgame créé autour de la notion de culture, son corollaire relatif à sa réception. Les sociologues se chargent de cette nouvelle confusion des registres en apportant une nouvelle pierre à la déconstruction de l'édifice. Puisque tout est culturel, comme le ministère l'a laissé entendre depuis vingt ans, désormais tout le monde est public. La chose est assez logique. Si la culture est partout, ses pratiquants et ses adeptes sont plus nombreux ! En diluant la notion de culture, il est permis de rêver de convertir la population en public. Bref, le vieux rêve utopique de l'action culturelle est en passe de se réaliser. Les non-publics disparaissent et la démocratie culturelle est en voie d'advenir. C'est absolument démagogique, mais totalement merveilleux. Il faut pour bien comprendre reprendre le cours de l'histoire.

L'attention portée aux publics de la culture remonte grosso-modo aux années 60 (même si les historiens citent des exemples d'études antérieures, malgré tout marginales). Les enquêtes de Pierre Bourdieu, puis des générations suivantes, mettent en avant les inégalités culturelles. Le niveau d'étude s'avère le facteur principal de discrimination, souvent corrélé avec la catégorie socioprofessionnelle, le lieu de résidence, l'âge, l'origine sociale. Les deux premières études sur les pratiques culturelle des Français, publiées en 1973 et 1981 par le Département Etudes et Prospectives du ministère, apportent un éclairage fondamental sur le rapport aux propositions culturelles. Cependant la grille de lecture adoptée s'inscrit dans la droite ligne des travaux de Bourdieu, à qui avait été commanditée l'étude pionnière sur les publics des musées. Le reproche essentiel qu'elle peut endurer est de niveler les activités dans de semblables comportements, les ramenant à des pratiques socialement différenciées, mais potentiellement équivalentes.

Ceci s'inscrit dans une visée sociologique, pragmatique et objectiviste, dans la lignée d'un Joffre Dumazedier qui avance déjà l'équivalence entre la notion de pratique culturelle et de pratique de loisirs. Le concept de loisir a, à ses yeux, l'avantage de supprimer la distinction entre haute culture et culture populaire. Mais ce qui est alors compris comme une possible reliance et une articulation des pratiques en vue de favoriser une communication et une complémentarité entre amateurs et professionnels, pour que la culture soit vécue et vivante, conduit au bout du compte à un nivellement généralisé. *Peuple et Culture* a préparé les ambiguïtés, mais sans aller jusqu'à ce point de confusion. Car les acteurs de l'époque, quoi qu'ils en disent, sont pétris de culture classique, et œuvrent à la diffuser. Ce sont les moyens qui sont discutés, pas le fond. Désormais, culture et loisirs sont indissociables, comme finit par l'accepter Jean Caune[477]. Pourtant les conséquences ne sont pas anodines.

---

[477] Jean Caune, *La Démocratisation culturelle, une médiation à bout de souffle*, PUG, 2006, p.91.

Le passage d'un registre à l'autre marque le pas entre une conception classique comme celle de Malraux, à une conception anthropologique[478]. Si se rendre au théâtre ou au concert, pratiquer un instrument de musique ou visiter un musée, est une activité culturelle réductible à une pratique de loisir, elle est alors équivalente à une autre pratique, sportive ou de détente. Le DEP va donc progressivement intégrer des activités considérées comme à la marge, puis finalement comme culturelles, d'abord par souci de comparaison, ensuite comme faisant partie intégrante du champ de la culture, du fait de l'évolution anthropologique du concept. Si lire un livre ou se rendre au théâtre sont des indicateurs, regarder un film en vidéo ou à la télévision, sortir au bal, à la fête foraine ou en discothèque le sont également. Les pratiques de loisirs intègrent l'étude sur les pratiques culturelles des Français[479], avec les mots croisés, le tricot, le fait de s'occuper de sa voiture, de jouer au PMU ou aux boules, d'aller à la chasse, de faire du vélo ou du jogging... La sortie au restaurant complète l'enquête, bientôt le parc d'attractions, la pratique du karaoké ou le camping. On se demande pourquoi demeure absente la pratique des relations sexuelles, puisque celles-ci relèvent d'un art d'aimer.

En rabaissant toute pratique à un registre d'équivalence – même si l'on comprend bien la démarche statistique comparative –, l'étude conforte le nivellement et le rabaissement des activités considérées jusque-là comme désirables pour être un honnête homme. L'enquête donne à penser qu'il ne s'agit ni plus ni moins que d'occuper du temps libre disponible, ce que Hannah Arendt appelait le temps vide. Dès lors, il importe peu de l'occuper comme ceci plutôt que comme cela. « Dire que la télévision, le scrabble, bientôt le restaurant et le jogging, sont au même titre que la 'lecture' des 'pratiques culturelles', c'est poser la 'culture' comme n'ayant désormais plus rien à voir avec la vérité, la pensée, l'expérience intime, la réflexion, mais seulement avec la distraction, le divertissement, le 'temps libre' »[480], déplore Danièle Sallenave. L'enquête publiée plus récemment par le DEP sur les pratiques des enfants entérine et cautionne ouvertement cette équivalence en parlant de pratiques de loisirs' et en mêlant, sans autre forme de procès, sorties au théâtre et émissions de télévision[481].

---

[478] Geneviève Poujol note qu'André Malraux, dans sa définition de la culture était loin d'une définition anthropologique : « sans doute aurait-il refusé d'inclure dans l'art ou plus simplement dans ses attributions de promouvoir la haute couture, le tag, ou la vie associative... Nous le supposons à lire son refus de s'intéresser aux loisirs de ses contemporains. Il n'est pas certain que Malraux se soit un jour interrogé en termes de 'pratiques culturelles' ». « Favoriser la création ou s'interroger sur les pratiques ? », in *Toutes les pratiques culturelles se valent-elles ?*, sous la dir. de Jean-Pierre Sylvestre, Hermès, n°20, 1996, p.165.
[479] Olivier Donnat, DEP, *Les Pratiques culturelles des Français, Enquête 1997*, La Documentation française, 1998.
[480] Danièle Sallenave, *Le Don des morts*, Gallimard, 1991, p.94-95.
[481] Sylvie Octobre, *Les Loisirs culturels des 6-14ans*, La Documentation française, 2004.

« Extrêmement gratifiant pour le narcissisme des intéressés – les stars du show biz et leur public – le statut culturel valorisant attribué aux loisirs de masse et à leurs consommateurs n'est qu'une imposture aux effets anticulturels les plus graves. La vraie culture se trouve niée dans sa supériorité d'enrichissement de l'esprit et de l'âme. Et de ce fait des pans entiers de la société se trouvent détournés d'accomplir les efforts qui conditionnent l'accès à la culture. Un grand nombre d'enfants et d'adolescents s'enferment dans le *ghetto* d'une 'culture jeune' qui n'est qu'un néant culturel. De même qu'une bonne partie des adultes consommateurs assidus du divertissement de masse sont maintenus par lui dans un état de non culture d'autant plus confortablement vécu qu'il est abusivement qualifié de culture. Fondée sur une affirmation égalitaire relevant de l'escroquerie intellectuelle, l'idéologie du 'tout culturel' représente non seulement une négation de la culture mais encore une mécanique d'exclusion par rapport à la culture », dénonce Jean Louis Harouel[482]. Les adeptes du *légitimisme*, selon l'expression de Jean-Claude Passeron et Claude Grignon[483], dans lequel tombent les détracteurs du « tout culturel », s'adonnent à une vision condescendante en pensant le rapport à la culture savante ou légitime sur le mode du manque et de l'inculture. A contrario, les partisans de l'ouverture de la notion de culture à toutes les formes d'expression risquent la démagogie et *in fine* d'aller à l'encontre de leurs espérances premières. Ce dualisme entre grande culture et culture au sens large conduit à masquer que la culture est d'abord un rapport, une relation, et qu'elle devrait prendre pour critère non la position de l'énonciateur, mais la qualité de la chose émise. Or c'est ce facteur d'élévation de l'esprit qui se trouve nié dès lors que tout devient culture.

Relativiser quoi ? les inégalités culturelles !

> « Dès qu'il est question de culture, les sociologues et les planificateurs interviennent avec une sorte d'arrogance et exercent un terrorisme qui s'appuie sur un vocabulaire de spécialistes et sur des statistiques en apparence irréfutables. Les problèmes complexes et subtils d'épanouissement de la personne humaine sont littéralement vidés de leur contenu. Devant ces fiches, ces graphiques et ces organigrammes, ceux qui sont aux prises avec le drame quotidien de la culture populaire ressemblent aux parents du petit leucémique qui cherchent en vain à saisir la vérité de leur souffrance dans les

---

[482] Jean Louis Harouel *Culture et contre-cultures,* Puf, 1994.
[483] Claude Grignon et Jean-Claude Passeron, *Le Savant et le populaire*, Gallimard, 1989.

hiéroglyphes anonymes qu'ils viennent de retirer au laboratoire d'analyses. »[484]

La pente suivie par le DEP n'est ni fortuite, ni innocente. Elle s'inscrit, on l'a dit, dans la tendance du ministère à substituer un concept pour un autre et à redéfinir ses attributions. Cela permet de faire disparaître incidemment les inégalités face à la culture. Quand en 1988, après un septennat d'effort budgétaire considérable et des actions multiples, l'enquête sur les pratiques culturelles des Français vient constater le peu d'évolution en terme de démocratisation, Jack Lang est mécontent. Les déceptions ont été grandes, malgré des évolutions injustement minimisées à l'époque. Car une autre lecture aurait pu être faite – en effet gagner quelques pour cent sur une population en proie à une culture de divertissement en pleine effervescence, ce n'est pas rien, et cela se traduit par une hausse globale en chiffre réel non négligeable[485]. La publication des résultats déclenchera une avalanche de critiques envers l'action du ministère au début des années 90. La transformation sociale se heurtait à la résistance des intéressés et, plutôt que de parier sur le long terme et de renforcer les instances d'action culturelle, la démarche fut celle de la surenchère.

Au lieu de chercher à comprendre les évolutions sociales qui freinaient le désir de culture pourtant inscrit dans l'idéologie républicaine, il fut plus simple de renoncer au combat, à l'instar de Georges Lavaudant qui, dès la fin des années 70, invite à renoncer à l'utopie de démocratisation. Il sera bientôt imité par les créateurs investis de nouvelles fonctions à la direction des établissements dans les années 80[486]. Si le mot est encore utilisé comme incantation dans les discours, bien peu y croient réellement, et certains cyniques font même remarquer que cette utopie est une belle illusion, une bonne intention qui n'est au fond guère sérieuse. Si elle fonctionnait réellement, il y faudrait des moyens budgétaires considérables[487]. Question

---

[484] Propos d'animateurs du Théâtre de l'est parisien lors de débats, cités dans Vincent Dubois, *La Politique culturelle. Genèse d'une catégorie d'intervention publique*, Belin, 1999, p.215.

[485] « Si, à l'inverse, on prend la mesure des formidables assauts du divertissement médiatique et de la consommation pseudo-culturelle qui déferlent depuis trente ans sur notre pays, on peut dire qu'une telle résistance tient du miracle, miracle des politiques publiques de soutien à la culture et miracle de ces hommes et de ces femmes qui, partout jusque dans les plus petits espaces se battent pour que l'art vivant aide nos concitoyens à ouvrir l'œil et le bon, face à tout ce qui nous enjoint de fermer les yeux » écrit Jacques Blanc, « Les Arts vivants au cœur du projet démocratique » in *Culture toujours... et plus que jamais* », coordonné par Martine Aubry, Ed de l'Aube ,2004, p.96.

[486] Jean Caune *La Culture en action. De Vilar à Lang : le sens perdu* PUG 1992, p.260.

[487] Si la démocratisation fonctionnait et que l'on passait de 4% à 50% de la population fréquentant l'opéra, il faudrait non seulement y consacrer l'ensemble du budget du ministère, mais encore le doubler… Chacun songera à l'ampleur du budget nécessaire si la démocratisation fonctionnait dans tous les secteurs ! Voir Docteur Kasimir Bisou « Diversités culturelles et politiques publiques, la fausse conversion française », 13 juin 2005, p.5, sur www.foruma.fr/article.php3?id-article=290&var-recherche = diversité+culturelle.

qui mérite d'être posée, puisqu'elle révèle que le secteur n'est pas extensible à l'infini – paradoxe de la volonté démocratique. Pire : quand l'idéal se réalise peu ou prou des effets pervers sont inévitables, ce que l'on constate bien pour le patrimoine qui s'en trouve alors mis en péril. Le terme de démocratisation continue donc d'être utilisé, mais comme paravent pour réaliser autre chose.

Au lieu d'accepter les efforts nécessaires de médiation pour sensibiliser et convertir de nouveaux élus à l'émancipation des consciences permise par la culture, l'option a été d'ouvrir la définition pour mieux rassembler. En ajoutant toujours plus d'entrées à la possible relation avec la culture, il y a dissolution de celle-ci dans le registre des occupations. Tous et toutes se virent doter de pratiques culturelles. Comme il demeure toujours plus gratifiant d'en déclarer que d'avouer ne pas y sacrifier, cela permet de conforter chacun dans ses pratiques et d'accorder des satisfactions à moindre coût. Se réjouir devant un feu d'artifice est tout aussi légitime et respectable que d'assister à la représentation des *Noces de Figaro*. Si les deux activités étaient pratiquées à la cour du Roi, il n'est pas certain que les participants y accordassent la même signification. C'est ce sens qui est aujourd'hui transformé.

La notion de *diversité culturelle,* à présent sur toutes les lèvres, qui prétend contrer l'influence des majors de l'industrie culturelle américaine, sert à diffuser une nouvelle conception, en réalité très américaine, qui fait l'apologie des pratiques différenciées et non hiérarchisées. Notion dont l'UNESCO fait son cheval de bataille et dont il faudrait interroger les ambivalences. L'invention du concept de *diversité culturelle* aux Etats-Unis dans les années 70 a permis de faire passer au second plan l'échec des volontés de démocratisation culturelle. Puisque le peuple ne se convertit pas assez vite aux arts, on redéfinit la notion de culture pour la dégager de la matrice « européo-centrée », c'est-à-dire élitiste et intellectualiste et défendre un véritable pluralisme culturel. C'est ce que la notion de diversité culturelle s'attache à accomplir, résume Frédéric Martel dans son analyse de la culture américaine[488]. C'est la même démarche qui est suivie présentement en France, même si c'est sous d'autres formes et avec moins de réussite.

Les sociologues vont achever le processus en affirmant que la notion de *non-public* n'existe pas ! Sans même évoquer Francis Jeanson – pour qui le terme avait une signification précise et qui l'employait pour prendre la mesure de l'action culturelle qu'il convenait de mettre en place –, les nouvelles approches estiment que chaque personne a des « pratiques culturelles » et participe des publics de la culture. Le tour est joué pour faire disparaître les inégalités sociales. Le mieux pour ne pas les voir étant du reste de ne pas les étudier. Au lieu de prendre en compte la différence de nature entre les activités, et de rendre plus palpables les variations

---

[488] Frédéric Martel, *De la Culture en Amérique*, Gallimard, p.532.

qualitatives de pratiques, c'est l'inverse qui est prôné. Passent au final à la trappe les raisonnements en terme de différenciation sociale.

De la distinction à la dissonance

> « La vraie trahison est de suivre le monde comme il va et d'employer l'esprit à la justifier. Et c'est la trahison, la plus aisée, la plus répandue et la plus profitable (.../...) Toute la bassesse de ce temps est en son confusionnisme. C'est le vrai nom de sa philosophie. On ne distingue plus entre les valeurs de civilisation et les grandeurs d'établissement, entre la richesse et la sagesse. La puissance politique et sociale donne couramment ses lois, ses mœurs, son enseignement pour la culture même. Il est grand besoin d'un Socrate qui opérerait les dissociations nécessaires. Mais qui donc en a souci ? Rien n'est moins volontaire, plus inconscient sans doute que cet abandon et que cette lâcheté. »[489] Jean Guéhenno

Dernier avatar de cette fuite en avant, la lecture critique des travaux de Pierre Bourdieu par Bernard Lahire sur le rapport à la culture. En procédant à un retraitement des données du DEP sur les pratiques culturelles, en complétant la chose par une enquête qualitative selon la méthode des portraits sociologiques, l'auteur invite le lecteur à remettre en question la grille de lecture bourdieusienne, à la grande joie de tous ceux qui depuis des années s'évertuent à déboulonner la statue du commandeur. Pourtant, il y a lieu de douter de la pertinence du raisonnement, même si les intentions renouvelées de compréhension sont louables. L'auteur ne fait pas que changer de lunettes pour regarder une même réalité et en proposer une autre interprétation, ce qui est sociologiquement défendable, il omet surtout de considérer l'histoire du terme de culture et son évolution intrinsèque. En raisonnant avec la notion de culture telle qu'elle est définie en 2004, il peut effectivement corriger des appréciations de 1979. Il fait fi de l'évolution des rapports à la culture, et surtout du fait que malgré les apparences, Bourdieu était finalement plus proche de la conception de Malraux qu'il n'en avait l'air, défendant la culture comme moteur d'ascension sociale. Lahire conduit son raisonnement avec une culture définie dans son sens anthropologique. Dès lors, en total anachronisme, il peut asséner des vérités que beaucoup se plaisent à entendre avec délectation. L'excellente réception de ses thèses dit seulement le désarroi du monde culturel et l'utilisation idéologique que l'on peut en faire. Les analyses en terme de classes sociales perdent ainsi de leur efficace, ce qui n'est pas pour déplaire à l'époque. En réduisant les écarts culturels entre haute et basse culture, dans un nivellement généralisé, en

---

[489] Jean Guéhenno, *Caliban parle*, Grasset, 1928, p. 115.

faisant de tous des pratiquants culturels, l'auteur permet d'enfoncer le clou de la révocation de la conception malrusienne, mais aussi de mettre à mal l'héritage de l'action culturelle qui visait une démocratisation réelle.

Le concept de dissonance culturelle, avancé par Lahire, permet de revisiter l'héritage de *La Distinction*, mettant en cause les critères retenus pour l'analyse en démontrant que chacun, où qu'il soit situé dans l'espace social, assume une part de pratiques dites légitimes et illégitimes. Si la critique est valable en partie pour l'utilisation de la grille bourdeusienne, telle qu'elle a été utilisée pour analyser les résultats des enquêtes sur les pratiques culturelles des Français, ceci est moins évident pour les travaux eux-mêmes de Bourdieu. Encore une fois, on peut reprocher beaucoup à Bourdieu, notamment son utilisation ambiguë du terme de culture, néanmoins celui-ci maintenait un cap, avec la volonté de démythifier l'égalité des chances pour la rendre un jour possible. Certes, les mécanismes de reproduction sociale et les déterminismes inhérents pouvaient paraître dogmatiques et rigides, inéluctables et réducteurs, cependant l'objectif était de mettre en relief la nécessité des aides et de médiations adaptées pour favoriser l'accessibilité à la culture savante. C'était pour faire plus, par l'action culturelle, par l'éducation artistique, par la mise en place d'accompagnements. L'analyse qui incline à penser que tous disposent de pratiques culturelles, tantôt légitimes, tantôt illégitimes, revient à nourrir le fatalisme et le laisser-faire. Double amalgame rendu possible quand on confond pratiques de loisirs et pratiques culturelles et que l'on réduit la signification donnée par les acteurs à leur pratique.

Le credo actuel est de contester la distinction, certes complexe, entre la culture dite savante ou légitime et les autres manifestations. Ainsi Lahire refuse de trancher sur la question des valeurs : « Comment établir le degré de légitimité culturelle d'une pratique, d'une préférence, d'un art ou d'un genre (télévisuel, littéraire, cinématographique, musical, etc) ? Comment justifier le classement de tel ou tel genre, de telle ou telle œuvre, de telle ou telle activité, dans une catégorie du type culture légitime / art ou genre moyen / culture non légitime, sans apparaître soi-même comme partie prenante des classements sociaux et des jugements subjectifs de goût et de valeurs ? »[490]. Comme si le fait de ne pas classer n'était pas également prendre parti pour un autre système, qui sous couvert de neutralité et d'objectivité, entérine dans un registre d'équivalence, les enfermements sociaux. En fait de propositions, l'auteur se rabat sur le critère sociologique : la constatation empirique que la culture considérée comme légitime à une époque est tout simplement celle des classes dominantes.

La négation des sauts qualitatifs entre diverses expressions sociales paraît être le stade ultime de l'amalgame, produit d'une histoire tumultueuse.

---

[490] Bernard Lahire, *La Culture des individus. Dissonances culturelles et distinction de soi*. La Découverte, 2004, p.95.

Constatant que Wittgenstein, grand philosophe nourri à la culture classique, aimait les westerns, Bernard Lahire, après un long exposé, en conclut à l'inextricable enchevêtrement des pratiques qui font se rejoindre l'ouvrier et le professeur des universités dans de semblables passions. Wittgenstein aimait les romans policiers et même les baraques foraines[491]. Oui, et alors ? Cela signifie, affirme en substance Lahire, que celui qui incarne la culture légitime a aussi des pratiques peu légitimes, voire illégitimes au regard de la tradition classique. Par conséquent, tous les acteurs ne se conforment pas aux pratiques attendues et peuvent nourrir une dissonance culturelle qui voit se côtoyer basse et haute culture. C'est tout à fait exact et l'on pourrait multiplier les exemples, mais qu'est ce que cela prouve ? Lahire omet deux facteurs qui semblent capitaux. D'une part, le sens que les acteurs donnent à leur action, – certes Bourdieu non plus ne s'en préoccupait guère, mais en l'occurrence ici c'est capital – d'autre part, les variations dans le temps du contenu de la culture elle-même.

Si les pratiques culturelles des Français ne mesurent pas tout, c'est surtout le sens donné par les acteurs à leurs pratiques. Pratiquer n'est rien, c'est interpréter qui fait la différence. Et puis la composition et la multiplication ou non de pratiques différenciées ne recouvrent pas le même élan. Cela n'est pas pareil de regarder un *soap-opéra* pour se détendre après avoir contemplé une œuvre et ne regarder que des séries télé en croyant se cultiver. C'est le registre et le contexte des valeurs qui y sont attachées qui différencient des pratiques qui peuvent ainsi être semblables, mais ne pas comporter les mêmes significations pour les acteurs qui les vivent. Que Wittgenstein aimât lire des polars ne signifie pas qu'il les plaçait au niveau de Kant et Bach ! Que Wittgenstein aimât les séries noires ou que Sartre se plût à regarder des westerns ne veut aucunement dire qu'ils les plaçaient au niveau de Shakespeare ! Simplement, ils avaient le droit de se détendre, comme de manger, d'aller à la piscine et même pourquoi pas de regarder les premières émissions de télévision. Cela ne signifie pas qu'ils avaient le sentiment de se cultiver.

L'ouvrage de Lahire s'ouvre par cet exemple significatif aux yeux de l'auteur, significatif surtout de l'errance de sa réflexion ! C'est la confusion des registres sous le même nom de culture qui permet ce raccourci. Rien ne vient dire que le bénéfice attendu soit le même. La frontière entre la légitimité culturelle et l'illégitimité culturelle, la sous-culture, le simple divertissement, ne sépare pas seulement les classes sociales (comme l'a montré Bourdieu et les études du DEP), mais aussi les pratiques et les préférences des mêmes individus dans chacune d'elles. Il est possible d'avoir des loisirs, pour se détendre et se divertir, cela n'est pas défendu, même à ceux qui s'adonnent par ailleurs à se cultiver. Ils en retirent autre

---

[491] « Cela lui faisait l'effet d'une bonne douche », disait Wittgenstein, mentionne Bernad Lahire. Peut-être est-ce là aussi une pratique culturelle ?

chose. Ce qui est en jeu dans ce rapprochement théorique, c'est le nivellement de toutes les pratiques, pratiques de loisirs ou pratiques culturelles à de semblables comportements.

En enquêtant, Lahire constate que tout le monde ne conçoit plus une équivalence entre culture savante légitime et culture et que parfois, les pratiques illégitimes sont considérées comme culture. Au lieu de s'interroger sur cette évolution sociale[492], l'auteur remet en question les répartitions de Bourdieu ! Bernard Lahire soumis à l'extrême confusion dans laquelle le tout culturel a conduit peut entreprendre une lecture critique sans considérer que ce sont les valeurs mêmes attachées à ce champ qui ont changé : « Aisance, tension, indignité, voilà le lexique conceptuel de base de la théorie de la légitimité culturelle, dont le fondement explicatif repose sur un invariant : tout le monde a foi en la culture légitime dominante ; et une variation : tout le monde n'a pas le même degré de maîtrise des codes culturels légitimes dominants », résume Lahire[493]. C'est justement cela qui est bouleversé, la société n'accorde plus à la culture cette même foi… Ce qui était désirable : les désirabilités cultivées, est remplacé par la culture de masse, la culture du divertissement. Dès lors que la culture légitime n'est plus un idéal à atteindre, la culture n'est plus, chez les personnes interrogées, connotée automatiquement à la grande culture, ce qu'elle était auparavant. Les contre-cultures et les cultures populaires revalorisées comme également dignes d'intérêt peuvent légitimement la remplacer. L'enquête sur les pratiques culturelles des Français est évidemment à incriminer qui a légitimé cette conception (qui en a, en réalité, enregistré l'évolution sociale). Pierre Bourdieu par une analyse trop positiviste des pratiques au détriment du sens donné par les acteurs a très certainement participé à une conception devenue dominante, qui fait que l'on ne sait plus aujourd'hui établir de distinction entre loisir et culture. Pourtant, c'est certainement une lecture erronée de son œuvre qui conduit à ces conclusions.

---

[492] Il faut attendre la page 146 pour que Lahire reconnaisse que le « degré de légitimité de la culture classique et savante a tendance à s'affaiblir ». Mais pris par le doute d'une relecture biaisée de l'analyse de Bourdieu qu'il pourrait être amené ainsi à faire, il le conteste page 174 : « peut être la baisse relative de la foi en la légitimité de la culture classique et la relative désacralisation de la séparation entre le légitime et l'illégitime rendent-elles désormais pensable un autre mode de traitement de données. Mais ce constat n'autorise en rien à prendre les effets de la modification du regard porté sur le monde réel pour les transformations historiques du réel même ». En effet, chacun peut constater que l'on apprend toujours Racine par cœur dans les classes élémentaires…
[493] Bernard Lahire, *La Culture des individus Dissonances culturelles et distinction de soi*, La Découverte, 2004, p.66.

La disparition de la culture

> « La politique culturelle préféra ce qui était populaire à ce qui était démocratique, ce qui était démocratique à ce qui était républicain. (…/…) Ou encore, le champ de foire à la place publique, et la place publique à l'école. »[494] Michel Schneider

Que les classes favorisées sacrifient aux loisirs populaires ne sous-entend pas que les classes populaires se culti vent en faisant de même[495]. Ce type de raisonnement a pour effet de décourager toute démarche culturelle exigeante, qui demande effort et sacrifice pour être atteinte. À l'inverse, que des ouvriers ou plus largement des membres de classes dites défavorisées, déclarent, notamment dans des entretiens, des pratiques classées comme savantes, aller à l'opéra ou lire Blaise Cendrars, ne signifie pas non plus que cette dissonance culturelle soit nouvelle. De multiples exemples de ces écarts à la norme sont connus, et Bourdieu ne les ignorait pas, en parlant de pratiques atypiques à l'intérieur de l'espace social de référence, mais c'est justement les raisons de cet écart qui importent. Le formidable désir de culture généré par la volonté d'appropriation de la culture légitime (ou si l'on veut d'effort de distinction, bien que ce terme puisse conduire à des erreurs d'interprétation, en conférant un caractère péjoratif à la chose), rendue notamment désirable par l'école républicaine et le culte des Lumières, a donné lieu à de véritables transferts de classe, et plus simplement au bonheur individuel. L'archétype du « menuisier qui lit », que décrit Danielle Sallenave, et qui s'en trouve satisfait, sans pour autant chercher à changer de profession et à s'élever dans la hiérarchie (même si en lisant il cherche à devenir un autre), n'est pas exceptionnel[496]. L'école républicaine, relayée par l'éducation populaire, a éveillé des milliers de personnes de la sorte, et les bibliothèques notamment en ont vécu. Démarche justement mise en péril par le reflux de la culture classique depuis trente ans.

« La culture légitime dominante joue à notre époque un rôle semblable à celui tenu par la religion en des temps plus reculés », note avec étonnement Bernard Lahire, dont on peut se demander s'il a lu Malraux[497]. C'est pourtant le contraire qui semble être attesté partout : la culture ne tient justement plus le rôle de religion que lui conférait la tradition classique ! Comme la culture

---

[494] Michel Schneider, *La Comédie de la culture*, Seuil, 1993, p. 195.

[495] Que les classes privilégiées puissent ajouter aux « pratiques légitimes » des emprunts aux « pratiques illégitimes » ne vient d'ailleurs pas contredire ce modèle dans la mesure où l'accessibilité est inégalement répartie. « L'inégalité culturelle est aussi fondée sur l'inégale plasticité des répertoires mobilisables », constate Philippe Coulangeon, *Sociologie des pratiques culturelles,* La Découverte, p.64 2005.

[496] Danièle Sallenave, *Le Don des morts Sur la littérature*, Gallimard 1991.

[497] Dans une note de bas de page 24. Voir également p.76. Bernard Lahire, *La Culture des individus. Dissonances culturelles et distinction de soi,* La Découverte, 2004.

légitime tend à ne plus l'être, il est normal que les frontières se brouillent et, ce qui opérait comme marque de distinction ne fonctionne plus. La musique n'est plus identifiée à la grande musique (classique), la littérature à la grande littérature, contrairement aux constatations que faisait Bourdieu. Les classes moyennes et populaires ne sont plus impressionnées et donc attirées par la culture légitime, littéraire et artistique, et par ses représentants. D'où la contestation des marques de la culture légitime : trop intello, prises de tête, guindée, ennuyeuse, trop sérieuse, pas assez festive, pas assez vivante, pas assez conviviale, bref insuffisamment divertissante[498]... L'auteur peut citer les propos, propos symptomatiques, d'un interviewé qui déclare : « Je suis pas trop cultivé, je suis cultivé dans ce que je veux. Dans ce que je veux être cultivé. Mais je ne suis pas très cultivé »[499]. Pour cet individu, il s'agit de toutes les façons d'une perte de temps, mais ce qui importe, c'est l'autodéfinition devenue habituelle de ce que l'on nomme culture. Les étudiants ont ainsi pris l'habitude de se construire une représentation qui leur sied, en général peu exigeante, de ce que doit être la culture à leur goût. Ce qui était d'abord un héritage est à présent soumis à des processus autoréférentiels. D'autres auteurs soulignent par exemple que les Français savent « ce qu'est la culture, leur culture ». Il n'y en a pas d'incultes, simplement, « ils sont cultivés à leur manière, et sans doute, de nombreuses propositions culturelles qui leur sont préparées ne correspondent ni à leurs envies ni à leurs pratiques »[500]. Portée par les médias depuis 20 ans, s'est développée ainsi une nouvelle vision de la culture qui porte d'autres valeurs, d'autres croyances. Elle produit également « une intensité des expériences existentielles », selon Passeron. Malgré tout il est permis de se demander si c'est avec les mêmes effets.

Car l'évolution, dont ne tient pas compte Lahire dans sa somme, ou qu'il tente de minimiser, c'est l'affaissement de la culture légitime, depuis l'analyse de Bourdieu en 1979. L'époque vit alors sur les restes de la culture dite bourgeoise et l'euphorie à la déconstruire exalte parce qu'il en reste encore quelque chose. Mais les temps ont changé. Les réformes accompagnant la massification de l'enseignement, la mise entre parenthèse de la culture des élites a porté ses fruits. Si bien qu'aujourd'hui, non seulement les classes populaires n'ont plus accès à la culture savante par le biais de l'école, mais les classes favorisées non plus. Comme la transmission familiale ne fonctionne que modérément, il apparaît de plus en plus que les classes dominantes elles-mêmes se détournent de la culture classique. Avec l'emprise de l'industrie de la culture de masse, « des pratiques jadis

---

[498] Bernard Lahire, *La Culture des individus. Dissonances culturelles et distinction de soi,* La Découverte, 2004, p.43.
[499] Bernard Lahire, *La Culture des individus. Dissonances culturelles et distinction de soi,* La Découverte, 2004, p.53.
[500] Patrick Bloche, Marc Gauché, Emmanuel Pierrat, *La Culture quand même ! Pour une politique culturelle contemporaine*, Mille et une nuits, 2002, p.21.

emblématiques de la culture savante, font l'objet d'une certaine désaffection, y compris au sein des classes supérieures. Comment ne pas interpréter cette évolution comme le signe d'un affaiblissement du pouvoir symbolique de la familiarité avec la haute culture ? Comment parler de « culture dominante » lorsque les « dominants » paraissent eux-mêmes s'en détourner? », conclut Philippe Coulangeon[501]. Seules quelques familles disposent encore des moyens de transmettre la culture classique et engendrent une progéniture qui peuple les grandes écoles, mais la majeure partie de la population est déconnectée de cet héritage et en ignore jusqu'à l'existence. Les universitaires déplorent que les étudiants ne lisent plus (« une perte de temps », avance l'un d'eux), et même qu'ils n'aient plus aucun scrupule à le revendiquer[502]. « Ce qui est changé, ce n'est pas que la haute culture et les humanités manquent aujourd'hui au plus grand nombre et qu'il y aurait lieu de regretter l'introuvable âge d'or où le peuple lisait Homère et Descartes, c'est que les bourgeois, et même les professions intellectuelles ne lisent plus Homère et Descartes. Culture classique = culture de classe. Il y a deux façons de rompre l'équation : faire que toutes les classes s'approprient les humanités ou que les élites qui en avaient le dépôt et le goût se mettent à les déserter », prévient Michel Schneider[503].

Il est frappant de constater combien les jeunes enseignants recrutés à l'université sont incultes. Spécialisés dans leur domaine, ils sont tout sauf cultivés, au sens de la culture classique. Lesquels seraient encore capables, à l'image de ceux qu'ils ont remplacés, de réciter par cœur des tirades entières de Racine ou de Corneille ? Lesquels disposent d'une culture artistique ? Très peu, au point que des pans entiers de la culture classique, mais aussi de ses ressorts, la connaissance du latin et du grec, l'histoire religieuse et mythologique, les référents historiques, s'évaporent[504]. Etant eux-mêmes incultes, après avoir passé quelques années à se sur-spécialiser pour écrire une thèse technique et verbeuse, ils entrent d'autant plus aisément à l'université qu'ils ne feront pas d'ombre à leurs collègues. Ceci n'est pas sans effet sur les publics qui fréquentent les institutions : beaucoup constatent une désertion des théâtres trop exigeants par des publics auparavant présents[505]. Comment s'étonner que Lahire constate que la pratique du karaoké est davantage répandue dans les catégories supérieures et que l'écart séparant les pratiques des différentes classes sociales soit

---

[501] Philippe Coulangeon, *Sociologie des pratiques culturelles*, La Découverte, 2005, p.110.
[502] Pascal Lardellier, *Le Pouce et la souris. Enquête sur la culture numérique des ados*, Fayard, 2006, p.109-110.
[503] Michel Schneider, *La Comédie de la culture,* Seuil,1993, p.140.
[504] Voir Jean Louis Harouel, *Culture et contre-culture,* PUF, 1994, p.137.
[505] Robert Abirached, *Le Théâtre et le prince. Tome 1. L'Embellie, 1981-1992*, Actes sud, (1992), 2005, p.42.

réduit ? Il diminue d'autant que la culture médiatique recouvre tout[506]. La référence n'est plus la culture noble, mais la culture du divertissement, constate Olivier Mongin[507]. Nous vivons une infantilisation massive que l'on peut résumer par le dernier Harry Potter pour tous. Même constatation chez Claude Patriat : « A présent la vieille opposition entre culture d'élite et culture populaire est passée au second plan. Cette dernière s'est progressivement diluée dans la culture de masse. Le formidable développement des industries culturelles et l'expansion du temps libre ont généralisé une culture du divertissement »[508].

La culture télévisuelle devient le socle commun des différentes classes sociales. La télévision a « banalisé certaines formes de rejet ou de résistance à l'égard de la culture cultivée qui jusqu'alors étaient restées informulées ou confinées dans la vie privée : par le primat qu'elle accorde à la distraction, par le droit au délassement sans prétention intellectuelle qu'elle revendique en permanence, elle a certainement contribué à une relative déculpabilisation à l'égard de la culture cultivée », écrit Olivier Donnat, qui constate que « de ce fait, elle a aussi rendu moins difficile l'aveu d'anti-intellectualisme parmi les catégories sociales faiblement diplômées »[509]. Mais la tendance semble plus générale et se diffuse assez largement. Il n'est plus rare d'entendre tel artiste affirmer ouvertement qu'il ne connaît rien à l'histoire de sa discipline. Ainsi ce metteur en scène de théâtre dont nous tairons le nom, par mansuétude. Si l'on a déploré souvent l'inculture des étudiants en sciences, notamment vis à vis de l'histoire de leur propre discipline[510], cela est également vrai à présent des artistes et même des chercheurs en science sociale. À l'image des scientifiques, qui n'apprennent que de manière autodidacte s'ils le veulent bien, les étudiants des formations artistiques ne sont plus alimentés par une culture de leurs arts. Pour différentes raisons, et mouvement historique, l'ignorance a même été élevée au rang de vertu. Il est dès lors difficile d'insister sur l'inculture généralisée, car plus le temps passe, moins est grand le nombre de personnes susceptibles de s'en apercevoir. Les derniers grands professeurs élevés dans la culture classique, encore en activité dans l'enseignement supérieur, ont souvent été complaisants à l'égard des démagogies prônées pour les réformes du système éducatif, par générosité louable de l'ouvrir plus largement. Ils

---

[506] Bernard Lahire « La légitimité culturelle en question », in Olivier Donnat, *Regards croisés sur les pratiques culturelles*, La Documentation française, 2003, p.60.
[507] Olivier Mongin dans « L'envers et l'endroit de la culture populaire », *Esprit,* mars avril 2002, p.137.
[508] Claude Patriat « Au bonheur des musées », in Claude Fourteau, *Les Institutions au plus près de leur public,* La Documentation française, 2002, p.188.
[509] Olivier Donnat, *Les Français face à la culture. De l'exclusion à l'éclectisme*, La Découverte, 1994, p.147.
[510] Jean Marc Lévi-Leblond, *La Science en mal de culture*, Futuribles perspectives, 2004, p.27.

préfèrent fermer les yeux au risque de passer pour de nouveaux réactionnaires.

Les sociologues de l'éducation affirment sans rire que le niveau monte, ce qui n'est peut être pas faux du point de vue de la population générale, mais qui demeure risible à niveau de diplôme égal (rappelons que dans *la crise de l'éducation* Hannah Arendt notait déjà que l'Amérique était en avance sur le nivellement scolaire du fait de l'éducation de masse). D'autres soulignent que les savoirs ne sont pas les mêmes, l'informatique ayant remplacé le latin, et la capacité d'apprendre à apprendre, la faculté à composer une dissertation en alexandrins… Cependant tous admettent que le nombre de gros lecteurs et de lecteurs tout court d'ouvrages diminue. Ainsi Olivier Donnat soutient la contradiction : il reconnaît que « au terme de plus de trente ans de démocratisation scolaire, on constate que l'allongement de la scolarité s'est accompagné d'un recul de la connaissance des auteurs ou des artistes qui, il y a encore quinze ou vingt ans, figuraient parmi les noms les plus prestigieux de la culture scolaire », mais poursuit en affirmant que « cela ne signifie pas que 'le niveau baisse' comme le pensent certains, mais que la fréquentation de l'institution scolaire garantit de moins en moins une réelle intimité avec le patrimoine littéraire et artistique »[511]. Qu'en termes délicat, ces sophismes-là sont-ils énoncés ! Pourtant c'est bien un socle commun, les références partagées, par exemple, porté par l'apprentissage par tous du latin au collège qui s'est effondré et qui fait qu'une culture ne peut plus se développer sur un terreau favorable[512]. Les inquiétudes sont de plus en plus vives et Olivier Donnat s'interroge ailleurs sur une baisse probable des pratiquants de la culture savante, les nouvelles générations se tournant moins vers les pratiques « traditionnelles »[513].

Les classes moyennes et supérieures partageaient au moins les rudiments d'une culture classique rendue désirable pour tous ceux qui voulaient s'émanciper, et que l'éducation populaire entendait justement démocratiser. Même si tous n'y avaient pas réellement accès, un imaginaire du Peuple de France existait, qui rassemblait dans une entité, même mythique. Elle visait à rendre attractive et attendue pour tous la participation à un élan culturel collectif, comme le note très justement Régis Debray[514]. Le désir de culture fait place désormais à un anti-intellectualisme qui sévit chez les adolescents, comme le note Olivier Donnat, mais que l'on trouve également chez les enseignants. « Le déficit de connaissance des adolescents s'accompagne d'un certain anti-intellectualisme, clairement exprimé à travers le rejet des grands classiques de la culture scolaire par les plus dému-

---

[511] Olivier Donnat, *Les Français face à la culture, de l'exclusion à l'éclectisme*, La Découverte, 1994, p.368.
[512] Régis Debray, *Sur le Pont d'Avignon*, Flammarion, 2005, p. 25-26.
[513] Olivier Donnat, « La connaissance des publics et la question de la démocratisation », in *Culture et Recherche*, n°106-107, déc 2005, p.17.
[514] Régis Debray, *Sur le Pont d'Avignon*, Flammarion, 2005, p.34.

nis, et plus diffus chez les autres dans la mesure où il se traduit plutôt par un refus de porter une appréciation. A tous les niveaux de connaissance, les adolescents sont plus proches du pôle distractif, plus enclins à rejeter les 'patrimoniaux' et notamment les stars du classique, plus portés à marquer leurs préférences pour les formes d'expression sans prétention intellectuelle »[515]. Ce refus de « se prendre la tête », selon l'expression consacrée ne sévit pas que chez les plus jeunes, il devient la norme générale quand le principe de plaisir immédiat supplante toute velléité d'effort pour s'approprier une culture admirée. Comment s'étonner alors que les enseignants comme les libraires déplorent une baisse d'intérêt pour les ouvrages, notamment de la part des étudiants des sciences humaines et sociales, auparavant gros lecteurs ?[516]

Ce n'est évidemment pas le seul monde de l'éducation qui est devenu inculte, ce serait injuste de le prétendre, même si c'est le plus marquant. Les cadres et professions intellectuelles supérieures, les professions libérales comme les chefs d'entreprise sont également frappés du même symptôme. Au point que constatant amèrement la chose, Robert Cantarella soulignait très justement qu'il conviendrait aujourd'hui de mettre sur pied une *éducation élitaire*. Refusant de se morfondre envers le modèle perdu de l'honnête homme cultivé ou « d'entretenir la fiction d'une unité aujourd'hui brisée », Olivier Donnat préfère parier sur la fuite en avant, et « hâter le processus de déconstruction » dans l'espoir qu'il en surgisse une nouvelle utopie. Pari dangereux, mais qui lui semble être le seul possible[517].

Ce que constate Bernard Lahire n'est donc pas surprenant. Simplement, il omet de retracer le contexte historique pour entreprendre des relectures critiques de textes publiés, il y a presque trente ans. Si la transmission de la culture classique avait déjà connu de sérieux accrocs à l'époque, les processus de décomposition vont s'accélérant et rien ne semble désormais pouvoir les contrer, tant la conscience même de ceux-ci semble manquer. Ce qui était perçu comme de l'ordre de l'évidence est devenu obscur, les motivations à l'action culturelle semblent totalement ignorées des jeunes professionnels de la culture, mais aussi de ceux qui entendent les former dans des filières toujours plus nombreuses. Dès lors, pourquoi agir ? Finalement ce sont les objectifs de fréquentation et de développement économiques et touristiques qui prennent le dessus dans la mise en œuvre de projets culturels.

---

[515] Olivier Donnat, *Les Français face à la culture. De l'exclusion à l'éclectisme*, La Découverte, 1994, p.138.
[516] Comme le mentionne Pascal Lardellier, *Arrêtez de décoder !* Ed. de l'Hèbe, 2008, p.63.
[517] Olivier Donnat, *Les Français face à la culture, de l'exclusion à l'éclectisme*, La Découverte, 1994, p.369.

Du non-public à tout le monde est public !

> « Porter l'homme à sa propre frontière, donner aux hommes quotidiens ce frisson devant leur mystère, ce frémissement radical de terreur ou d'enthousiasme, pressentiment conquérant ou nostalgique d'une infinie dignité, voilà bien la raison d'être, le devoir de la culture. »[518] Pierre Emmanuel

Avatar supplémentaire dans l'escalade : d'autres sociologues s'enquièrent de prouver qu'il n'y a pas de non-public, puisque chacun peut être public de l'art dans maintes occasions. Non seulement tout le monde est public par des pratiques qui lui sont propres, puisque plus rien n'est légitime, mais chacun est même public de l'ancienne culture légitime. On trouvera un exemple significatif de ce nouveau credo sociologique dans Pascal Ancel et Alain Pessin[519]. Les auteurs de cet ouvrage collectif, découvrant qu'il y a des réceptions différenciées par les publics, mettent en question la culture de masse. Dans le même élan, ils contestent l'idée de non public, du fait d'une proximité, même non intentionnelle, avec les œuvres, par exemple par le biais de la publicité. Ils réduisent ainsi, paradoxalement, le sens investi par les acteurs à bien peu de choses. Jean Caune (1992) a pourtant dénoncé efficacement l'idée développée par Augustin Girard. Ce dernier pariait alors sur une démocratisation par la familiarité gagnée avec les œuvres grâce à leur reproduction, ce qui n'est pas équivalent à leur contact direct, car c'est là faire bien peu de cas du rapport sensible[520]. C'est particulièrement flagrant pour le théâtre et la représentation théâtrale filmée.

Stade ultime de la démagogie, voire de l'inculture des intellectuels, qui après avoir rabaissé la culture savante, ne veulent plus percevoir la différence entre l'œuvre et sa ressemblance. Massification de la culture ne signifie pas massification de la réception. Ainsi, à les en croire, le fait d'aller au musée serait juste un rituel stupide pour constater que l'œuvre existe bien, alors que l'on pourrait se contenter de la regarder en photo chez soi ou sur son ordinateur. Faut-il avoir un jour ressenti profondément une œuvre d'art

---

[518] Pierre Emmanuel, *Pour une politique de la culture*, Seuil, 1971, p.80.

[519] Pascal Ancel et Alain Pessin, sous la direc de, *Non-Publics, les arts en réception* L'Harmattan, tome 1 et 2, 2004.

[520] Augustin Girard, alors chef du service des études et de la prospective au ministère, va très loin dans ce sens, et propose d'investir dans la technique plutôt que dans l'action culturelle. En substituant un critère économique à une logique d'action culturelle, il ne fait qu'annoncer une tendance et une confusion qui iront croissant. Jean Caune réplique que l'on pourrait aussi résoudre le problème économique du maintien de la cérémonie dominicale dans les petites paroisses par la retransmission télévisée de la messe ! La logique économique en serait satisfaite, mais pas nécessairement la pratique religieuse. Jean Caune, *La culture en action De Vilar à Lang ; le sens perdu*, PUG, 1992, p.323. Ce que dénoncent également Renata Scant et Fernand Garnier, « Faux débat, vrais enjeux », in Vers quelle action socio-culturelle ?, *Esprit*, n°7-8, juillet 1980, p. 140.

jusque dans sa chair pour oser dire de telles inepties qui viennent conforter le sens commun ?

Peu importe que l'individu aille ou non au musée, disent en substance ces nouveaux mentors, s'il voit des reproductions dans le métro, que la publicité l'abreuve de Picasso et que des toiles de maître sont reproduites sur des boîtes de biscuits. Bien mieux, ce public de l'art est davantage volontaire quand il décide d'accrocher le calendrier des postes dans sa cuisine, sur lequel ne figure pas un petit chaton mais une toile de Vélasquez, ou quand il consulte un Cdrom ou un site Internet. À tel point que les limites du musée reculent et que beaucoup admettent que finalement le public d'un musée est bien plus large qu'il n'y paraît. Bruno Péquignot peut ainsi affirmer sans rire que la démocratisation culturelle est plus réelle que l'on pourrait le croire. « La reproductibilité des œuvres d'art loin d'être une catastrophe culturelle, par perte de l'aura, serait alors au contraire une formidable ouverture vers une appropriation possible par tous n'importe où et n'importe quand de la totalité des œuvres d'art. Belle perspective de démocratisation de l'accès à la culture ! »[521]. Xavier Agnan Pommeret avait répondu dès 1979 à cette logique perverse avancée à l'époque par Augustin Girard en la qualifiant de « désastre épistémologique » et en rétorquant qu'une étude aussi intelligente aurait conclu à la progression de la croyance religieuse grâce à la multiplication des vierges en plâtre de Lourdes sous Napoléon III[522]. Cette illusion économico-techniciste fera des adeptes dans le courant des années 80-90. Se développe alors ce qui est déjà exprimé dans le texte de Girard, à savoir que l'animation culturelle est peu efficace au regard des moyens consentis, voire élitaire, car elle touche des groupes peu nombreux[523]. Dès lors, les industries culturelles peuvent efficacement remplacer les services publics[524].

Bruno Péquignot va plus loin encore en remettant en question la notion de public, puisque nous serions tous public à un moment donné, sans avoir à entrer dans un musée, grâce à la publicité, et aux reproductions médiatisées par la culture de masse. Comme si le fait de voir suffisait pour comprendre. Cette position n'est rien moins qu'une négation de la médiation culturelle elle-même, à moins qu'elle n'estime que la publicité fasse œuvre de médiation culturelle ! En effet, selon cette logique la musique entendue dans

---

[521] Bruno Péquignot « Ça c'est du Picasso », in *Les Non Publics les arts en réception*, sous la dir. De Pascal Ancel et Alain Pessin, L'Harmattan, tome 1, 2004.
[522] Xavier Agnan Pommeret « Plaisirs et PNB, conscience et croissance » *Théâtre/Public* n°30 novembre 1979, p.42-49, Cité par Jean Caune, p.324.
[523] Augustin Girard, « Industries culturelles », *Futuribles*, septembre 1978, pp.567-605.
[524] Ce qu'a bien remarqué Marc Fumaroli : « A la limite, l'Etat culturel devrait reconnaître sa propre obsolescence dans les innombrables 'spots' publicitaires qui allient Verdi et la poudre à récurer, Victor Hugo et les machines à laver, et qui mettent à la disposition de tous, en effet des 'chefs d'œuvre de l'humanité' ». *L'Etat culturel. Essai sur une religion moderne*, Ed. de Fallois, 1991, p.252.

les supermarchés tient lieu de place au concert et la parade aperçue, fût elle commandée, par telle entreprise pour vanter ses mérites (propositions que les compagnies de rue commencent à recevoir et parfois à examiner sérieusement) vaut bien une sortie au théâtre.

À chacun de décider quel type de relation il entend privilégier, sans juger *a priori* de l'efficacité de sa réception. Il faut s'abstenir de tout jugement de valeur pour être « politiquement correct ». Puisqu'il y a des modes de réception différenciés (ce que confirment les enquêtes qualitatives qui repèrent des motivations contradictoires à fréquenter telle ou telle proposition, selon les espaces sociaux et les personnes concernées), disparaît l'unique et bonne façon de recevoir et communiquer. Les participations flottantes, les écoutes distraites, les attentions obliques, les rapports irrévérencieux valent bien les classiques attentions aux œuvres de culture enseignées par l'honnête homme, surtout à l'heure de la musique qui ne s'écoute pas, de la presse que l'on ne lit pas, des émissions de télévision (dites de flux) qu'on ne regarde pas[525]. Richard Hoggart a étudié jadis les consommations nonchalantes des classes populaires[526], désormais amplifiées par la pratique de zapping et l'invitation à surfer, les contenus visant seulement à remplir des colonnes ou du temps d'antenne. Est encouragé le développement d'une culture fluide destinée à remplir les interstices, comme le PDG de TF1 l'a rappelé dans une brillante déclaration.

Certes, il y a de la duplicité, des stratégies d'appropriation, de détournement, et la masse n'est pas inerte et passive, ce que laisse entendre, à tort il est vrai, le terme de culture de masse. Cependant, en rétablissant l'agent comme acteur, ce qui est acté depuis longtemps, et en établissant un critère d'équivalence entre la production de la culture de masse et sa réception, la confusion mentale paraît culminer. Il n'y a plus de non-public de l'art, puisque l'on peut même l'être malgré soi. Stade ultime, après le *tout se vaut* du relativisme, voilà que disparaît la notion même de public. Au nom de la tolérance culturelle on ne saurait juger de ce qui fait sens et importance pour les acteurs. Chaque médiation dispose de sa logique, de sa cohérence, le registre publicitaire étant une des entrées possibles de relation à une œuvre pour un individu, aussi légitime et respectable que la communication par un musée. Personne ne peut plus s'arroger le droit de décider ce qui est légitime de ce qui ne l'est pas, nous disent les nouveaux sociologues.

En refusant une conception idéaliste de l'art, il s'agit surtout de le rabaisser à un produit comme un autre, bref à se soumettre au libéralisme ambiant. En niant la différence entre institution muséale et lieu commercial, s'affirme une expression de la logique libérale qui assume tout l'univers

---

[525] Voir Eric Darras « Les Limites de la distance . réflexion sur les modes d'appropriation des produits culturels », *in Regards croisés sur les pratiques culturelles* sous la dir. De Olivier Donnat, La Documentation française, 2003, p.231.
[526] Richard Hoggart, *La Culture du pauvre*, Ed de Minuit (1957) 1970.

comme produit à consommer. En assimilant la liberté du citoyen au libre choix du consommateur sont ruinées les potentialités émancipatrices des Lumières[527]. Finalement, ce raisonnement est bien accommodant, il permet de maintenir chacun à sa place, chaque catégorie sociale dans sa culture, et de couper court à toute frustration, puisque toutes les cultures sont également intéressantes. Chacun établit sa relation à la culture selon les moyens dont il dispose dans son environnement. La critique des inégalités culturelles peut passer à la trappe[528]. Dans ce contexte, on se demande bien ce que peut l'action culturelle, mais surtout en quoi elle serait utile. Si tout le monde est public et que tout est culture, alors à quoi bon des médiateurs et des services culturels dans les institutions ? À quoi bon les formations qui y préparent ?

Nouvelle trahison des clercs prompts à conduire une critique de la culture bourgeoise dont ils ont hérité, et qui jettent le bébé avec l'eau du bain. La vraie 'trahison des clercs' prévient Marc Fumaroli, c'est de laisser croire que la culture de masse est la vraie culture[529]. Est-ce rendre service aux classes défavorisées que de leur laisser croire qu'une émission de *La Ferme* vaut lecture de Georges Orwell ou que Johnny Hallyday fait partie du patrimoine national ? « Il est d'ailleurs d'autant plus tentant de céder à la facilité du divertissement de masse que celui-ci bénéficie lui aussi du ' label culturel' », écrit Harrouel[530]. Ceci ne signifie pas qu'il ne faut pas être attentif à la dimension sociale des pratiques et des mœurs. Que des pratiques populaires possèdent des vertus socialisantes, cela ne fait guère de doute, c'est même dans leur fonction, et il est possible d'imaginer que des collectivités les soutiennent et les encouragent, mais faut-il pour autant les confondre avec de l'art ? Par delà le narcissisme des intéressés qui s'en trouve comblé, à quoi cela conduit-il ?

Analyse qui rejoint celle de Michel Schneider, qui écrit : « Les démagogues cyniques ont toujours honte d'avoir un accès réservé à la 'culture dominante', et ont renoncé à élargir cet accès aux dominés, qui préfèrent leurs loisirs et divertissements ? Qu'à cela ne tienne : il suffit de nommer culture ces activités. Les jeunes des banlieues ne vont pas au musée ? Ils ont raison. Qu'entrent plutôt au musée les barbouillages qui

---

[527] Pour reprendre les mots de Hermine Videau-Falgueirettes « Christopher Lasch contre le pluralisme américain », in *Esprit*, mars-avril2002, p.164.
[528] Rappelons seulement que 9% des cadres et professions intellectuelles supérieures déclarent n'avoir pas lu un livre dans l'année contre 49% des ouvriers. Et encore faudrait-il s'intéresser au type de livres lus chez ceux qui en lisent (Source enquête « *participation culturelle et sportive* », Insee, mai 2003.
[529] Marc Fumalori, *L'Etat culturel Essai sur une religion moderne*, de Fallois le Livre de poche 1992, p.155.
[530] « Pour beaucoup de nos contemporains, il est plus agréable et facile de voir un film, de regarder la télévision ou de se distraire dans un parc d'attractions que de lire, et cette facilité est de surcroît récompensée par le fait que cela est généralement considéré comme une activité tout aussi respectable sur la plan de la culture », Jean Louis Harouel, *Culture et contre-cultures*, Puf, 1994, p.128.

dégradent leurs cités, admirables vus de loin et qui n'alarment les nantis que lorsqu'ils s'étendent aux beaux quartiers et ornent leurs propres murs. N'allons pas ruiner la créativité native des dominés avec notre culture de bourgeois qui sent un peu le vieux. On baptisera tout cela 'révolution tag' ou 'culture jeune' »[531]. En dévalorisant les mots et les contenus, en déculpabilisant la facilité plutôt qu'en encourageant l'ascèse, en relativisant les propositions, en ravalant le désir de s'instruire et d'élever son esprit au niveau d'une occupation divertissante, une même tendance s'actualise : rendre caduque la signification même de la culture. Le procédé serait compréhensible dans une stratégie de duplicité sociale visant à conserver pour soi les grâces apportées par la culture légitime et à en détourner ceux qui seraient susceptibles d'y accéder. C'est le reproche que faisait Bourdieu à ceux qui ne permettaient que théoriquement un accès à la culture classique. Mais l'heure est bien plus grave, car il s'agit moins de préservation que d'abandon. Les élites n'en gardent plus pour elles-mêmes les fruits, le tout est laissé en jachère.

Vers le meilleur des mondes culturels

> « Ce n'est pas le moindre des symptômes du déclin de la culture intellectuelle que le manque d'esprit critique quant à la distinction entre un art 'noble', autonome et un art 'léger', commercial, si problématique que soit cette distinction ; on ne la perçoit même plus. Depuis que quelques intellectuels défaitistes à l'égard de la culture ont dénoncé l'art 'noble' en se servant de l'art 'léger', les champions béotiens de l'industrie culturelle ont la fière conviction de marcher à la tête de l'esprit du temps. »[532] Theodor W. Adorno

Puisque tout est culture et que tout le monde est public, la démocratisation est enfin réalisée. Alléluia ! Christophe Blandin-Estournet, programmateur au Parc de la Villette fournit un exemple de cette conception. Critiquant le plan de Catherine Trautmann de 1991 qui visait à refonder une *Charte des missions de services publics pour le spectacle vivant,* l'auteur fait remarquer que cet élan reposait en réalité sur un paradigme élitiste, puisqu'il proposait d'amener plus de monde vers la 'culture cultivée'. Or il convient, selon l'auteur, de faire plutôt en sorte que chacun puisse être reconnu dans la pratique qui est la sienne. L'idée d'amener, ou pire d'élever, la population aux œuvres de culture est finalement politiquement incorrecte, car cela sous-entend qu'il existerait des pratiques artistiques et culturelles plus légitimes que d'autres. Ainsi, ce serait imposer « au plus grand nombre, l'attente de

---

[531] Michel Schneider, *La Comédie de la culture*, Seuil, 1993, p. 76.
[532] Theodor W. Adorno, *Prismes. Critique de la culture et société*, Payot, 2003, p.128.

quelques-uns », ce qui revient pour Jean-Claude Wallach a de « l'exclusion institutionnalisée ». Plutôt que de chercher à sensibiliser à une culture « prétendument universelle », il faut « respecter la diversité des attentes et des objectifs que chacun assigne à sa pratique »[533]. Si pour l'auteur, il ne s'agit pas de brader les exigences artistiques, il est rapide de glisser dans la reconnaissance et la légitimation des pratiques de chacun en identifiant « 'ce qui fait culture' pour des individus, des groupes et des territoires », et en s'en tenant « à la mise en œuvre de processus capables de mobiliser des énergies »[534]. Ainsi les bals, les feux d'artifices ou encore les repas de quartier sont dignes d'être reconnus comme des pratiques culturelles populaires, dans lesquelles les possibles figures artistiques n'ont rien à envier aux propositions des institutions culturelles.

Loin d'être archaïques et rétrogrades, les pratiques populaires se renouvellent au travers de Technoparade, de Gay Pride et d'arts urbains (mouvements hip hop, graph, slam,…). « Il faut cesser d'opposer élitaire à populaire, ne plus partir de choix esthétiques figés (une culture cultivée à rendre accessible à tous), mais aussi de la dimension sociale heureusement incontrôlable de l'art. La démocratisation n'est donc pas seulement une question de fréquentation de lieux, mais aussi de production de culturel »[535]. Il n'y a donc pas de dépossédés de la culture, seulement des non-reconnus dans leur vitalité. Le terme de démocratisation peut ainsi, vidé de son sens premier, être utilisé comme synonyme de démocratie culturelle, dans le sens d'une reconnaissance de l'expression de soi. Et l'auteur de poursuivre : « L'enjeu n'est plus de privilégier une forme esthétique sur une autre, mais plutôt d'appréhender ces espaces comme des territoires libérés des frontières de la convention de l'art, ouverts sur toutes les expressions et langages ». Tout est désormais possible puisque le critère esthétique n'est plus pertinent, seule compte finalement l'autolégitimité que les acteurs accordent à leurs pratiques pour les estimer artistiques. Le problème est qu'il n'est pas certain qu'elles intéressent toujours au-delà d'eux-mêmes, mais c'est une autre histoire.

Un bémol doit cependant être apporté, car les mêmes qui prônent la non-hiérarchisation des formes d'expression dans une généreuse démagogie consensuelle, en plaidant pour la prise en compte des formes populaires au même niveau que les formes dites savantes, ne vont pas au bout de leur logique. Les formes ne sont sublimes et honorables que dans la mesure où elles sont branchées. Dès que ces expressions ne correspondent pas à

---

[533] Jean-Claude Wallach, *La Culture, pour qui ? Essai sur les limites de la démocratisation culturelle*, Ed. de l'Attribut, 2006, p.112.
[534] Jean-Claude Wallach, *La Culture, pour qui ? Essai sur les limites de la démocratisation culturelle*, Ed. de l'Attribut, 2006, p.119.
[535] Christophe Blandin-Estournet, « Démocratisation culturelle : l'irréductible antagonisme », in *Culture toujours… et plus que jamais,* coordonné par Martine Aubry Ed de l'Aube, 2004, p.165.

certains critères, elles deviennent également risibles. Ainsi on se gausse des ateliers macramé et du peintre local qui entend exposer ses croûtes, de l'amateur de Tour Eiffel en allumettes ou des danses folkloriques. Les anciennes adhésions populaires sont considérées comme ringardes et indignes des subventions publiques ou des institutions culturelles et une logique de séparation est réintroduite sans autre motif. Alors que les expressions populaires jeunes sont portées au pinacle, les démarches moins spectaculaires et plus coutumières sont regardées avec mépris. Les cultures populaires ne sont magnifiées que lorsqu'elles s'expriment selon les codes de ceux qui les jugent, réintroduisant les principes de séparation que l'on entendait soit-disant combattre. Ainsi le socioculturel qui proposera des ateliers de tissage ou de macramé est ridiculisé, mais celui qui valorisera un groupe de hip-hop est respecté. Pourtant la même expression de soi peut y être contenu, si cela n'est pas tendu vers un but qui provoque un dépassement de soi. Un atelier impulsé et encadré par un artiste qui apporte une dimension nouvelle et insoupçonnée pour les participants, un chorégraphe qui invite des danseurs à s'approprier de nouveaux codes et de nouvelles références est dans une démarche culturelle, au sens propre du terme, mais l'atelier qui se suffit à lui-même en mettant en pratique les envies du groupe demeure dans l'occupationnel et l'expression anthropologique de la culture. Les deux démarches sont bien souvent confondues et les hiérarchisations réintroduites suivent d'autres divisions que celles-ci. Que l'on danse la bourrée, du hip-hop ou la danse des canards, cela dépend des références de chacun, mais assez peu d'une nature artistique attribuée *a priori* à un genre. C'est justement le dépassement de ses appartenances qui produit la culture au sens premier du terme.

Il est vrai que les cultures populaires qu'elles soient héritages revisités et réinventés par chaque génération ou qu'elles soient émergentes et portées par de nouveaux groupes sociaux sont de plus en plus réduites à la portion congrue. Les formes sont de moins en moins novatrices et inventives, répondant au principe d'une originalité d'expressivité locale, mais de plus en plus mondialisées et uniformisées par les mises en norme des diffuseurs médiatiques. Même si Internet permet d'accroître l'accessibilité aux supports et de démultiplier les niches de références, avec une offre qui croît et se diversifie, elle est malgré tout contrainte dans un cadre qui standardise les propositions. À l'image du vêtement mondialisé : si le choix semble s'élargir à la planète entière, les industries imposent des standards qui effacent la variété que le folklore des costumes d'antan exprimait. Paradoxe, l'appauvrissement se conjugue à l'élargissement des offres. Là où l'individu n'avait guère de choix, devant se soumettre aux codes en usages de sa communauté, en personnalisant à la marge son habit, il peut désormais choisir dans une palette de formes plus large, mais en même temps il est soumis à une industrialisation qui décide pour lui des propositions. Toute la planète s'habille pareille, mais avec un choix paradoxalement plus large pour chacun d'entre nous. Il en va de même pour la culture, qui n'a jamais été aussi abondante dans sa production et multiple dans ses offres pour chacun, et jamais aussi standardisée et produite unilatéralement comme bien à consommer. Mise à distance et prise en charge par quelques industries, elle est moins vécue dans sa production par des populations que dans ses modes de réinvestissement et de réappropriation par des publics.

Les chercheurs des *cultural studies* peuvent en conséquence étudier la culture, essentiellement au travers des médias, et analyser le rapport de chaque catégorie sociale à sa culture, c'est à dire aux propositions de son environnement. La culture de masse distillée par les industries culturelles y dispose d'une place privilégiée. Les travaux de recherche sur les modalités de consommation des produits culturels peuvent se multiplier en revendiquant de s'inscrire dans la réflexion sur l'action culturelle et sur le rapport à la culture que tout un chacun a le droit d'exercer. Les études sur les réceptions différenciées de la culture de masse s'intéressent à la manière dont ces produits sont « resemantisés » en fonction des cultures particulières qui les reçoivent. Les feuilletons de Dallas, de Dynastie, les romans de la collection Harlequin, les sketchs des Guignols ou encore la culture pub (!) font l'objet de toutes les attentions et les exégètes de l'œuvre de Madonna ne se comptent plus[536]. S'il est pertinent de s'intéresser à ces productions riches de stéréotypes et d'idéologies normatives, c'est moins dans ce sens que ces travaux se développent que pour affirmer leur légitimité culturelle. Il ne s'agit plus de déconstruire et de démasquer les processus d'aliénation, mais de révéler la richesse heuristique de ces propositions. Ainsi, Jordi Vidal fait-il le constat qu'au nom de la culture, « on est passé, en quarante ans, de l'analyse critique du sort de l'ouvrier anglais envisagée à partir de son point de vue, de sa parole et de ses conditions de vie, à l'étude comparée des vertus de la poupée Barbie et de la chanteuse Madonna ». Le langage des *cultural studies* « déclare élitiste, réactionnaire et colonialiste toute critique du dispositif télévisuel, jugeant qu'une telle mise à nu '*méprise le téléspectateur et l'enferme dans un ghetto*' ». Les culturalistes espèrent convaincre « que l'inculture et le crétinisme sont devenus, grâce à leur '*pratique de négociation et d'appropriation des textes télévisuels en réception*', une conquête culturelle et identitaire »[537].

L'escalade démagogique se poursuit avec la critique du paradigme partagé jusque-là par l'ensemble de ceux qui visaient à prôner une démocratisation culturelle, susceptible de favoriser une prise de conscience. Car cette conception suppose que l'homme soit soumis à une aliénation dont il faudrait l'émanciper. Ce que contestent de nouveaux discours remarquant qu'une culture en valant une autre, personne ne peut s'arroger le droit de

---

[536] Armand Mattelart et Eric Neveu, *Introduction aux Cultural Studies*, La Découverte, 2003, p.94 et 102.
[537] Jordi Vidal, *Servitude et Simulacre*, Allia, 2007, p.41 et p.51.

prétendre ouvrir les yeux de ses congénères[538]. Au nom de quelle suffisance certains s'arrogeraient-ils le rôle de l'avant garde portant la lumière aux malheureux qui en sont privés ? Cela est même anti-démocratique. L'égalitarisme veut que chacun soit juge de sa culture et par conséquent, pour que les politiques publiques de la culture deviennent enfin démocratiques, elles doivent être soumises à l'appréciation de l'ensemble des citoyens. L'héritage des Lumières est passé sous le feu de la critique et dénoncé au nom de la diversité culturelle magnifiée, même si elle est potentiellement porteuse des pires barbaries. Dans le domaine culturel, si une hiérarchisation des valeurs s'exprime encore, c'est avec moins de certitude et en catimini, car la pensée dominante en interdit de plus en plus l'expression. Le futur annonce des lendemains qui déchantent pour ceux qui se faisaient fort de mettre les arts et l'expression du génie humain à la portée de tous. Citant Claude Javeau, Pascal Lardellier note également que « la destruction méthodique des formes culturelles traditionnelles aboutit à 'une espèce de cafétéria culturelle, où toutes les œuvres, tous les moyens d'expression, tous les contenus sont mis sur le même pied. Les témoins de la culture 'légitime' se retrouvent frappés de suspicion, dans la mesure où ils s'inscrivent dans une perspective intellectualisante qui nuirait à la fois à la substance culturelle du 'peuple' et à ses modalités spécifiques de rapport à ce qui est 'culturel', faites de spontanéité expressive et de rejet de la réflexivité…' »[539].

Puisque les experts semblent avoir perdu toute légitimité pour imposer des critères qu'ils ne peuvent plus du reste assumer publiquement, sauf à affirmer des hiérarchisations soumises à contestation, les comités doivent être remplacés dans une logique de représentativité populaire. Au risque bien évidemment de bénéficier au marché et aux logiques populistes, mais en conformité avec l'évolution sociale et politique. La démocratie culturelle ne doit plus être un accompagnement par des animateurs éclairés, mais une affirmation du droit de chacun à se faire entendre. Il n'y a plus de guide éclairé conduisant le peuple à l'art et aux savoirs, il y a des individus qui disposent tous du même droit d'expression. Très en phase avec la tendance prise par la conception culturaliste, cette attitude pose néanmoins le problème d'aller à l'encontre de quasiment toutes les démarches exprimées depuis deux siècles. Comment défendre le développement culturel et l'idée de démocratisation (mais aussi les experts et ceux qui détiendraient une autorité), si toutes les compétences ont droit de cité avec égale dignité ? C'est du reste ce qu'affirme la *Déclaration Universelle sur la Diversité*

---

[538] Voir à ce sujet le texte très explicite du Docteur Kasimir Bisou « Diversité culturelle et politiques publiques, la fausse conversion française 13 juin 2005, sur www.foruma.fr/article.php3?id-article=290& var_recherche=diversité+culturelle.
[539] Pascal Lardellier, *Arrêtez de décoder !,* Ed de l'Hèbe, 2008, p.142. Claude Javeau, « La controverse sur l'élitisme dans les cultures occidentales contemporaines », accessible à l'adresse suivante : http://www.bibl.ulaval.ca/doelec/pul/dumont/fdchap19.html.

culturelle, en reconnaissant à chaque citoyen le droit d'expression de sa culture. Cette déclaration de l'Unesco du 2 novembre 2001 s'appuie sur la conception anglo-saxonne et va à l'encontre de toute la pensée française d'acculturation[540].

Une théorisation, qui ne va pas sans une certaine logique, prétend que la culture est un reste de la société aristocratique où la classe dominante avait le luxe de se consacrer aux richesses de l'esprit. Le loisir conviendrait mieux à une société démocratique où l'égalitarisme préside. Ainsi la culture, reste du système d'Ancien Régime, serait encore survivante en Europe, alors que l'Amérique, pleinement démocratique (!), serait dans une égalité de traitement, avec les loisirs communément partagés[541]. La démocratisation peut se confondre ou se résoudre dans la massification. L'élévation de soi disparaître dans le nivellement généralisé. En cela, les Etats-Unis préfigurent l'avenir des sociétés mondiales, où les seules divisions acceptables sont celles de l'argent.

De faux consensus aux fausses oppositions

> « Qu'est-ce en effet qu'une culture d'élite, sinon l'idée que la culture n'est pas une donnée naturelle, qu'elle n'est pas reçue sans enseignement et sans effort, qu'elle s'inscrit dans une tradition et une histoire dont il faut prendre la mesure pour la situer dans son époque et son temps. Elle condense les étapes parcourues par l'humanité pour se hisser à hauteur de ses idéaux et s'inscrit dans des œuvres ou des chefs d'œuvre reconnus comme tels. Elle est le domaine des valeurs intrinsèques qui transcendent les communautés et s'adressent à l'homme lui-même en dépit de des appartenances, de ses croyances et de ses convictions politiques ou idéologiques. »[542]
> Marc Bélit

---

[540] « La culture doit être considérée comme l'ensemble des traits distinctifs, spirituels et matériels, intellectuels et affectifs, qui caractérisent une société, un groupe social ; (…/…) elle englobe, outre les arts et les lettres, les modes de vie, les façons de vivre ensemble, les systèmes de valeurs, les traditions et les croyances ». *Déclaration universelle sur la diversité culturelle*, 2 novembre 2001.

[541] Ainsi William Bennett, ancien ministre de l'éducation des Etats-Unis : « la culture européenne, la culture des divers pays européens est une culture qui a longtemps été l'apanage d'une aristocratie, c'est une culture de privilèges, d'initiations, de rites. Malgré la démocratie qui a fini par l'emporter, les traces de l'élitisme sont encore partout et dressent des cloisons. Cela n'existe pas en Amérique, ou de façon épiphénoménale ». Propos rapportés et contestés par Paul Ariès, *DisneyLand, Le Royaume désenchanté*, Ed. Golias, 2002, p.73.

[542] Marc Bélit, *Le Malaise de la culture. Essai sur la crise du modèle culturel français*, Séguier, 2006, p.224.

Marc Bélit rappelle combien cette notion d'élitisme est ambiguë : elle confond la compétence et l'appropriation par un petit nombre dans une optique de privilège. Elle stigmatise les initiés qui ont la connaissance d'un domaine au nom du refus de l'exclusion. Citant Georges Steiner, l'auteur rappelle « qu'une élite est simplement le groupe qui sait, qui dit que certaines choses sont meilleures, plus dignes d'être sues et aimées que d'autres, parce que le domaine où ces personnes exercent leur jugement leur permet notoirement de le faire »[543]. Or c'est cette compétence qui a été dénoncée comme instrument de domination d'un groupe sur un autre, et remise en question. Ceux qui savent en deviennent suspects, si ce n'est condamnables. Ils ne doivent pas imposer leurs savoirs, réduits soudain à n'être que des croyances, et exprimer ainsi une insupportable situation de pouvoir. Tous ont droit à manifester une culture d'égale dignité avec celle d'autrui. Il n'y a plus « le meilleur du monde », « le sel de la terre », un patrimoine de l'humanité constitué des chefs-d'œuvre identifiés par ceux qui les ont étudiés, mais une inépuisable diversité. Ce ne sont pas seulement les idéologues qui ont répandu ce nouveau paradigme, ce sont aussi les artistes qui se sont consacrés à déconstruire toute idée de savoir-faire, d'excellence et de prouesse du génie humain. Tout est art, rien ne l'est. La démocratie absolue annihile toute volonté de démocratisation.

Si la culture devient une globalité par laquelle tous communient en refusant d'élever des barrières, des délimitations, des hiérarchisations et des jugements de valeur au nom du tout culturel, ceci conduit, non pas à une revalorisation généreuse des cultures populaires, enfin sacralisées, mais à leur enfermement inéluctable et définitif et à une désacralisation généralisée. Puisque Ko-Lanta vaut l'opéra et que chaque musique est digne d'intérêt, l'effort culturel est découragé d'abord chez ceux qui en sont socialement les plus éloignés de par leur origine familiale, et qui demeureront les moins diplômés. Ainsi les publics de TF1 seront d'autant moins culpabilisés à se distraire devant des stupidités que toute pratique est déclarée légitime et respectable. Dès lors, pourquoi « se prendre la tête » devant Arte ? Le semblant de consensus conduit à l'anéantissement de toute conscience culturelle. L'idée de faire l'effort de se cultiver est synonyme d'ennui. Si les classes populaires sont maintenues éloignées de la culture savante, la question est plus grave encore pour les classes moyennes que l'école républicaine motivait jusque-là.

Si le public des institutions culturelles demeure largement composé du corps enseignant, traditionnellement amateur de propositions culturelles et artistiques, comment ne pas signaler les signes avant-coureurs de changements graves ? Il est habituel de s'alarmer que les étudiants désertent les institutions culturelles, il est moins dit que les enseignants se font

---

[543] Marc Bélit, *Le Malaise de la culture. Essai sur la crise du modèle culturel français*, Séguier, 2006, p.224. Voir aussi p.232.

également plus rares. À force de se moquer du « public Maif Camif », abonné et moutonnier, celui-ci se tourne vers les propositions ludiques et divertissantes. Ceux-là même qui soutenaient auparavant les recherches expérimentales et d'avant-garde commencent à critiquer ouvertement les démarches « trop intellos ». Il faut les en excuser puisque la culture est de plus en plus scindée entre un tout-venant démagogique, érigé au rang de culture respectable, facile et digeste à consommer, et un secteur enfermé dans l'ésotérisme, peuplé d'artistes qui ne parlent qu'à eux-mêmes, et quelquefois à leurs pairs et aux milieux avertis.

Pourtant, Jacques Copeau, père spirituel du théâtre populaire, avait mis en garde contre les dérives possibles d'une scission des publics. Si le théâtre populaire rassemble, c'est justement qu'il permet la conjonction de deux esthétiques, populaire et savante, qui en quelque sorte s'annulent ou s'enrichissent l'une l'autre. D'un côté, le risque de vulgarité, que craignait avec raison Malraux, dès lors que l'on flatte les passions les plus faciles, de l'autre, le risque de l'ésotérisme, si l'on se complaît dans l'élitisme. « Seul le mélange des goûts permet d'assurer au spectacle un caractère artistique élevé et l'empêche de déchoir dans la vulgarité des effets faciles du mélodrame banal, de la farce grossière. C'est dans l'amalgame entre la faculté d'enthousiasme de la foule, son esprit sincère et non 'blasé' d'une part, et le goût et la culture de l'élite d'autre part, que le spectacle peut échapper au raffinement, garder une tenue et un style », écrit Jean Caune à propos de l'esprit de Copeau qui animera Vilar[544]. Il y a à méditer sur cet avertissement, sur les impératifs d'un théâtre populaire rassembleur d'une collectivité. Il n'y a pas là qu'un problème éthique, mais également esthétique. La volonté d'une culture en partage est une façon de se prémunir des dérives que portent les deux tendances. « En pariant constamment sur l'intelligence et la sensibilité humaines comme d'autres font le pari de la bêtise, de l'infantilisme, du commerce ou de la vulgarité », Jean Vilar rama à contre-courant de la société du spectacle, prévient Armand Delcampe dans la préface aux écrits de celui qui incarne Avignon et le TNP. « À contre-courant des sucreries, du sexe et du sang à la une, Vilar tenta de redonner aux hommes et aux femmes de son temps l'accès aux œuvres les plus hautes dont il estimait qu'il était injuste et blessant de les priver »[545]. Si le théâtre ne dispose pas de l'intime conviction qu'il doit permettre à l'homme de réfléchir sur lui-même et sur la société dans laquelle il vit, alors « il n'y a plus d'espace entre le pur divertissement et l'élitisme », prévient Robert Abirached[546]. Et il ne suffit pas de faire des déclarations de principe, des

---

[544] Jean Caune, *La Culture en action De Vilar à Lang : le sens perdu,* PUG, 1992, p.80.
[545] Armand Delcampe, Préface à Jean Vilar, *Le Théâtre, service public*, Gallimard, 1986, p.10-11.
[546] Robert Abirached, Entretien : « Le théâtre de texte confronté à celui des images », *Le Monde*, 6 septembre 2005, p.34.

incantations, pour que cela suffise. « Si la culture basique n'est pas refoulée, elle suscitera en compensation une culture ésotérique », avait mis en garde lucidement Gaëtan Picon[547].

La culture semble bien aujourd'hui souffrir de cet éclatement entre une culture vulgaire et une culture ésotérique. Frédéric Martel s'alarme des effets avancés de cette scission pour le théâtre aux Etats-Unis[548] et Benoît Duteurtre fait une constatation similaire pour la musique contemporaine. « L'esthétique contemporaine célèbre l'effort intellectuel qui cherche la beauté dans une idée, détachée de la séduction musicale. Elle sépare le plaisir en deux ordres contradictoires : celui du bas plaisir hédoniste, consommation sensuelle grossière, développée par l'industrie (plaisir de supermarchés, de sex-shops, volupté monotone des chansons de variété, humour lourd) ; et celui du plaisir supérieur, élaboration distillée dans les laboratoires, qui se réfère à un contenu contre toute jouissance immédiate (art compliqué, recherche conceptuelle). Cette division constitue le binôme caractéristique des temps modernes ; deux dérives artistiques qui grandissent ensemble en s'éloignant toujours l'un de l'autre : le plaisir pauvre vers la simplification, le plaisir élaboré vers l'évaporation »[549]. Cette tendance est générale, des arts plastiques à la musique en passant par le spectacle vivant et même les expositions par certains aspects. L'artiste se doit même de proposer les œuvres les plus rébarbatives pour convaincre du sérieux de sa démarche. « L'intellectualisme d'avant-garde et la production de plaisirs immédiats sont devenus antagonistes », poursuit l'auteur. Si bien que les publics sont amenés à être de plus en plus séparés, une petite élite se distinguant d'autant mieux par une admiration faiblement partagée pour des œuvres incompréhensibles et hermétiquement prétentieuses, et une grande masse s'en désintéressant pour se complaire dans les distractions faciles.

Il serait injuste de faire porter le poids des dérives au seul milieu culturel, quand bien d'autres facteurs entrent en ligne de compte, au premier titre le développement de l'audiovisuel et de sa collusion malheureuse avec la chose culturelle, mais aussi la technicisation, la société de consommation, les crises économiques et la dépolitisation qui a produit un délitement de la conscience politique construite laborieusement depuis deux siècles. La crise de l'éducation et la perte des transmissions arrivent évidemment au premier rang des facteurs agissant sur le fait culturel. Reste que le renoncement à l'idée d'une grande culture, d'une culture d'élite à transmettre, d'une beauté du monde à partager va à l'encontre manifeste de l'essence même de la culture classique. « Dès lors qu'on pose le principe que toute culture est

---

[547] Gaetan Picon, Discours à Amiens, 1966, publié dans *André Malraux, Ministre*, La Documentation française, p.

[548] Frédéric Martel, *Theater. Sur le déclin du théâtre en Amérique (et comment il peut résister en France)*, Maspéro, 2006, p.114.

[549] Benoît Duteurtre, *Requiem pour une avant-garde*, Les Belles Lettres, 2006, p.238.

égale en dignité et en valeur, on se dispense de la juger en tant que telle. Or la pratique de la faculté de juger est essentielle pour la culture ne fût-ce que sous l'angle du jugement de goût ou jugement esthétique », écrit Marc Bélit. La dialectique kantienne demeure sous-jacente malgré les déconstructions du Beau par l'art moderne et contemporain, qu'il soit local ou universel, son concept est, malgré les discours convenus, incontournable. L'art exprime ce qui nous dépasse et la culture est la relation que chaque individu est capable de nouer ou non avec lui. La mise en culture, une façon de désigner cet accompagnement des publics dans l'appropriation d'un contenu, qu'une élite a d'abord repéré.

Il faut pourtant redire, pour bien se faire comprendre, que loin d'opposer une culture populaire à une culture savante, fausse opposition qui ne recouvre pas la distinction faite ici entre démagogie et ésotérisme, il convient de distinguer la vraie culture qui élève l'esprit, d'où qu'elle provienne, et quel que soit le milieu social qui en est porteur, des autres manifestations. Il n'y a pas deux cultures, une vraie qui ferait passer pour inculte l'autre qui serait populaire, mais une même façon de donner sens à la vie des hommes au sein de la cité[550]. C'est le meilleur de ce qui rend meilleur. La culture vivante est force agissante. Elle produit des changements individuels et collectifs et ne saurait se résumer à un produit de consommation ou à l'occupation masturbatoire de quelques-uns. « La culture vivante nous ne pouvons désormais la concevoir qu'en termes de rapports humains et de vie quotidienne au sein de nos cités »[551], déclarait Jeanson dans un enthousiasme qui entrevoyait un avenir fait de participation et d'investissement dans la chose publique. Mais il ne s'agissait pas de renoncer au meilleur, il s'agissait de le partager. La culture, médiatisation et accompagnement, mise en culture de l'art, suppose transmission, mais aussi conception singulière, interprétation particulière en vue d'apporter un renouveau des significations. Bref, un enrichissement des conceptions et des relations que les hommes entretiennent à leur environnement. L'artiste apporte ce qui manque, un nouveau regard, une nouvelle perception, une interprétation, et en cela, il propose une nouvelle vision de l'Homme. Il n'y a qu'une culture, si on accepte de conserver sous d'autres termes, ce qui – pour être également légitime et respectable, et pour être culturel anthropologiquement –, n'est pas la culture : les croyances, les rites, les

---

[550] Francis Jeanson, *L'Action culturelle dans la cité*, Seuil, 1973, p.220. C'est dans ce sens que l'on peut interpréter la position originale d'un Christopher Lasch qui plaide pour l'intégration de ce qui dans chaque culture représenterait la part commune, productrice d'un lien social fortifiant un espace public de valeurs partagées, porteuse d'une communication concrète entre des cultures, un universalisme non abstrait. Voir Hermine Videau-Falgueirettes, « Christopher Lasch contre le pluralisme culturel américain », in *Esprit,* mars-avril 2002, p.166.
[551] Francis Jeanson, *L'Action culturelle dans la cité,* Seuil, 1973, p.54.

coutumes, les mœurs, les traditions, les loisirs, les occupations, les divertissements...

Si tout est loisir, tout est marchandise

Le glissement de la culture au loisir, l'incapacité grandissante à distinguer l'une de l'autre conduit naturellement à penser les offres comme des moyens d'occuper le temps, et par là à les considérer comme des produits. L'emprise du marketing et des théories de la consommation sur la sphère culturelle n'est pas conjoncturelle, elle reflète un changement de paradigme. Les conceptions anthropologiques qui appréhendent la culture comme un mode de vie laissent naturellement place à la consommation quand la culture populaire s'étiole. Les résistances au discours de la marchandisation de la culture se sont effondrées dans le milieu culturel lui-même, pourtant longtemps rétif parce qu'encore imprégné d'une culture humaniste. Les exemples sont nombreux à présent des institutions culturelles qui appréhendent les publics comme des clients, qui développent des stratégies pour atteindre des cibles en développant des produits *blockbusters* ou qui visent à développer leur emprise en exportant leurs collections. Chaque jour apporte son lot d'exemples, des collectivités qui passent des appels d'offre pour impulser et gérer un festival sur leur territoire à la location des biens communs dans une visée de levées de fonds. La collusion de la culture avec les industries culturelles, la rencontre des marchands de rêves et des dispensateurs d'esprit, sous l'égide d'un même ministère assombrit l'horizon.

Il n'est dès lors pas étonnant que des voix s'élèvent de plus en plus nombreuses pour mettre en question le principe même de la démocratisation, et que des doutes se manifestent sur son bien fondé, à partir du moment où le terme de consommation est appliqué indûment. Les acteurs culturels cherchent à se convaincre du bout des lèvres que « la culture n'est pas une marchandise comme les autres »[552], alors que l'on ne dira jamais assez qu'elle n'est pas une marchandise du tout et qu'il demeure impossible de la consommer. C'est là un non sens : on consomme des livres, mais jamais leur contenu, car ce n'est pas le support qui est culturel. L'art concerne l'écriture et la culture le rapport que l'on entretient avec. Peu importe le contenant. Cette ambiguïté est du reste flagrante dans d'autres domaines, notamment celui des multimédias. On ne consomme pas davantage un tableau parce qu'on ne le recycle pas en autre chose en le regardant et qu'il nous survit. Mieux, loin de l'épuiser et de le faire disparaître comme n'importe quel bien de consommation, il nous enrichit, il enrichit les autres, et nous enrichit dans

---

[552] Sur ce point, voir Serge Chaumier, « Parce que la culture n'est pas une marchandise », *Cassandre*, n°69, avril-juin 2007.

notre relation aux autres. Cette évidence est balayée par les discours nombreux qui, se servant des métaphores et par glissements successifs, viennent à laisser penser puis à légitimer l'univers de la culture comme un monde de la marchandise et de la consommation de produits. Dès lors, il est possible de produire pour cela.

Françoise Benhamou remarque que l'échec relatif des politiques culturelles de démocratisation suggère les questions suivantes : « pourquoi vouloir absolument que toutes les œuvres soient consommées ou consommables par tous ? Faut-il stigmatiser celui qui n'aurait pas reçu la grâce, et qui serait plus à l'aise devant un match de football qu'à l'opéra ? Y a-t-il quelque supériorité de tel média sur tel autre, de telle catégorie de consommation ? »[553]. En effet, dès lors que deux principes ayant la force des fausses évidences se conjuguent, celui de consommation de produits d'une part et celui qui tend à tout réduire à un univers médiatique d'autre part (comme si les œuvres n'étaient que des bits d'information dans une vaste entreprise de communication généralisée), alors il est permis de relativiser les valeurs et de se demander si la télévision n'est pas l'instrument suprême de la culture, puisque tous la possèdent et la regardent. Et il n'est plus question de s'adonner à la naïveté de ceux qui croyaient à ses débuts qu'elle serait un instrument de diffusion de la culture. Elle est la culture même, quels que soient ses programmes. *Pop stars* est une œuvre de la culture populaire aussi valable et digne de respect aux yeux de beaucoup que la Traviata ou Ruy Blas. La messe est dite.

---

[553] Françoise Benhamou, *Les Dérèglements de l'exception culturelle*, Seuil, 2006, p.46.

CONCLUSION

QUE RESTE-T-IL QUAND IL NE RESTE RIEN ? L'ECONOMIE.

> « Pensée fondamentale d'une culture de commerçants
> On assiste aujourd'hui en plusieurs endroits à l'apparition de la culture d'une société dont le *commerce* constitue l'âme tout autant que la rivalité individuelle chez les anciens Grecs et que la guerre, la victoire et le droit chez les Romains. Celui qui pratique un commerce s'entend à tout taxer sans le fabriquer et, très précisément, à taxer *d'après les besoins du consommateur*, non d'après ses propres besoins les plus personnels : 'Quels gens et combien de gens consomment cela ?', voilà pour la question des questions. Ce type d'estimation, il l'applique dès lors instinctivement et constamment : à tout, et donc aussi aux productions des arts et des sciences, des penseurs, savants, artistes et hommes d'Etat, des peuples, et des partis, des époques tout entières : à propos de tout ce qui se crée, il s'informe de l'offre et de la demande, *afin de fixer pour lui-même la valeur d'une chose*. Cette attitude érigée en caractère déterminant de toute une culture, élaborée jusqu'à l'illimité comme jusqu'au plus subtil, imposant sa forme à tout vouloir et à tout pouvoir : voilà ce dont vous serez fiers, hommes du siècle à venir : si les prophètes de la classe commerçante ont raison de vous en promettre la possession ! Mais j'ai peu de foi en ces prophètes. *Credat Judaeus Apella* – pour parler avec Horace. » Nietzsche, *Aurore, Pensées sur les préjugés moraux*, Folio, p. 137

Nous sommes moins dans la *contre-culture* que dans *l'après-culture*, estime Jean Caune[554]. La *contre-culture* a été récupérée et assimilée par le marché pour être transformée en produit de consommation. La contestation et la provocation sont devenues sources de profit. *L'après-culture*, c'est le règne de la marchandisation généralisée, bien commun privatisé, l'émancipation troquée pour l'occupation et le remplissage des interstices par ce qui divertit et évite de penser. Les concepts eux-même sont vidés de leur force dès lors qu'ils deviennent des produits. Le règne du zapping

---

[554] Jean Caune, *La Culture en action. De Vilar à Lang : le sens perdu*, PUG, 1992, p.25.

télévisuel conditionne à passer d'une image à l'autre dans un vaste remplissage du temps. Baudrillard a su dire la disjonction du signifié et du signifiant et l'irrésistible ascension d'un leurre généralisé. La culture n'a jamais été aussi présente. Elle est partout, et en même temps elle est liquidée dans ses effets et ses tensions. Elle est rabaissée en même temps qu'elle se charge de toutes les significations. Ce n'est pas l'absence de culture qui pose problème, c'est son inflation au contraire qui la transforme en une vaste entreprise d'illusion collective. À force d'être partout, elle n'a de sens nulle part.

Neil Postman fait remarquer que si Orwell craignait une société totalitaire qui nous priverait de l'information, Aldous Huxley était plus visionnaire en présentant une société qui produirait toujours plus de livres au point que personne n'aurait plus envie d'en lire[555]. Noyée dans un océan d'insignifiances, la culture disparaît sous le flot de la production et de la passivité du lecteur. Il n'y a jamais eu autant de productions, et en même temps, elles n'ont jamais généré autant d'indifférence dans un poli consensus. La culture n'est plus un enjeu de polémique ni de politique depuis qu'elle est l'objet de l'industrie et du tourisme. Ce ne sont pas les équipements qui manquent : la décentralisation culturelle est une indéniable réussite, et les territoires les plus reculés sont à présent bien pourvus, comptant un nombre pléthorique de festivals, d'artistes et de compagnies, de musées ou encore de bibliothèques. Le paysage culturel a changé en trente ans avec une multiplication extraordinaire du nombre de structures. La culture est venue à proximité, et cette exception française que l'on ne souligne pas suffisamment a tout pour nous réjouir. Le problème est celui de l'orientation que l'on donne à ces outils. Les artistes n'ont jamais été aussi nombreux, et l'insignifiance de ce qu'ils ont à dire n'a jamais paru aussi grande.

L'action culturelle ayant été discréditée, la course à la fréquentation sous motif de démocratisation conduit aux impasses du développement touristique, avec ses effets pervers et sa logique consommatoire. Pourtant peu d'espoirs résident dans ce qui semble une impasse pour redonner du sens aux actions. Il sera toujours possible de revoir l'organisation pour accueillir toujours plus de passants dans la pyramide du Louvre, huit millions aujourd'hui, douze peut être demain, mais outre les nuisances que cela engendre, rien ne justifie ce chiffre plus qu'un autre, dès lors que la seule mesure est celle de la consommation et de la rentabilité d'un dispositif. En transformant toute proposition en produit à consommer afin de s'occuper, seuls les critères médiatiques de la publicité modèlent les pratiques. Il n'est pas certain qu'il en reste grand chose au bout du compte.

Pour Bourdieu, « la transition vers le 'libéralisme' s'accomplit de manière insensible, donc imperceptible, comme la dérive des continents,

---

[555] Neil Postman, *Se Distraire à en mourir*, Flammarion, 1986, p. 8.

cachant ainsi aux regards ses effets, à long terme, les plus terribles ». Outre la privatisation et la marchandisation des espaces publics comme des œuvres et des patrimoines de l'humanité, le néo-libéralisme est une « utopie (en voie de réalisation) d'une exploitation sans limites »[556]. Que reste-t-il quand il ne reste rien ? Les lois de l'économie[557]. Dans la lignée de Guy Debord, Francis Jeanson avait le pressentiment que tout pouvait devenir consommable, y compris la culture[558]. Pour cette raison, il se méfiait de la logique de la seule diffusion, et insistait sur l'importance d'une action d'accompagnement et de conscientisation. Bref, il plaidait pour la nécessité d'une action culturelle. Il voyait venir la formation de parfaits petits animateurs fabriqués à la chaîne pour faire de la diffusion culturelle. « Si vous faites seulement de la diffusion culturelle, vous n'inquiétez personne. Tout est consommable. Même *Hair* »[559]. L'avenir lui a donné, Oh, combien !, raison. Le « consommationnisme » est une nouvelle aliénation. « De plus en plus communément, le grand public s'est accoutumé à considérer les œuvres de l'esprit et de l'imagination comme des produits qu'on lance, qu'on consomme et qu'on jette, ou, si l'on veut parler autrement, comme les ingrédients d'une culture qui se nourrit du mouvement et du bruit qu'elle crée, à coups d'événements alternés et de commentaires juxtaposés »[560], écrit Robert Abirached.

Le patrimoine de la culture sert d'approvisionnement aux industries culturelles qui y viennent puiser des éléments à transformer en produit prêt à consommer, prévient Hannah Arendt. La tendance s'est accélérée et ce sont à présent les créateurs qui fournissent directement la matière. Le plus sûr moyen de plaire et de vendre est de produire une culture facile qui réjouit et occupe. Le divertissement gagne de ce fait du terrain dans tous les secteurs artistiques. « La culture devient ce qu'elle devait devenir ; désormais elle s'assimile ouvertement au divertissement puisque le sens n'est plus d'aucun intérêt pour personne. Donc il suffit de produire »[561]. Les artistes deviennent aussi aliénés que les prolétaires de jadis, pour les objectifs de cette production ! Neil Postman remarque que l'on pourrait mobiliser et faire prendre les armes pour défendre la culture si elle était menacée par un régime autoritaire, par une censure totalitaire, mais dès lors qu'elle est menacée par le règne de l'amusement généralisé, peu d'espoir subsiste.

---

[556] Pierre Bourdieu, *Contre-feux*, Liber-Raison d'agir, 1998, p. 117.
[557] Voir Serge Halimi, *Le Grand bond en arrière. Comment l'ordre libéral s'est imposé au monde*, Fayard, 2004.
[558] Ce qui est dans la lignée d'Adorno qui a montré que l'art entre dans le circuit des marchandises, après s'être libéré de ses fonctions cultuelles, religieuses et morales.
[559] Francis Jeanson, *L'Action culturelle dans la cité*, Seuil, 1973, p. 223.
[560] Robert Abirached, *Le Théâtre et le prince. Tome 1. L'Embellie, 1981-1992*, Actes sud, (1992), 2005, p.202.
[561] Jean-Paul Curnier, « Culture, contre-culture », in *Culture publique, La Culture en partage*, Opus 4, Sens&Tonka, 2005, p. 92.

« Qui est préparé à prendre les armes contre un monde d'amusement ? À qui nous plaindre, et quand, et sur quel ton, quand le discours sérieux se dissout en gloussements ? Quel est l'antidote contre la culture asséchée par le rire ? »[562]. La culture convertie en divertissement est sans doute une menace plus grande pour la culture que son contrôle par une société autoritaire. Le désir veille sous l'interdit, mais il est anéanti par la bonhomie. Rappelons qu'Adorno estimait que dans une société socialiste, l'ouvrier n'aurait plus besoin de la distraction car il ne serait pas abêti ! Le prolétariat enfin émancipé n'aurait plus besoin des sous-produits de l'industrie culturelle[563].

Commentant les critiques de Adorno et Horkheimer sur les industries culturelles, André Ducret rappelle que « leur projet fut alors de montrer comment, en raison des progrès de la technique et de la concentration des moyens administratifs et financiers, émergeait une nouvelle industrie capable d'effacer toute distinction entre, d'un côté, une culture fondée sur l'assimilation personnelle de la tradition, et de l'autre, une mise en scène privilégiant le divertissement éphémère et collectif »[564]. Pour remplir des salles ou des expositions, les recettes sont connues. Ludisme, spectaculaire, émotion, sensation, matraquage publicitaire, exaltation de l'unicité de l'expérience et de la distinction du sujet qui s'y adonne, autant de principes qui importent davantage que le contenu proposé. « Le souci d'efficacité au nom de la quête du profit, la standardisation des produits, la recherche permanente d'effets spéciaux, ou encore la rationalisation des procédures de distribution, sont alors autant d'indices qui confirment qu'aucune création culturelle n'échappe plus, désormais, au règne de la marchandise »[565].

Comment aujourd'hui opérer la distinction entre construire une œuvre et faire un produit, entre s'adresser à un spectateur ou à un consommateur ? Ce qui était évident ne l'est plus. Jean-Paul Curnier remarque que le sens des institutions culturelles est oublié : « pour revenir à la question de la signification contemporaine des appareils de la culture, ceci peut-être : ils étaient là pour produire du sens, pour accumuler des avancées contre l'obscurantisme et l'ignorance ; aujourd'hui ils sont pour la plupart déjà passés avec armes et bagages sous la domination de l'idéologie consumériste, et ils sont devenus les appareils privilégiés de la négation du

---

[562] Neil Postman, *Se Distraire à en mourir*, Flammarion, 1986, p.208.
[563] Voir Yves Michaud, *L'Art à l'état gazeux. Essai sur le triomphe de l'esthétique*, Stock, 2003, p 128.
[564] André Ducret, « Teddies goes to Hollywood. Du jazz au cinéma : la genèse du concept 'd'industrie culturelle' », in *Arts du spectacle, métiers et industries culturelles*, sous la dir. de Laurent Creton, Michael Palmer et Jean-Pierre Sarrazac, Presses Sorbonne Nouvelle, 2005 p.25.
[565] André Ducret, « Teddies goes to Hollywood. Du jazz au cinéma : la genèse du concept 'd'industrie culturelle' », in *Arts du spectacle, métiers et industries culturelles*, sous la dir. de Laurent Creton, Michael Palmer et Jean-Pierre Sarrazac, Presses Sorbonne Nouvelle, 2005, p.25.

sens »[566]. Le sens perdu de l'action culturelle conduit par exemple la CFDT accédant à la direction du comité d'entreprise de chez Renault au Mans à procéder à la liquidation de la bibliothèque sous prétexte que les usagers préfèrent que le CE se transforme en billetterie pour la vente de places de spectacles[567]. Sans s'interroger sur la sensibilisation à des formes d'accès plus difficiles et exigeantes de la culture, la simple réponse apportée à la demande conduit à avoir comme politique culturelle l'accompagnement du développement de la société de consommation. En cela, les comités d'entreprises[568] ont souvent trahi le sens donné à l'éducation populaire, mais ils ne sont malheureusement pas les seuls…

Revivifier l'action culturelle

> « Ici pas plus qu'ailleurs on ne peut satisfaire tout le monde. Une culture, c'est un choix. Ce choix doit être défini, programmé, accepté, et enfin, disons-le, imposé. Le régisseur impose une mise en scène à un public, le peintre impose un tableau à des amateurs ou à des indifférents, Mallarmé impose *Un coup de dès* à son éditeur, et Michel-Ange impose son *Jugement dernier* à l'irascible Jules II. C'est un acte autoritaire et il témoigne du courage de l'artiste. Un ministre, ou plutôt un gouvernement doit concevoir, proposer et enfin imposer une politique culturelle générale, détaillée et approfondie à la collectivité. Il reste à la collectivité à la refuser si elle n'est pas d'accord. Mais le pire, c'est l'incertitude, la bonne volonté, le lyrisme, l'amabilité, le néant. »[569] Jean Vilar

L'introduction d'un numéro d'*Autrement* sur l'action culturelle posait déjà en 1979 la question du sens de l'action culturelle et de la diversité mise sous le terme de culture, de la collusion entre culture identitaire, création, action de terrain, culture médiatique, et surtout industrie culturelle : « Beaubourg et les cracheurs de feu, Superman et Bertolt Brecht, le Forum

---

[566] Jean-Paul Curnier, « Culture, contre-culture », in *Culture publique, La Culture en partage*, Opus 4, Sens&Tonka, 2005, p. 90.
[567] Les CE dispensent des chèques cadeaux, des chèques vacances, de la billetterie diverse à prix réduit, et la FNAC installe des bornes de réservation dans les entreprises. « Dans ce système de libre choix, Disneyland ou la Comédie-Française, Céline Dion ou Pina Bausch, King Kong ou Kirikou, même combat ! Les marchands de loisirs l'ont bien compris », constate Luc le Chatelier. La curiosité culturelle est en berne note le reportage qui constate la chute vertigineuse des personnes demandeuses lors des propositions d'actions culturelles. « Du TNP à Disneyland », *Télérama*, n°2920, 28 décembre 2005, pp. 43-47.
[568] À l'exclusion dans ce cas des représentants de la CGT dont le discours était au contraire parfaitement clair pour défendre le sens d'une exigence culturelle pour tous.
[569] Jean Vilar, « Le pouvoir et la culture (1970) », in *Le Théâtre, service public*, Gallimard, 1986, p.539.

des Halles et la geste paysanne, Robert Hossein et Armand Gatti…quand on parle action, animation, politique culturelle, les images affluent, contrastées, opposées. La « politique culturelle » ? Introuvable. « L'action culturelle » ? Innombrable. Elle est partout, dans les petits trucs, les grosses machines, chez les inspirés, les managers, les militants et les autres. Animateurs, tous. Créateurs, tous. Enfin, à leurs yeux. Et le public ? La musique s'arrête. Silences et grimaces. Qu'est-ce qu'il veut le public populaire, objet de toutes les convoitises et de tous les espoirs ? Consommer, rester spectateur et à sa place, ou réfléchir, monter en scène et changer de rôle ? Et quels sont ceux qui ont réussi à le toucher et à le mobiliser, provoquant par l'action culturelle des changements dans les comportements individuels, dans les situations collectives ? Des changements lents à mûrir et qui ne se prêtent guère à l'évaluation. Rien n'est très clair, aujourd'hui. Le temps des certitudes est loin. Comme les idéologies, les rêves de changement social par l'arme culturelle s'estompent. Intellectuels, militants et technocrates comptent leurs troupes et se chamaillent. Brecht est mort, la télématique arrive ! Quand il n'y a plus de grande Cause, plus de grand Débat, l'heure est aux petits combats, en général fratricides. Et on laisse parler les grandes machines… »[570]. Si Henry Dougier est pessimiste, il semble que vingt-cinq ans plus tard, l'horizon ne soit guère éclairci. Les mêmes problèmes ou presque se posent avec davantage d'industries culturelles et un peu moins d'utopies participatives. L'idéal de faire la culture « avec les gens » s'est évanouie des écomusées comme des démarches des metteurs en scène, et ne subsiste partiellement que chez quelques rares compagnies, du spectacle de rue notamment. L'utopie de rendre chacun créateur est bel et bien trépassée. En revanche demeure la déconstruction dont la culture classique a fait l'objet qui valorise davantage la culture de masse qu'une culture populaire devenue exsangue.

Les mots ont perdu de leur sens. Utilisés à tort et à travers, celui de *démocratisation* devient une coquille vide dès lors qu'il n'y a plus de justification à démocratiser, celui de *développement* s'applique davantage aux retombées économiques qu'à l'épanouissement de la personne et celui de *médiation,* en recouvrant tout, occulte le travail qu'il devrait impliquer auprès des destinataires pour mettre l'accent surtout sur les œuvres. Après avoir démonté l'utopie de démocratisation comme mythe et ridiculisé les accents lyriques qui en appelaient à une culture transformatrice des rapports individuels et sociaux, que reste-t-il pour justifier le sens de l'action culturelle[571], si ce n'est des mots vides, qui sonnent creux, essentiellement utilisés pour meubler des discours ?

---

[570] Henry Dougier, « Du militantisme au marketing sans complexes », *Autrement*, La Culture et ses clients : que veut le public : saltimbanques ou managers ?, n° 18, Avril 1979, p.3.
[571] Jean Caune, *La Culture en action. De Vilar à Lang : le sens perdu*, PUG, 1992, p.25.

Revenir à l'idée d'action culturelle, c'est s'ouvrir aux publics sans tomber dans les lois du consumérisme, c'est développer un projet culturel qui s'appuie sur les attentes profondes, celles qu'il convient de révéler, de faire advenir, et non de contenter en répondant à une pseudo-demande. L'époque « a cru que les formes de l'art pourraient se propager selon les modalités du management et de l'industrie, à savoir les outils de la communication et du marketing, ajustés au besoin du milieu culturel. Or, c'est justement le contraire qui s'est produit : c'est le monde de l'art qui s'est progressivement, et pour une bonne part inconsciemment, lové, adapté et moulé dans les pas du monde des marchandises et des services »[572], écrit Bruno Tackels qui en appelle à une redéfinition et à un renouveau de et par la médiation. L'économisme de la culture envisage de répondre selon une logique de la demande à des clients et se substitue peu à peu à une volonté de démocratisation de la culture qui entendait s'organiser selon une logique de l'offre[573]. C'est à une troisième voie qu'il faut aspirer, celle de l'action culturelle, qui fait naître des demandes en sensibilisant les intéressés, en les associant aux processus d'acculturation sans y renoncer. Il est nécessaire de penser à une formation de la demande, comme le stipule l'éducation populaire, de développer l'éducation artistique pour développer le goût du public et son sens critique[574].

L'intervention publique devrait s'engager à préserver le patrimoine et à favoriser et former la demande en développant l'éducation artistique, en aidant le développement culturel plutôt qu'en finançant la création directement. Sur cette question, des analystes pourtant éloignés dans leurs approches semblent se retrouver. Le ministère ne devrait pas fonctionner pour son propre succès et pour se présenter sous une image flatteuse, mais travailler pour le long terme, donc en privilégiant les actions de fond plutôt que l'événementiel. Selon Michel Schneider, il faut renouer avec l'idéal républicain de l'instruction et avec l'idéal démocratique de l'émancipation[575].

Jean Caune le dit autrement, mais explique également pourquoi confier le pouvoir culturel aux créateurs est dangereux et pourquoi le public devrait être au centre de l'action. « Si la dimension concrète d'une politique artistique devait se faire dans la confrontation limitée au créateur et au politique, ce serait le meilleur moyen de perpétuer un mécénat d'Etat dont les tropismes sont évidents : surévaluation du spectaculaire, promotion des

---

[572] Bruno Tackels, « L'Art au défi de ses médiations », in *Culture publique, La Culture en partage*, Opus 4, Sens&Tonka, 2005, p.230.
[573] Claude Patriat, « Au bonheur des musées », in Claude Fourteau, *Les Institutions au plus près de leur public*, La Documentation française, 2002, p.189.
[574] Point de vue partagé par Jean-Jacques Wunenburger, « L'Etat, entrepreneur ou éducateur artistique ? », in *Toutes les pratiques culturelles se valent-elles ?*, sous la dir. de Jean-Pierre Sylvestre, Hermes, n°20, 1996, p.45.
[575] Michel Schneider, *La Comédie de la culture*, Seuil, 1993, p. 195.

réalisations de prestige, accentuation du pouvoir des modes et des chapelles, délégation des choix à des conseillers artistiques des princes ». Ceci conduit à une démission des responsabilités, à un dépérissement de la culture en action, de l'action culturelle comme mise en relation de l'art avec des populations. La décision politique se transforme en choix esthétique et non en projet d'action culturelle, souligne Jean Caune[576]. Il n'appartient pas aux créateurs de fixer un programme culturel et de fixer les démarches artistiques d'une institution, de choisir les artisans d'une politique. « En revanche, il entre dans la fonction de la création de porter en elle une relation aux publics », c'est ce qui constitue la dimension sociale de l'œuvre.

L'action culturelle, c'est sensibiliser, c'est aussi croiser des regards et permettre des échanges, des rencontres, notamment avec l'altérité. Loin de ne constituer qu'une volonté d'élévation des masses ignorantes vers des contenus savants, il s'agit plutôt de permettre le tutoiement avec ce qui est maintenu hors d'atteinte, parce que trop étranger à sa culture immédiate et donnée. Aussi l'action culturelle est-elle processus de métissage, de dialogues avec ce qui constitue des références éloignées. La démarche d'action culturelle ne concerne pas un genre, une culture d'appartenance d'un groupe, mais une volonté de communication de sphères hétérogènes. C'est l'échange et l'appropriation qui en est le centre. Il serait démagogique de nier que l'action culturelle ne vise pas à une démocratisation et à une émergence des savoirs constitués pour tous. La démocratisation n'est pas seulement une « échangisation », forme la plus positive quand il s'agit de faire circuler tous les contenus auprès de tous, et encore moins une ghettoïsation. Loin de prétendre que tous les individus sont porteurs de culture dans une équivalence généralisée et non hiérarchisée, il faut affirmer que certains sont avantagés et mieux dotés que d'autres, et que c'est le partage qui demeure le but. Si le lettré peut s'enrichir à enseigner à l'illettré, par les réactions et les joies éprouvées, il demeure qu'ils ne sont pas dans une égale position vis-à-vis de la culture. Refuser d'en prendre acte, c'est maintenir chacun dans sa culture d'origine et désamorcer toute velléité de démocratisation.

Désillusionné, Philippe Urfalino invite à renoncer à l'idéal de l'élévation de la société par l'art et la culture, dénonçant là une mythologie qui ne fonctionne pas[577]. C'est le ton général qui imprègne les discours des contemporains, se plaisant à substituer l'éloge de la diversité culturelle à l'enthousiasme de l'instruction de tous aux savoirs et à la sensibilisation aux plus belles œuvres. Même si l'auteur a raison sur les difficultés et les échecs engendrés par cet idéal, ne faut-il pas y croire malgré tout ? Y renoncer, c'est s'éloigner d'autant des possibilités de réussir... Comme les droits de l'Homme, la paix ou le bonheur terrestre, le salut est hors d'atteinte, c'est un

---

[576] Jean Caune, *La Culture en action. De Vilar à Lang : le sens perdu*, PUG, 1992, p. 297.
[577] Philippe Urfalino, *L'Invention de la politique culturelle*, Hachette, 2004, p. 394.

horizon inaccessible, mais n'est-ce pas ce qui doit conduire une espérance ? N'est-ce pas une quête morale à laquelle on soit s'astreindre, même si on la sait d'avance toujours inachevée ? Julien Benda remarque qu'il est vertueux de viser à rendre perfectibles les situations en se donnant un but inaccessible, même si on sait que le réel n'est pas celui-là. Benda regrettait que les clercs de son époque renoncent à être des utopistes, davantage occupés de ce qui est, plutôt que de ce qui pourrait être. « On est confondu de les voir ignorer que le moraliste est par essence un utopiste et que le propre de l'action morale est précisément de créer son objet en l'affirmant »[578]. On peut appliquer cette idée à la démocratisation de la culture : il faut y croire pour la faire advenir, même si on la sait à jamais inachevée.

---

[578] Julien Benda, *La Trahison des clercs*, Grasset, 1927, Reed 1975, p. 230.

BIBLIOGRAPHIE

Abirached Robert , Entretien : « Le théâtre de texte confronté à celui des images », *Le Monde*, 6 septembre 2005, p.34.

Abirached Robert, « Des Dossiers et des gommes », *Cassandre*, n°48, juillet 2002, republié dans *1995-2005, 10 ans d'action artistique*, Ed. Cassandre – L'Amandier, 2005.

Abirached Robert, « Le Triomphe de la raison », in *La Décentralisation théâtrale. 1968, le tournant*, Tome 3, Actes Sud, 2005.

Abirached Robert, *Le Théâtre et le prince. Tome 1. L'Embellie, 1981-1992*, Actes sud, (1992), 2005.

Abirached Robert, Préface à *Jeanne Laurent, Une fondatrice du service public pour la culture, 1946-1952*, de Marion Denizot, Comité d'Histoire du ministère de la culture, 2005.

Abirached Robert, sous la dir. de, *La Décentralisation théâtrale. 1968, le tournant*, Tome 3, Actes Sud, 2005.

Adorno Theodor, *Prismes. Critique de la culture et société*, Payot, 2003.

Agnan Pommeret Xavier « Plaisirs et PNB, conscience et croissance » *Théâtre/Public* n°30 novembre 1979, p.42-49.

Alain, *Eléments d'une doctrine radicale*, Gallimard, 1925.

Alain, *Propos sur l'Education*, PUF, 1965.

Ancel Pascal et Alain Pessin, sous la dir. de, *Non-Publics, les arts en réception* L'Harmattan, tome 1 et 2, 2004.

Arendt Hannah, « La Crise de l'éducation », in *La Crise de la culture*, Gallimard, Folio, 1972.

Arendt Hannah, *La Crise de la culture*, Folio, Gallimard.

Ariès Paul, *DisneyLand, Le Royaume désenchanté*, Ed. Golias, 2002.

Attoun Lucien, « Un théâtre ouvert sur la vie », in Robert Abirached, *La Décentralisation théâtrale. Tome 4. Le temps des incertitudes, 1969-1981*, Actes Sud, (1995), 2005.

Autrement, « La Culture et ses clients », n°18, 1979.

Axellos Kostas, *Le Jeu du monde*, Ed. de Minuit, 1969.

Ballet-Baz Pierre, « Vers une normalisation de l'action culturelle ? », in Vers quelle action socio-culturelle ?, *Esprit*, n°7-8, juillet 1980.

Baudelaire Charles, « Mon Cœur mis à nu », in *Baudelaire, œuvres complètes*, L'Intégrale, Seuil, 1968.

Baudelot Christian et Roger Establet, *L'Ecole capitaliste en France*, Maspero, 1971.

Baudrillard Jean, *La Société de consommation*, Denöel, 1970.

Baudrillard Jean, *Simulacres et simulation*, Galilée, 1981.

Baudry Patrick, *La Pornographie et ses images*, Armand Colin, 1997.

Bayard Pierre, *Comment parler des livres que l'on n'a pas lus ?*, Minuit, 2007.

Bélit Marc, *Le Malaise de la culture. Essai sur la crise du 'modèle culturel' français*, Séguier, 2006.

Benda Julien, *La Trahison des clercs*, Grasset, 1927, Reed 1975.

Beneton Philippe, *Histoire de mots : culture et civilisation*, Presses de la fondation nationale des sciences politiques, 1975.

Benhamou Françoise, *Les Dérèglements de l'exception culturelle*, Seuil, 2006.

Benjamin Walter, « L'œuvre d'art à l'ère de sa reproductibilité », in *L'Homme, le langage et la culture*, Denöel-Gonthier, 1971 (1936).

Benjamin Walter, « Paris, capitale du XIXème siècle », in *Œuvres*, T3, Gallimard, 2000.

Bernard Antoine, « Réflexion sur la politique culturelle », *Revue de la Défense nationale*, juin 1969. Publié dans *André Malraux, Ministre*, La documentation française, 1996, p.435.

Biasini Emile, « Action culturelle, an 1 », dans *André Malraux, ministre*, La Documentation française, 1996, p.410.

Blanc Jacques, « Les Arts vivants au cœur du projet démocratique » in *Culture toujours... et plus que jamais* », coordonné par Martine Aubry, Ed de l'Aube ,2004.

Blandin-Estournet Christophe, « Démocratisation culturelle : l'irréductible antagonisme », in *Culture toujours... et plus que jamais,* coordonné par Martine Aubry, Ed de l'Aube, 2004.

Bloche Patrick, Marc Gauché, Emmanuel Pierrat, *La Culture quand même ! Pour une politique culturelle contemporaine*, Mille et une nuits, 2002.

Bloom Allan, *L'Ame désarmée. Essai sur le déclin de la culture générale*, Julliard, 1987.

Bordeaux Marie-Christine « Pour une conception anthropologique de la culture », in *La Démocratie culturelle, une exigence sociale*, Actes de la rencontre du 5 octobre 2004, Profession Banlieue, p.8.

Bosséno Christian-Marc, « Les Répertoires du grand écran », in Jean-Pierre Rioux et Jean-François Sirinelli, sous la direction de, *La Culture de masse, en France de la Belle Epoque à aujourd'hui*, Fayard, 2002.

Bourdieu Pierre et all., *L'Amour de l'art*, Ed de Minuit, 1969.

Bourdieu Pierre et Loïc Wacquant, « La nouvelle vulgate planétaire », *Le Monde Diplomatique*, mars 2000, p. 6.

Bourdieu Pierre, « L'Identité et la représentation. Eléments pour une réflexion critique sur l'idée de région », *Actes de la Recherche en sciences sociales*, n°35, novembre 1980.

Bourdieu Pierre, *Contre-feux*, Liber-Raison d'agir, 1998.

Bourdon Georges, « Le Théâtre du peuple », *Revue Bleue*, n°4, 25 novembre 1902, p.112.

Bruckner Pascal, *Le Sanglot de l'Homme blanc. Tiers monde, culpabilité et haine de soi*, Seuil, 1983.

Brugère Fabienne, « Le musée entre culture populaire et divertissement », *Esprit*, mars avril 2003.

Brunel Sylvie, *La Planète disneylandisée. Chroniques d'un tour du monde*, Ed. Sciences Humaines, 2006.

Cacérès Benigno, *Histoire de l'éducation populaire*, Peuple et Culture, le Seuil, 1964.

Caillé Alain, « Pour un universalisme relativiste », in *Revue du Mauss*, n°1, 1988, p.122-153.

Camus Renaud, *La Grande déculturation*, Fayard, 2008.

Cassandre, « Education populaire : avenir d'une utopie », n°63, automne 2005.

Caune Jean, « Créateur / animateur », in Robert Abirached, *La Décentralisation théâtrale. Tome 4. Le temps des incertitudes, 1969-1981*, Actes Sud, (1995), 2005.

Caune Jean, *La Culture en action. De Vilar à Lang : le sens perdu*, PUG, 1992.

Caune Jean, *La Démocratisation culturelle, une médiation à bout de souffle*, PUG, 2006.

Caune Jean, *Pour une éthique de la médiation. Le sens des pratiques culturelles*, Pug, 1999.

Charpentreau Jacques et René Kaes, *La Culture populaire en France*, Editions ouvrières, 1962.

Charpentreau Jacques *Pour une politique culturelle*, Editions ouvrières, 1967.

Chaudoir Philippe, *Discours et figures de l'espace public à travers les arts de la rue, La ville en scènes*, L'Harmattan, 2000.

Chaumier Serge, *Des Musées en quête d'identité. Ecomusées / Technomusées*, L'Harmattan, 2003.

Chaumier Serge, « L'Identité, un concept embarrassant », in Nouveaux musées de société et de civilisations, dans *Culture et musées*, sous la direction de Jacqueline Eidelman, n°6, Actes Sud, 2005.

Chaumier Serge, « Parce que la culture n'est pas une marchandise », *Cassandre*, n°69, avril-juin 2007.

Chaumier Serge, *Arts de la rue : La Faute à Rousseau*, L'Harmattan, 2007.

Choay Françoise, *L'Allégorie du patrimoine*, Seuil, 1992.

Chombart de Lauwe Paul-Henri *Images de la culture*, sous la dir. de, Editions ouvrières, 1966.

Chombart de Lauwe Paul-Henri, *La Culture et le pouvoir*, Stock, 1975.

Chosson Jean-François, « Les politiques publiques et la question du développement culturel », in *Toutes les pratiques culturelles se valent-elles ?*, sous la dir. de Jean-Pierre Sylvestre, Hermès, n°20, 1996.

Clément Catherine, *La Nuit et l'été. Quelques propositions pour les quatre saisons*, repris dans *Culture publique, La Culture en partage*, Opus 4, Sens&Tonka, 2005.

Cojean Annick et Jean-Pierre Stroobants, « La Colère d'Ayaan Hirsi Ali », *Le Monde*, 20 octobre 2007.

Copeau Jacques, *Le Théâtre Populaire*, PUF, 1941.

Coulangeon Philippe *Sociologie des pratiques culturelles*, La Découverte, 2005.

Crubellier Maurice, *Histoire culturelle de la France, XIX-XXème*, Armand Colin, 1974.

Cuisenier Jean, « Des musées de l'Homme et de la société : oui, mais lesquels ? », *Le Débat*, n°70, mai 1992.

Curnier Jean-Paul, « Culture, contre-culture », in *Culture publique, La Culture en partage*, Opus 4, Sens&Tonka, 2005.

Darras Eric « Les Limites de la distance. Réflexion sur les modes d'appropriation des produits culturels », *in Regards croisés sur les pratiques culturelles* sous la dir. De Olivier Donnat, La Documentation française, 2003.

Dasté Jean, « Le théâtre pour le peuple », *La Table ronde*, n°184, mai 1963, p. 99.

de Baecque Antoine, *Crises dans la culture française. Anatomie d'un échec*, Bayard, 2008.

de Certeau Michel, « Des Espaces et des pratiques », in *Pratiques culturelles des Français*, SER, 1974.

de Certeau Michel, *La Culture au pluriel*, UGE, 1974.

de Saint Pulgent Maryvonne, *Le Gouvernement de la Culture*, Gallimard, 1999.

de Tocqueville Alexis, *De la Démocratie en Amérique*, Laffont, 1991.

de Varine Hugues, *L'Initiative communautaire. Recherche et expérimentation*, MNES, 1991.

de Varine Hugues, *La Culture des Autres*, Seuil, 1976.

Debray Régis, *Sur le Pont d'Avignon*, Flammarion, 2005.

Degaine André, *Histoire du théâtre dessinée*, Nizet, 1992.

Delcampe Armand, Préface à Jean Vilar, *Le Théâtre, service public*, Gallimard, 1986.

Deloche Bernard, *La Nouvelle culture. La Mutation des pratiques sociales ordinaires*, L'Harmattan, 2007.

Delporte Christian, « Au miroir des médias », in Jean-Pierre Rioux et Jean-François Sirinelli, sous la direction de, *La Culture de masse, en France de la Belle Epoque à aujourd'hui*, Fayard, 2002.

Donnat Olivier, « La connaissance des publics et la question de la démocratisation », in *Culture et Recherche*, n°106-107, déc 2005.

Donnat Olivier, « La Question de la démocratisation dans la politique culturelle française », Revue *Modern & Contemporary France*, Volume 11, N°1, Février 2003.

Donnat Olivicr, DEP, *Les Pratiques culturelles des Français, Enquête 1997*, La Documentation française, 1998.

Donnat Olivier, *Les Français face à la culture, de l'exclusion à l'éclectisme*, La Découverte, 1994.

Donnat Olivier, *Les Pratiques culturelles des Français à l'ère numérique*, La Documentation française, 2009.

Donnat Olivier, *Regards croisés sur les pratiques culturelles*, La Documentation française, 2003.

Dougier Henry, « Du militantisme au marketing sans complexes », *Autrement*, La Culture et ses clients : que veut le public : saltimbanques ou managers ?, n° 18, Avril 1979.

Dubois Vincent, *La Politique culturelle. Genèse d'une catégorie d'intervention publique*, Belin, 1999.

Dubuffet Jean, *Asphyxiante culture*, Ed. de Minuit, 1986 (1968).

Ducret André, « Teddies goes to Hollywood. Du jazz au cinéma : la genèse du concept 'd'industrie culturelle' », in *Arts du spectacle, métiers et industries culturelles*, sous la dir. de Laurent Creton, Michael Palmer et Jean-Pierre Sarrazac, Presses Sorbonne Nouvelle, 2005.

Duhamel Georges, *Scènes de la vie future*, Fayard, 1934.

Duhamel Jacques, « Discours à la première conférence des ministres européens de la culture, Helsinki, 9 juin 1972 ». Cité dans *Jacques Duhamel, Discours et écrits*, La Documentation française, 1993.

Dumazedier Joffre, *Vers une civilisation du loisir ?*, Seuil, 1962.

Duteurtre Benoît, *Requiem pour une avant-garde*, Les Belles Lettres, 2006.

Duveau Georges, *La Pensée ouvrière sur l'éducation*, Gallimard, 1946.

Duvignaud Jean, « Modèles et recyclages », in *Cassandre*, n°40, mars 2001.

Emmanuel Pierre, *Pour une politique de la culture*, Seuil, 1971.

Fanon Frantz, *Les Damnés de la terre*, Maspero, 1961.

Finkielkraut Alain, *La Défaite de la pensée*, Gallimard, 1987.

Finkielkraut Alain, « La Dissolution de la culture », *Le Débat*, nov. 1985, n°37, pp. 15-23.

Finkielkraut Alain, *Le Mécontemporain*, Gallimard, 1991.

Fleuret Maurice, Allocution prononcée lors du colloque de la Sorbonne du 13 février 1983, publié dans *Culture Publique*, T. 1 : L'Imagination au pouvoir, Sens&Tonka-Mouvement, 2004.

Fleury Laurent « Retour sur les origines : le modèles du TNP de Jean Vilar », in Le(s) Public(s) de la culture, sous la dir. de Olivier Donnat et Paul Tolila, Presses de Sciences Po, 2003.

Fleury Laurent, *Sociologie de la culture et des pratiques culturelles*, Armand Colin, 2008.

Fourest Caroline, *La Tentation obscurantiste*, Grasset, 2006.

Freu Christian, « Cultures populaires, culture de masse », in *Théâtre populaire*, n°30, novembre 1979.

Fumaroli Marc, *L'Etat culturel. Essai sur une religion moderne*, De Fallois, Le Livre de poche, 1992.

Galard Jean, *Visiteurs au Louvre*. Un florilège par JG, RMN, 1993.

Gaudibert Pierre *Action culturelle : intégration et/ou subversion*, Casterman, 1972.

Gaudibert Pierre, *Du Culturel au sacré*, Casterman, 1981.

Girard Augustin, « Industries culturelles », *Futuribles*, septembre 1978, pp.567-605.

Girard Augustin, « Les Politiques culturelles d'André Malraux à Jack Lang », in *Toutes les pratiques culturelles se valent-elles ?*, sous la dir. de Jean-Pierre Sylvestre, Hermès, n°20, 1996.

Gouhier Henri, *L'Essence du théâtre*, Plon, 1943.

Griaule Marcel, *La Peau de l'ours*, Gallimard, 1936.

Grignon Claude et Jean-Claude Passeron, *Le Savant et le populaire*, Gallimard, 1989.

Guéhenno Jean, *Caliban parle*, Grasset, 1928.

Gumplowicz Philippe, *Les Travaux d'Orphée. Cent cinquante ans de vie musicale en France. Harmonies, chorales, fanfares*, Aubier, 1987.

Habermas Jürgen, *L'Espace public*, Payot, 1992.

Halimi Serge, *Le Grand bond en arrière. Comment l'ordre libéral s'est imposé au monde*, Fayard, 2004.

Hamon et Rotman, *Tant qu'il y aura des profs*, Seuil, 1984.

Harouel Jean-Louis, *Culture et contre-cultures*, Puf, 1994.

Hennion Antoine et Bruno Latour, « L'art, l'aura et la technique selon Benjamin, ou comment devenir célèbre en faisant autant d'erreurs à la fois », *Cahiers de médiologie*, n°1, 1996.

Hoggart Richard, *La Culture du pauvre*, Ed de Minuit (1957) 1970.

Hurstel Jean, *Chroniques culturelles barbares*, Syros, 1988.

Hurstel Jean, *Une nouvelle utopie culturelle en marche ? Essai sur une autre vision de l'action culturelle en Europe*, Ed. de l'Attribut, 2009.

Ion Jacques, Bernard Miège et Alain Noël Roux, *L'Appareil d'action culturelle*, Ed. Universitaires, 1974.

Jacques Duhamel, Discours et écrits, La Documentation française, 1993.

Jaulin Robert, *La Décivilisation*, Complexe, 1974.

Jaurès Jean, *De l'Education*, Anthologie, Ed. Syllepses, 2005.

Jeanson Francis, *L'Action culturelle dans la cité*, Seuil, 1973.

Kafka Franz, « Le Théâtre de la nature d'Oklahoma », *L'Amérique,* Folio Gallimard.

Lahire Bernard, *La Culture des individus Dissonances culturelles et distinction de soi*, La Découverte, 2004.

Lang Jack, « Le Signe du succès », *Commentaire*, n°48, hiver 1989-1990.

Lardellier Pascal, *Arrêtez de décoder !,* Ed de l'Hèbe, 2008.

Lardellier, Pascal, *Le Pouce et la souris. Enquête sur la culture numérique des ados*, Fayard, 2006.

Latarjet Bernard. *Pour une débat national sur l'avenir du spectacle vivant, Compte rendu de mission*, Avril 2004.

Lefeuvre Martine, « Le Devoir d'excision », in *Revue du Mauss*, n°1, 1988.

Leroy Roland, *La Culture au présent*, Editions sociales, 1972.

Les Affaires culturelles au temps d'André Malraux, La Documentation française, 1996.

Lévi-Leblond Jean Marc, *La Science en mal de culture*, Futuribles perspectives, 2004.

Levi-Strauss Claude, *Race et Histoire*, Denöel, (1957), Folio 1987.

Longchamp Philippe, « Des cultures indéchiffrables », *Esprit*, n°11-12, novembre 1982.

Loyer Emmanuelle *Le Théâtre citoyen de Jean Vilar. Une utopie d'après guerre*, Puf, 1997.

MacLean Fiona, « Le passé est à vendre : réflexion sur le marketing des musées », *Publics et musées*, n°11-12, janvier 1997.

Magnus Enzensberger Hans, *Culture ou mise en condition ?* 10/18, UGE, 1973.

Mairesse François, *Le musée, temple spectaculaire*, PUL, 2002.

Malraux André, « Intervention à l'Assemblée nationale, le 9 novembre 1967 ». Repris dans *Les Affaires culturelles au temps d'André Malraux*, La Documentation française, 1996.

Malraux André, *La politique, la culture, Discours, articles, entretiens* (1925-1975), présenté par Janine Mossuz-Lavau, Gallimard, 1996.

Malraux André, *Le Musée imaginaire*, Albert Skira, 1967.

Malraux André, Postface aux *Conquérants*, Grasset, 1949.

Martel Frédéric, *De la Culture en Amérique*, Gallimard, 2006.

Martel Frédéric, *Theater. Sur le déclin du théâtre en Amérique (et comment il peut résister en France)*, Maspéro, 2006.

Mathieu Isabelle, « L'Action culturelle mise à nu par ses métiers. 1788-1988 », Thèse de 3ème Cycle, sous la direction de Claude Patriat, Université de Bourgogne, 2009.

Mattelart Armand et Eric Neveu, *Introduction aux Cultural Studies*, La Découverte, 2003.

Mattelart Armand. *Diversité culturelle et mondialisation*, La Découverte, 2005.

Maurel Christian, « Education populaire, éducation du peuple ? », *Cassandre*, n°63, automne 2005.

Menger Pierre-Michel, *Profession artiste. Extension du domaine de la création*, Textuel, 2005.

Meyer-Plantureux Chantal, *Théâtre populaire, enjeux politiques. De Jaurès à Malraux*, Ed. Complexe, 2006.

Michaud Yves, *L'Art à l'état gazeux. Essai sur le triomphe de l'esthétique*, Stock, 2003.

Midol Nancy, « Socialité festivalière et démocratie participative », in Paul Rasse, *Le Théâtre dans l'espace public Avignon Off*, Edisud, 2003.

Mignon Patrick, « De Richard Hoggart aux *cultural studies* : de la culture populaire à la culture commune », *Esprit*, mars-avril 2002.

Milliot Virginie, « Cultures, villes et dynamiques sociales », in le dossier *Culture et Recherche*, n°106-107, déc. 2005, p.32-35.

Mongin Olivier dans « L'envers et l'endroit de la culture populaire », *Esprit*, mars avril 2002.

Monnier Gérard, *L'Art et ses institutions en France*, Folio, 1995.

Morel Eugène, « Projet de théâtres populaires », *Revue d'Art Dramatique*, décembre 1900, p.1117.

Morin Edgar, *L'Esprit du temps*, Grasset, 1962.

Morin Edgar, *Les Stars*, Seuil, 1972.

Mouchtouris Antigone, *Sociologie de la culture populaire*, L'Harmattan, 2007.

Nemo Philippe, *Le Chaos pédagogique. Enquête sur l'enseignement des collèges et des lycées de la République*, Albin Michel, 1993.

Octobre Sylvie, *Les Loisirs culturels des 6-14ans*, La Documentation française, 2004.

Onfray Michel *Traité d'athéologie*, Grasset, 2005.

Origet du Cluzeau Claude, « Ça n'aurait jamais dû marcher », in Revue *Les Cahiers Espaces*, n°58, novembre 1998.

Ory Pascal, « Une cathédrale pour les temps nouveaux ? Le Palais de la Découverte (1934-1940) », in *Masses et culture de masse dans les années 30*, sous la dir. De Régine Robin, Les Ed. Ouvrières, 1991.

Passeron Jean-Claude, « Quel regard sur le populaire ? », *Esprit*, mars-avril 2002.

Patriat Claude, « Au bonheur des musées », in Claude Fourteau, *Les Institutions au plus près de leur public*, La Documentation française, 2002.

Patriat Claude, « L'Interprétation comme art de l'explication. Quand le bon sens fait parler le génie », *Les Entretiens Denis Diderot*, n°1, Juillet 2001, p. 12-17.

Patriat Claude, *La Culture, un besoin d'Etat*, Hachette, 1998.

Patriat Claude, *Les Cahiers d'Art + Université + Culture*, n°14, février mars 1997, p. 3 et 4.

Patriat Claude, *Pas de Grenelle pour Valois*, Ed. Carnets nord, 2009.

Patriat Claude. « Détail d'un requiem pour une politique culturelle défunte », in *Toutes les pratiques culturelles se valent-elles ?*, sous la dir. de Jean-Pierre Sylvestre, Hermès, n°20, 1996.

Paul-Boncour Joseph, *Art et démocratie*, Paul Ollendorff, 1912.

Pauwels Louis et Jacques Bergier, *Le Matin des magiciens*, Gallimard, 1960.

Péguy Charles, *La Thèse*, Vol. 20 des Œuvres complètes, Gallimard, 1955.

Pena-Ruiz Henri, *Qu'est-ce que l'école ?*, Folio Gallimard, 2005.

Péquignot Bruno « Ça c'est du Picasso », in *Les Non Publics les arts en réception*, sous la dir. de Pascal Ancel et Alain Pessin, L'Harmattan, tome 1, 2004.

Picon Gaëtan, « La Culture et l'Etat, Discours à Béthune, 19 janvier 1960 », dans *André Malraux, Ministre*, La Documentation française.

Picon Gaëtan, *Conférence sur la culture et l'Etat*, Béthune, 19 juin 1960, cité dans *La Culture en Partage. Culture Publique*, Opus 4, Sens&Tonka, 2005.

Picon Gaëtan, *La Vérité et les mythes, entretiens et essais, 1940-1975*, Mercure de France, 1979.

Poirier Philippe, *L'Etat et la culture en France au XXème siècle*, LGF, 2000.

Pommier Edouard « La théorie des arts », in *Aux Armes et aux arts*, ouvrage collectif dirigé par Philippe Bordes et Régis Michel, Ed. Adam Biro, 1988.

Pommier Edouard, « Prolifération du musée », *Le Débat*, n°65, mai août 1991.

Portes Jacques, « L'Horizon américain » in Jean-Pierre Rioux et Jean-François Sirinelli, *La Culture de masse, en France de la Belle Epoque à aujourd'hui*, Fayard, 2002.

Postman Neil, *Se Distraire à en mourir*, Flammarion, 1986.

Poujol Geneviève, *L'Education populaire : histoires et pouvoirs*, Ed. Ouvrières, 1981.

Poulot Dominique, *Musée et muséologie*, La Découverte, 2005.

Prochasson Christophe, « De la Culture des foules à la culture de masse », in *Histoire de France*, sous la dir. de André Burguières et Jacques Revel, Tome 4 : *Les Formes de la culture*, Seuil, 1993.

Py Olivier, « Evangile des enfants sans pères », in *L'Art peut-il se passer de commentaire(s) ?*, MACVAL, 2006.

Py Olivier, « La Tentation de l'absolu », Entretien, *Mouvement*, n°39, avril-juin 2006, p.132.

Py Olivier, *Illusions comiques*, Actes Sud-Papiers, 2006.

Quillot Roland. « Culture et relativisme », in *Toutes les pratiques culturelles se valent-elles ?*, sous la dir. de Jean-Pierre Sylvestre, Hermès, n°20, 1996.

Rancière Jacques, *Les Scènes du Peuple*, Ed. Horlieu, 2003.

Rasse Paul, « Avignon le Off », in *Le Théâtre dans l'espace public, Avignon Off*, Edisud, 2003.

Redeker Robert, « Les Masques de l'anti-élitisme », in *Culture publique, La Culture en partage*, Opus 4, Sens&Tonka, 2005.

Regourd Serge, *De l'exception à la diversité culturelle*, Problèmes politiques et sociaux, n°904, septembre 2004.

Renan Ernest, *Dialogues et fragments philosophiques*, in Œuvres complètes, I, Calmann-Lévy.

Renan Ernest, *L'Avenir de la science*, in Œuvres complètes, TIII, Calmann-Lévy, 1949.

Renard Jacques, *L'Elan culturel : la France en mouvement*, PUF, 1987.

Ricœur Paul, « Civilisation universelle et cultures nationales », *Esprit*, octobre 1961.

Rifkin Jérémy, *L'Age de l'accès. La Révolution de la nouvelle économie*, La Découverte, 2000.

Rigaud Jacques, « Faut-il redouter l'intervention de l'Etat ? », Dialogue avec Jack Lang le 3 mars 1976, publié dans *Culture Publique*, T.3, L'Art de gouverner la culture, Sens&Tonka-Mouvement, 2005.

Rigaud Jacques, *La Culture pour vivre*, Gallimard, 1975.

Rigaud Jacques, *Libre culture*, Le Débat, Gallimard, 1990.

Rioux Jean-Pierre et Jean-François Sirinelli, sous la direction de, *La Culture de Masse, en France de la Belle Epoque à aujourd'hui*, Fayard, 2002.

Rioux Marcel, « Remarques sur les industries de l'âme », in *Questions de Culture*, n°7, Québec, 1984.

Robineau Régine, *La mémoire saturée*, Stock, 2003.

Rolland Romain *Le Théâtre du Peuple*, Les Cahiers de la quinzaine, 1903.

Roman Joël, « Héritiers, parvenus et passeurs », in *Esprit*, mars-avril 2002.

Roman Joël, Rencontres, *De l'Hiver à l'Eté*, INJEP, n°1, p.8.

Rouot Claude, « La Diversité au sein des politiques du ministère de la culture : rappel historique », dossier *Culture et Recherche*, n°106-107, déc. 2005.

Sallenave Danièle, *Le Don des morts Sur la littérature*, Gallimard 1991.

Samsœn Delphine, « Petite histoire de la gratuité dans les musées nationaux », dans François Rouet, *Les Tarifs de la culture*, La Documentation française, 2002.

Sartre Jean-Paul, dans *Théâtre populaire*, n° 15, sept 1955, repris dans « Théâtre populaire et théâtre bourgeois, dans *Un théâtre de situations*, Gallimard, 1975.

Scant Renata et Fernand Garnier, « Faux débat, vrais enjeux », in Vers quelle action socio-culturelle ?, *Esprit*, n°7-8, juillet 1980.

Scant Renata, « Pour l'émergence d'un théâtre différent. Pour une nouvelle décentralisation théâtrale », *Bulletin de l'ATAC*, n°91, février 1978, p.5.

Schnapper Dominique, « Quelques réflexions de profane sur l'Etat providence culturel », in *Toutes les pratiques culturelles se valent-elles ?*, sous la dir. de Jean-Pierre Sylvestre, Hermès, n°20, 1996.

Schneider Michel, *La Comédie de la culture*, Seuil,1993.

Ségalen Martine *Vie d'un musée*, Stock, 2005.

Shayegan Daryush, *La Lumière vient de l'Occident*, Ed de l'Aube, 2001.

Shusterman Richard, « Divertissement et art populaire », in Cultures populaires, populisme et émancipation sociale, *Mouvements*, n°57, janvier 2009.

Simmel Georges, *La Tragédie de la culture*, (1911), Payot, 1988.

Simonot Michel, « « La Culture en débat », in Robert Abirached, *La Décentralisation théâtrale. 1968, le tournant*, Tome 3, Actes Sud 2005.

Sorin Paul, *Du Rôle de l'Etat en matière scénique*, Thèse de doctorat en économie politique, Faculté de Droit, Paris, éditions Arthur Rousseau, 1902.

Steiner Georges *Réelles présences, Les arts du sens*, Gallimard, 1991.

Steiner Georges, *Dans le château de Barbe-Bleue. Notes pour une redéfinition de la culture*, Seuil, 1973.

T. Maschino Maurice, *L'Ecole, usine à chômeurs*, Robert Laffont, 1992.

Tackels Bruno, « L'Art au défi de ses médiations », in *Culture publique, La Culture en partage*, Opus 4, Sens&Tonka, 2005.

Teboul René, *Culture et loisirs dans la société du temps libre*, Ed de l'Aube, 2004.

Tétard Françoise, «De l'affaire Dreyfus à la guerre d'Algérie, un siècle d'éducation populaire », *Esprit*, Quelle culture défendre ?, n°3-4, mars avril 2002.

Thiesse Anne-Marie, *La Création des identités nationales. Europe XVIII-XIX*, Seuil, 1999.

Thiesse Anne-Marie, *Le Roman du quotidien. Lecteurs et lectures populaire à la Belle Epoque*, Le Chemin vert, 1984.

Tobelem Jean-Michel, *La Culture mise à prix*, L'Harmattan, 2005.

Touati Armand dans *Nous et les autres, les cultures contre le racisme*, sous la dir. de Jean Duvignaud, International de l'imaginaire, n°10, 1999.

Touchard Pierre-André, « Le Théâtre, ferment de culture populaire », *Signes des temps*, 9 septembre 1959.

Urfalino Philippe, « Quelles missions pour le Ministère de la culture ? », *Esprit*, n°1, janvier 1997.

Urfalino Philippe, *L'Invention de la politique culturelle*, Hachette 2004.

Vaneigem Raoul « Pour un dépassement de la culture », in *Culture publique, La Culture en partage*, Opus 4, Sens&Tonka, 2005.

Vidal Jordi, *Servitude et Simulacre*, Allia, 2007.

Videau-Falgueirettes Hermine, « Christopher Lasch contre le pluralisme américain », in *Esprit*, mars-avril 2002.

Vilar Jean, « Du spectateur et du public », dans *Théâtre et collectivité*, Flammarion, 1953.

Vilar Jean, *Le Théâtre, service public*, Gallimard, 1975.

Wallach Jean-Claude, *La Culture pour qui ? Essai sur les limites de la démocratisation culturelle*, Ed. de l'Attribut, 2006.

Weber Anita « Culture : Etat et collectivités. La décentralisation culturelle, pourquoi donc ? », in *Culture toujours ... et plus que jamais !*, coordonné par Martine Aubry, Ed. de l'Aube, 2004.

Wolton Dominique, *L'Autre mondialisation*, Champs Flammarion, 2003.

Wunenburger Jean-Jacques, « L'Etat, entrepreneur ou éducateur artistique ? », in *Toutes les pratiques culturelles se valent-elles ?*, sous la dir. de Jean-Pierre Sylvestre, Hermès, n°20, 1996.

Wunenburger Jean-Jacques, *L'Homme à l'âge de la télévision*, Puf, 2000.

Zeldin Théodore, *Histoire des passions françaises*, 1848-1945, Seuil, 1978.

Table des matières

Culture à tous les étages 11

L'eucharistie laïque 19
Le partage d'une utopie : la culture comme partage 20
Les Lumières pour horizon 21
Le savoir comme idéal 24
Un désir d'élévation de soi 26
Accéder à la conscience de soi ou la quête du sens de l'existence 28
Entre émancipation individuelle et désaliénation collective 30
Disposer de « l'héritage de la noblesse du monde » 33
Une répartition assumée 37
Engendrer le désir 40
Les réseaux de diffusion de l'éducation populaire 42
Le sens du théâtre populaire 45
La reproduction des œuvres, outil de démocratisation et d'appropriation 50

Dieu est mort 55
Les effets d'une lecture plurielle de la culture 56
De la critique sociologique à la lecture ethnologique 58
La réhabilitation des héritages 60
Universalisme et intégration 63
Le retour du refoulé 64
L'ethnologie, du désir d'unité au morcellement identitaire 65
Vers le relativisme 69
L'anticolonialisme comme fanion 70
Une désacralisation aux conséquences ennuyeuses 74
Au risque de communautarisme 76
Qui défendra les Lumières ? 79
L'enseignement désorienté 83
Les effets de la culture 87

Lente agonie d'une utopie 91
Les méfiances envers l'éducation populaire 93
La popularisation des thèses des sciences sociales 97
La culture comme expression d'une identité 99
L'action culturelle dans la cité 105
L'action culturelle dévoyée 110

Quel théâtre populaire ?...	113
La montée en puissance des contre-cultures.................................	116
La critique par les artistes..	119
Le double sens de la notion de « démocratie culturelle »............	122

Culture savante, culture populaire et culture de masse, un mariage d'avenir.. 125
Expression ou délégation de soi ?..	128
Appropriation et réinterprétation, transsubstantiation.................	132
L'industrie du plaisir..	135
« La plus petite culture commune »..	138
Tout pour le plaisir : idéal de l'éducation non contraignante......	141
Deux risques : l'enfermement dans l'héritage ou son ignorance...	145
S'adresser à un peuple d'enfants	148
Jouer à s'en ravir l'âme	150
Les recettes de la bêtise	151

Au supermarché culturel..	155
Compétition généreuse de toutes les cultures..............................	155
Le droit à sa culture	158
Chacun pour soi	165
Des pratiques culturelles aux pratiques de loisirs	168
Relativiser quoi ? les inégalités culturelles	171
De la distinction à la dissonance	174
La disparition de la culture	178
Du non-public à tout le monde est public !..................................	184
Vers le meilleur des mondes culturels	188
De faux consensus aux fausses oppositions	193
Si tout est loisir, tout est marchandise...	198

Que reste-t-il quand il ne reste rien ? L'économie............................	201
Revivifier l'action culturelle..	205
Bibliographie	211

L'Harmattan, Italia
Via Degli Artisti 15 ; 10124 Torino

L'Harmattan Hongrie
Könyvesbolt ; Kossuth L. u. 14-16
1053 Budapest

L'Harmattan Burkina Faso
Rue 15.167 Route du Pô Patte d'oie
12 BP 226 Ouagadougou 12
(00226) 76 59 79 86

Espace L'Harmattan Kinshasa
Faculté des Sciences Sociales,
Politiques et Administratives
BP243, KIN XI ; Université de Kinshasa

L'Harmattan Guinee
Almamya Rue KA 028 en face du restaurant le cèdre
OKB agency BP 3470 Conakry
(00224) 60 20 85 08
harmattanguinee@yahoo.fr

L'Harmattan Cote d'Ivoire
M. Etien N'dah Ahmon
Résidence Karl / cité des arts
Abidjan-Cocody 03 BP 1588 Abidjan 03
(00225) 05 77 87 31

L'Harmattan Mauritanie
Espace El Kettab du livre francophone
N° 472 avenue Palais des Congrès
BP 316 Nouakchott
(00222) 63 25 980

L'Harmattan Cameroun
Immeuble Olympia face à la Camair
BP 11486 Yaoundé
(00237) 99 76 61 66
harmattancam@yahoo.fr

L'Harmattan Senegal
« Villa Rose », rue de Diourbel X G, Point E
BP 45034 Dakar FANN
(00221) 33 825 98 58 / 77 242 25 08
senharmattan@gmail.com

643399 - Mars 2016
Achevé d'imprimer par